매일 그대 스스로 깨어나라!

_____ 님께

바람처럼 그물에 걸리지 않고,
어떤 소리에도 사자처럼 놀라지 않으며,
진흙에도 더럽혀지지 않는 연꽃처럼 사는 지혜

하루1장
365일
붓다와
마음공부

하루 1장 365일 붓다와 마음공부

더럽혀지지 않는 연꽃처럼 사는 지혜

이동연 지음

평단

여시아문如是我聞,
이렇게 들었다. 나는 이렇게 들었다.

2500년 전 인류는 위대한 성인을 만났다. 그는 바로 붓다였다.

자신이 먼저 깨달음을 얻고 사람들을 마음으로 설득하여 깨달을 수 있도록 도왔다.

그의 가르침은 시대와 국가, 민족을 초월해 지금에 이르렀다. 현대에 이르러 획일화된 집단주의를 강조했던 하향식 사고방식은 붓다의 상향적 리더십에 매료되고 있다.

붓다는 인간 각자의 존엄성을 긍정하면서 그 무엇에 끌려다니지 말고 "너 자신 스스로 깨어나라"고 일깨웠다.

붓다의 지혜 속에는 충돌보다는 타협, 독선보다는 합의, 독점이 아닌 상생의 통찰력이 가득하다. 인간의 삶에서 성공과 행복이 반드시 일치하는 것만은 아니다. 더욱이 행복을 잃어버린 성공은 아무 의미가 없다.

이 책은 모든 불교 경전의 처음에 나오는 대로 '여시아문(如是我聞, 저는 이렇게 들었습니다)' 했을 뿐이다. 여러 경전에서 가르쳤던 위대한 지혜를 1년 365일 공손히 듣고 들은 대로 적용할 수 있도록 전달하고자 성심성의를 다했다.

이 책을 읽는 모든 독자가 붓다의 혜안으로 자신과 온 누리를 밝히는 존재로 빛나기를 바란다.

삶의
주인으로 살라

행복과 불행은
긴 시간 속에서 순간일 뿐이다

自歸依 法歸依
자 귀 의   법 귀 의
다시 돌아가 자기를 의지하고 진리를 의지하라.

인생에 과연 행, 불행이 있는가? 이것은 행복한 삶, 저것은 불행한 삶이라고 나눌 수 있는 기준은 무엇인가? "과연 무엇이 행복한 삶일까?"

이런 물음에 붓다는 "나만 믿고 의지하라"고 답하지 않고, 단지 "너 자신과 진리만 의지하라"고 대답했다. 세상을 살아가면서 남의 종노릇을 하지 말고 주인노릇을 하며 살라는 말이다.

인간은 어떤 환경에서도 근본적으로 자신이 어떤 사람이 될지 선택할 근본적인 자유가 있다. 이것이 제2차 세계대전 중 나치수용소에 감금되었던 정신의학자 빅토르 프랭클이 발견한 인간이 지닌 '고도의 자유'이다.

이 자유를 구사하기만 한다면 아무도 우리의 내면을 지배할 수 없다. 오직 우리 자신만이 각자에게 주어진 여건을 해석하고 의미를 부여할 수 있다. 중국 선종禪宗의 시조 달마達磨의 제자가 그에게 "불행하다"고 말했을 때 달마가 "그 불행을 가져오라"고 하자 제자는 그 순간에 깨우쳤다. 달마가 행, 불행을 구분하지 않았던 것도, 고독하기를 마다하지 않았던 것도 모두 지나가기 때문이다.

그래서 달마는 말했다. "불행이여 오라, 즐겨주리라."

불행을 즐기면서 그것을 보내는 그때부터 행복은 소리 없이 우리 곁에 다가온다.

1월 2일

자기 자신보다
믿을 만한 것은 없다

一切衆生 皆有佛性
일 체 중 생　개 유 불 성
누구나 부처가 될 성품을 지니고 있다.

불성佛性은 해탈解脫, 열반, 그리고 자유로운 자비慈悲이다. 이것은 모두 같은 말이다. 불성을 달리 영성靈性이라고도 할 수 있다. 맹자는 이를 선성善性이라 했고, 칸트는 선험적 자아라 했다. 경험 이전의 순수사유인 이 불성은 각자 내부에 존재하고 있다. 이 불성을 밝힐 때 진리도 저절로 밝혀진다. 진리는 찾으려 애쓴다고 찾아지는 것이 아니며, 가르침을 통해 배워지는 것도 아니다. 각자 자기 내면의 불성을 스스로 흔들어 깨워야 비로소 깨닫게 되는 것이다. 자기 불신은 자기 내면의 불성을 부인하는 데서 비롯된다. 우리가 나 자신을 믿지 못하면 나라는 존재는 언제나 예측 불가능하게 된다.

우리가 믿고 사랑하는 사람에게 의지가 되듯 내가 나를 믿고 사랑할 때 나를 예측할 수 있다. 스스로를 미워하고 혐오하기 시작하면 외적 인정에 갈급해진다. 그러나 외부 인정이라는 것은 조건적이며 한계가 있기 때문에 아무리 그것을 추구해도 언제나 결핍과 목마름을 느끼게 된다.

모든 사랑의 근본은 자중자애自重自愛이다. 이를 부인하는 가르침은 근본적으로 옳지 못하며 인생에서 부닥치는 수많은 문제에서 옳은 답을 구할 수 없다.

충동이 아닌
열정을 불사르라

上求菩提 下化衆生
상 구 보 리　하 화 중 생
위로 깨달음을 구하고, 아래로 중생을 구한다.

당신은 무엇이 되고자 하는가? 당신의 미래 모습은 이 질문에 어떻게 답하느냐에 달려 있다. 자신을 믿어주고 사랑하면 내면의 불성이 살아난다. 이 불성은 자연스럽게 열정과 연결된다.

우리는 누구나 정도의 차이가 있지만 자신의 소망을 갖고 있다. 이 소망을 이루고자 하는 동력이 바로 열정이나 충동이다. 요즘 사람들은 많이 배웠음에도 상당히 충동적인데 인성의 함양은 없고 오로지 소망을 이루고자 하는 충동만 가득하기 때문이다. 인성의 함양이 없는 지식의 축적은 오히려 더 위험할 수도 있다.

열정과 충동은 분명 다르다. 충동은 즉흥적이고 감정적이어서 일시적이다. 열정은 이성과 감성이 어우러져서 오랫동안 지속된다. 불성, 즉 영성이 깨어나며 일어난 열정은 나와 타인, 그리고 세상을 동시에 밝혀주는 등불이다. 충동은 일희일비심一喜一悲心으로 이어진다.

불성을 깨워 중생을 구하려 했던 붓다도 비난과 찬사를 동시에 받았다. 그럴 때마다 그는 제자들에게 가르침을 전했다.

"뭇 사람이 수영하는 강이나 연못에 서 있는 기둥을 보라. 어느 누가 그 기둥에 몸을 기대거나 비비거나 씻어도 그 모습 그대로 태연히 서 있도다."

고통을 승화하면
더 찬란하게 빛난다

拔苦與樂
발 고 여 락
기쁨을 주어 고통을 제거한다.

충동적인 사람은 지나가는 자리에 고통을 남긴다. 자신은 이미 다른 곳으로 가서 또 충동적으로 일을 저지르지만, 그 자리에 남아 있는 사람은 아픔에 힘이 겹다.

이러한 고뇌를 조지훈은 한 여승이 얇은 사紗 하얀 고깔을 고이 접어 쓰고 나비처럼 춤을 추는 승무僧舞에서 발견했다.

"까만 눈동자 살포시 들어 먼 하늘 한 개 별빛에 모두우고 복사꽃 고운 뺨에 아롱질 듯 두 방울이야. 세사에 시달려도 번뇌煩惱는 별빛이라……."

이 시에는 춤추는 여승의 내면에 깃든 세속과 성스러움, 번뇌와 해탈의 고뇌가 극적으로 집약되어 있다. 아마 이 여승은 끝내 비난과 칭찬에 흔들리지 않고, 바람처럼 그물에 걸리지 않고, 어떤 소리에도 사자처럼 놀라지 않고, 진흙에도 더럽혀지지 않는 연꽃이 되었을 것이다.

아픈 흔적을 한 자락도 남기지 않는 사람도 없고, 그것을 켜켜이 지니고 있지 않은 사람도 없다. 그러나 그 흔적이 승화되어 별빛이 되면 그 사람에게는 찬란한 빛이 되고, 다른 이들에게는 교훈과 기쁨을 준다.

1월 5일

칭찬과 비난은 모두
외부에서 오는 일이다

止止不須說 諸增上慢者 聞必不敬信
지 지 불 수 설   제 증 상 만 자   문 필 불 경 신
그만두자, 더 이상 말하지 말자.
너무 교만한 사람들은 공경하지도 믿지도 않으리라.

붓다는 무슨 말을 하든지 상대의 근기根機에 따라서 했다. 즉, 상대의 근본적 자질이나 경륜, 내공에 따라서 칭찬하고 책망했다.

칭찬하면 고래도 춤춘다고 하듯이 누구나 칭찬받기를 좋아하고 지적받거나 비난을 듣고 싶어 하지 않는다. 그래서 많은 사람이 상대의 비위를 맞추기 위해 상대가 잘못된 길로 가고 있는데도 잘한다고 부추긴다.

그러나 칭찬도 비난도 내 본심과 상관없이 모두 외부에서 일어나는 일이다.

차츰 대중의 신망을 얻어가는 부처를 바라문婆羅門들이 음해할 목적으로 탕녀를 죽여서 묻어 놓고 붓다의 소행이라고 모함했다. 심지어 한 여인으로 하여금 부처의 아이를 임신했다고 거짓으로 외치게 했다. 그러나 이 모든 것에 붓다는 침묵으로 일관했다. 잠시 후 여인의 치마 속 바가지가 떨어지며 붓다의 누명이 저절로 벗겨졌다.

붓다는 이런 가르침을 주었다.

"헐뜯는다 해도 불쾌해 하지 마라. 흔들리면 헐뜯는 말이 진실인지 아닌지 분별하기 어려우니라. 아니면 아니라고 해명하면 그걸로 족하다. 다른 사람이 찬미한다 하여 마음이 고양高揚되어서도 안 된다. 그래야 장애가 되지 않는다."

1월 6일

우리의 주인은
우리 자신뿐이다

自燈明, 法燈明
자 등 명　법 등 명
오직 스스로 등불을 삼으며 진리로 등불을 삼으라.

우리 자신이야말로 우리의 주인이니 그 어떤 주인이 따로 있을까?

열반涅槃에 들기 전 붓다가 아난다에게 말했다.

"아난다야. 저마다 자신으로 등불을 삼고 자기를 의지하여라."

세상 그 무엇도, 심지어 붓다조차도 믿지 말고 오직 자신만을 의지하라는 냉정한 화두話頭이다. 그런데 만일 자신의 주인을 성현聖賢으로 두고 있다면 어떨까?

그 가르침을 따르지 않은 사람들과 모두 원수가 될 것이다. '성현'에 명예, 이념, 돈, 권력, 이성, 종교, 가족 등을 대입해보라. 그 결과는 언제나 똑같을 뿐이다.

완전한 자유를 구가한 붓다는 다른 모든 이가 자신처럼 완전한 자유인이 되길 바랐다. 제자들이 스승인 자신에게조차 의지하지 않도록 "너 자신을 등불로 삼으라"고 가르쳤다.

인적 없는 깊은 산속에 거울이 무슨 소용이 있겠는가. 산과 나무, 시냇물과 모든 것이 곧 내 모습인 것을. 오직 홀로 자족하며 아무것에도 얽매이지 않는 자유인처럼 항시 마음속 깊은 숲 속에 머물기를 즐겨라. 간디, 마더 테레사 등이 그렇게 살며 자기 안의 기쁨을 온 세상에 꽃처럼 뿌렸다.

수도와 삶은
곧 하나다

自利利他 自行化他
자 리 이 타 자 행 화 타
스스로 이로운 것이 다른 이에게도 도움이 된다.

만약 우리 삶에서 수행이 삶과 분리되어 있다면 그것은 별 의미가 없고, 수행은 오히려 시간 낭비가 될 뿐이다.

한국의 마지막 개성상인인 이회림 전 동양제철 명예회장은 사업이 곧 수행이고, 수행이 곧 사업인 인물이었다. 이회림 회장의 평생 신념은 붓다의 자리이타自利利他였다. 그는 살아생전 "인생은 공수래공수거空手來空手去이니 돼지처럼 벌어 부처처럼 쓰라"는 말을 자주 했다.

그는 자신의 말처럼 여러 문화재단과 육영재단을 세워 자신의 큰 재산을 다 내놓고 수많은 사람을 도왔다.

달라이 라마는 자리이타를 이렇게 설명했다.

"자기를 무조건 희생하여 남을 도우라는 뜻이 아니다. 궁극적 깨달음이라는 목적은 자비심을 통해서만 성취할 수 있다. 이 목적을 성취하는 최상의 길이 이타적 행동이며, 이것만이 자신에게 가장 큰 축복으로 되돌아온다."

스스로 자기를 이롭게 하는 자리自利란 수도修道의 공덕功德을 쌓는 일이다. 수도하는 마음으로 일을 하는 곳이 곧 도장道場이다. 당신의 회사를, 가정을, 일터를 도장으로 만들라.

모두에게 쉼터를 제공하는
한 그루의 나무 같은 존재가 되라

與天下人作陰涼
여 천 하 인 작 음 량
시원한 그늘이 되어 천하 사람들이 쉬게 하라.

예전에는 마을 어귀마다 크나큰 정자나무가 있어 무더운 여름에도 그 밑의 시원한 그늘에서 무더위를 피할 수 있었다. 정자나무 그늘 아래는 노인들의 사랑방이었고, 뙤약볕에서 일하는 농부들의 쉼터였다. 나그네도 몸과 마음을 쉴 수 있는 하나의 정거장이었다. 정자나무 그늘이 도도하다면 숲 속 그늘은 어우러져 세밀하다.

사람도 마찬가지다. 거목처럼 홀로 우뚝 선 사람이 있고, 숲을 이루는 나무들처럼 더불어 서 있는 사람이 있다. 우리는 모두 시원한 그늘이 될 수 있다. 홀로 그늘을 만들기 어려울 때 이웃과 더불어 숲 속의 나무들처럼 어울려 아픈 이들과 고단한 이들에게 도움을 줄 수 있다.

생선을 쌌던 종이는 비린내가 나고 향을 쌓아둔 종이는 향내가 난다. 우리도 자신이 뿌린 씨앗으로 그 열매를 거두게 마련이다.

당신은 어떤 존재로 남기를 원하는가?

함께하는 이들에게 시원한 그늘이 되어주는 한 그루의 나무가 되고 싶은가, 아니면 독초가 되고 싶은가?

당신은 어떤 향기의
사람이 되고 싶나요?

花香百里 酒香千里 人香萬里
화 향 백 리　주 향 천 리　인 향 만 리
꽃향기는 백 리를 가고 술 향기는 천 리를 가나 사람 향기는 만 리를 간다.

사람마다 '염念'이 있다. 외모가 그 사람이 아니라 바로 이 염이 그의 본모습이다. 이 염을 따라 외모가 차츰 닮아간다. 자비의 염을 품으면 얼굴이 붓다를 닮아가고, 강도의 염을 품으면 인상이 흉악해져간다. 염을 따라 일상이 흘러간다. 일상을 보면 그 사람 속의 염을 엿볼 수 있다. 다정한 한마디 말, 향기로운 차 한 잔에 감사하고, 길가의 제비꽃에 경탄하는 모습에서 그 사람의 염이 드러난다.

붓다는 화려한 궁중 생활과 태자의 지위를 스스로 버렸다. 이를 유럽의 한 불교학자는 '크나큰 포기The Great Renunciation'라 일컬었다.

붓다는 혼자 왕으로 사는 것보다 모든 사람과 '더불어 왕'이 되려고 했기에 부귀영화를 내던질 수 있었다.

붓다는 덧없는 일상의 되풀이 속에 살아가는 사람들에게 진리를 가르쳐주려고 했고, 스스로도 영원히 진실한 사람이 되고 싶어 했다.

만일 붓다가 태자로서의 삶에 만족했다면 그는 단지 작은 왕국의 왕으로서 살았을 것이다. 그러나 붓다는 개인의 작은 영달을 좇는 사람으로 역사에 자취를 남기기보다는 진실한 사람으로, 진리를 실행한 사람으로 남고 싶어 출가를 선택했다.

망상은 인생을
좌초하게 할 뿐이다

歷千劫而不古 亘萬歲而長今
역 천 겁 이 불 고　궁 만 세 이 장 금

천 년이 지나도 옛날이 따로 없으니, 만 년이 이르러도 오늘 여기 살리라.

붓다는 번뇌煩惱없는 삶을 원한 것이 아니다. 그는 번뇌를 뚫고 생의 본질을 만나기를 원했다. 그래야 망상이 사라진다. 배船에 물이 가득 차 있으면 가라앉고 만다. 우리 인생도 마찬가지다. 인생이라는 배에 망상이 가득 차 있으면 침몰하게 된다. 배에 가득 찬 물을 비워야 순조롭게 항해할 수 있듯이, 인생도 망상을 버려야 순항한다.

붓다는 '크나큰 포기'를 통해 우선 카스트에서 자유로워졌다. 이후 7년 동안 고행苦行의 길을 걸었다. 그리하여 모든 번뇌의 본질은 망상이고 망상의 본질은 식識—안식眼識, 이식耳識, 비식鼻識, 설식舌識, 신식身識, 의식意識—에 있음을 깨달았다. 식은 판단작용인데 색色과 공空이 다르다고 보는 것이 판단작용이다. 하지만 세상의 모든 색은 공에서 나오고 색은 다시 공으로 사라지므로 결국 색과 공이 다르지 않다.

따라서 판단작용에서 일어나는 망상을 없애면 번뇌는 사라진다. 붓다가 이를 깨달은 순간 만세에 걸쳐 바로 지금 이 순간에 광명이 충만함을 알게 되었다.

1월 11일

조용히 앉아 마음을 가다듬으면
진리의 길로 들어서리

祇管打坐 脫落身心
지 관 타 좌   탈 락 신 심
오직 앉아만 있으라. 모든 노력을 접고서.
그리하면 몸과 마음에 매인 집착이 완연히 사라지리니.

   진정한 길을 걷는 이들은 어떤 경지에서도 소박한 즐거움을 잃지 않는다. 소박함은 단순함이고 고요함이다. 이는 환호성과 박수갈채 등 자기 과시나 자기 학대 등 자신을 괴롭히는 것과는 거리가 멀다.

   고대인들은 고행에 신비한 힘이 있다고 믿었다. 당시 바라문의 저명한 스승인 알라라 칼라마Alara Kalama와 웃다카 라마푸타Uddaka Ramaputta 등도 수행의 길을 따르며 극한 고행을 해보았으나 진정한 길이 아님을 발견했다.

   그 과정에서 만난 스승들을 차례차례 버리고 지나간 후 네란자라 강기슭 보리수 나무 아래에서야 비로소 크게 깨달았다. 후세인들은 이때 붓다가 앉았던 자리를 금강좌金剛座, 그곳의 풀을 길상초吉祥草라고 부른다. 붓다가 말했다.

   "물러서지 마라. 번뇌의 숲으로 들어가라. 그 뜰의 잡초를 헤치고 흙을 파내면 빛나는 금관을 발견하리라."

   길상초 위의 붓다는 오직 일념으로 좌선坐禪을 했을 뿐이고, 그 결과 신심身心의 온갖 번뇌 망상을 뚫고 자유자재한 무심의 경지에 다다랐다. 그러니 우리도 일상이 아무리 바빠도 가끔씩은 조용히 앉아 있기만 해보자.

자기 자신의
주인이 되라

隨處作主
수 처 작 주
어디서나 어떤 경우에도 자유로운 주인이 되라.

경영經營이라는 말은 원래 불교에서 유래하였다. '경經'은 '진리'이며, '영營'은 '만들다, 짓다'라는 의미이다. 붓다식 자기 경영의 핵심은 자기를 먼저 찾고, 그 자신 속의 잠재된 역량을 극대화하는 것이다. 그러므로 순간순간 자각自覺한다. 남의 말에 속지 않고 무엇에 얽매이지 않고 자기 길을 간다.

붓다가 중시하는 연기緣起가 곧 인연因緣이고, 인연은 관계關係이다. 내가 먼저 자비로운 관계를 맺으면 거기에 상응하는 반응이 온다는 것이 인과응보因果應報이다.

다시 말해 자기 경영은 진리를 찾아 깨닫고, 깨달은 바를 영위하여 효과적 인과응보를 맺어가는 것이다. 일터는 수행의 장이다. 일을 통해 우리 자신을 발견하고, 우리의 잠재력이 개발되어 자신을 더욱 창조적으로 표현하게 된다.

이처럼 세상만사를 수행으로 보기 때문에 붓다의 삶에서, 그리고 붓다의 진정한 후예들 사이에는 다른 종교와 달리 종파가 없고 어떤 보복이 없다.

붓다는 누구를 정죄하거나 자기 무리를 만들어 교주가 되려고 하지 않았다. 어디를 가든 무엇에도 얽매이지 않고 불성을 깨달은 주인으로서 자유로운 존재로 살아갔을 뿐이다.

남을
자신 대하듯 하라

如我等無異
여 아 등 무 이

나와 같게 하여 다름을 없애고자 함이라.

　인간은 누구나 그림자를 갖고 있다. 그 그림자는 홀로 외롭다. 외로움은 병이 아니고 인간은 누구나 갖고 있는 감정이기에 이 외로움을 다스릴 수 있어야 한다. 붓다도 태자 시절 자기 그림자에 외로움을 뼛속 깊이 느끼고 해탈의 길로 나아갔다.

　붓다의 유일한 목적은 일체의 중생이 자신과 다름없게 하는 데 있었다. 한마디로 모든 사람을 제자가 아닌 바로 자신과 똑같은 붓다가 되게 하고자 한 것이다.

　자신 아래 중생이 모여 헌신하는 것이 목적이 아니었다. 보리수 아래에서 모든 번민을 떨치고 형언할 수 없는 기쁨과 만족감이 충만한 법열法悅에 잠겨 빙그레 미소 짓는 그 순간에도 고해苦海에서 허덕이는 대중을 생각하며 혼자만의 안락에 머무를 수가 없었다.

　그런 까닭에 붓다는 법열을 느끼는 순간에도 자만이나 교만, 우월감에 빠질 여지가 없었다. 깨달음을 얻고 성공했다고 해서 우리 삶에서 모든 것을 다 이룬 것은 아니다. 중요한 것은 그 순간부터 더 큰 성공을 향해 나아가야 한다는 것이다. 나와 같은 성공을 다른 사람은 물론 나아가 모두가 이루도록 해야 하는 것이다.

1월 14일

우리 내면에는
강력한 에너지가 있다

生起行, 圓滿行
생 기 행　　원 만 행
내 힘을 자유로이 운행하면 원만할 수 있다.

자기만족이 되어야 세상과 조화를 이룰 수 있다. 자기만족이 없으니 한도 끝도 없이 모든 것을 자기 소유로 만들려고 하는 것이다. 그러나 우리 속에는 갖가지 보화가 들어 있다.

우리는 전체의 한 부분이고, 전체는 우리의 일부분이다. 이런 자각에서 붓다의 법열이 비롯되었다.

붓다의 법열은 외부나 우주 저 바깥에서 내려오는 어떤 영험한 힘으로 누릴 수 있는 것이 아니다. 자력 구원은 소위 타력 구원의 은총과는 확연히 다르다. 타력 구원은 항시 의존적이며, 상대의 노예가 될 수 있다. 붓다의 법열은 자기 스스로 일으킨 생의 불꽃이다. 인간은 누구나 내면에 엄청난 힘이 있다. 이 힘은 자기 내면에 잠재력이 있음을 긍정할 때 비로소 사용 가능하다. 붓다는 그 내면의 힘을 이용한 것이다.

중환자실에 누워 생명의 불꽃이 며칠 남지 않은 사람도 갑자기 내면에 삶에 대한 강력한 열망이 일면 기적처럼 일어나는 일도 있다. 인간에게는 환경을 새롭게 만들고 구성할 힘이 있다. 유복한 환경에서도 아무것도 이룬 것이 없는 삶을 살다간 사람도 많은 반면, 열악한 환경이었기에 더 위대한 삶을 살았던 사람도 많다.

우리 각자는 우주 만물 가운데
가장 귀중한 존재

天上天下 唯我獨尊
천 상 천 하   유 아 독 존
하늘과 땅 사이에 나라는 존재는 유일하다.

우리는 물질과 명예, 권력이 자아를 짓누르는 시대를 살고 있다. 이런 시대가 더 지속되면 속세뿐 아니라 생태계까지 종말에 처할 수 있다.

붓다가 어머니 마야에게서 태어나자마자 양손으로 하늘과 땅을 가리키며 일곱 발자국 앞으로 나가더니 "천상천하유아독존"이라고 외쳤다. 이 설화는 물론 은유이다.

붓다뿐 아니라 모든 사람은 각자 우주만물 가운데 가장 고귀한 존재라는 것이다.

《오체불만족》의 저자 오토다케 히로타다는 양팔과 양다리가 없이 태어났다. 그의 어머니는 이런 아들에게 '세상에 너는 너 하나뿐인 존재'라는 '천상천하유아독존' 의식을 심어주었다. 장애 뒤에 숨지 말고 당당하게 편견과 비웃음의 벽을 깨고 나아가도록 가르쳤다.

"네가 있으니 세상도 있고 우주가 있다. 네가 세상과 우주에 의존해 있는 것이 아니고 너의 인식에 세상과 우주가 의지해 있다."

이런 가르침을 받은 히로타다도 인간의 힘은 손과 팔이 아니라 내면에 있음을 깨닫고 그 힘을 바탕으로 환경에 도전하고 주어진 운명을 굴복시켰다.

사사로운 행복보다 전체의 행복을 염두에 두라

常念大乘 心不忘失
상 념 대 승 심 불 망 실

항상 대중을 염두에 두고 잊지 마라.

　빗방울이 내려 연잎이 일렁이다가 더 많은 비가 고이면 연잎은 고개를 숙여 쏟아낸다. 그렇게 미련 없이 버린 물이 연못을 채운다. 미련 없이 비워내기에 연잎은 그대로 푸르고 연못도 마르지 않고 물결로 잔잔하다. 대중이 연못이라면 개인은 연잎이다. 세상도 마찬가지다. 빈부든 권력이든 지식이든 격차가 심해서는 안 된다. 앞서가는 사람은 연잎처럼 전체를 생각해 자주 비워내야 한다.

　싯다르타—붓다가 출가하기 전 태자 시절의 이름—는 작은 왕국의 태자로 숲 속에서 명상하기를 즐겼다. 왕자가 홀로 사색에 빠져드는 시간이 점차 길어지자 부왕 슈도다나 왕은 아들의 마음을 돌리기 위해 애썼다. 슈도다나 왕은 태자의 마음을 돌리기 위해 왕자의 수레를 꽃으로 장식하고 태자가 가는 곳마다 향을 뿌렸다. 또한 물고기와 백조가 노는 연못을 갖춘 화려한 궁전을 지어 주었고, 가능한 한 모든 사치와 쾌락을 누리게 했다.

　그러나 태자는 여기에 안주하지 않았다. 부왕의 가치 기준은 인생의 안락과 일족의 번영이었지만, 붓다의 가치 기준은 이를 넘어 시대를 초월해 대중과 더불어 공영하는 것이었다.

1월 17일

구별이 아닌
상생을 지향하라

自他不二
자 타 불 이
너와 나는 하나이다.

경쟁사회는 직장 동료뿐 아니라 심지어 가족도 배타적으로 보게 만든다. 2500년 전 싯다르타가 탄생한 카필라국은 매우 배타적인 사회였다. 그러나 싯다르타의 번민은 전혀 달랐다. 부왕은 자기 소왕국의 미래를 걱정했으나 싯다르타의 번민은 보다 근본적이었다. 그의 번민은 다음 장면을 목격한 이후 시작되었다.

7세 되던 봄날 싯다르타가 들에 나갔다가 호미로 일군 땅속에서 나온 작은 벌레를 보았다. 갑자기 공중에서 쏜살같이 내려온 매가 그 벌레를 잡아먹었다.

이 약육강식弱肉强食의 광경을 목격한 싯다르타는 세상의 덧없음과 인간고人間苦의 근본에 의문을 품기 시작하였다. 이후 어떤 육체적 즐거움에도 만족할 수 없었다.

왜 벌레는 매에게 아무런 해도 끼치지 않는데 일방적으로 당해야 하는가? 왜 백성은 임금에게 늘 눌려 살아야만 하는가?

싯다르타는 이러한 삶의 근원적인 질문을 스스로에게 던지고 마침내 나와 네가 대립되지 않는 해답을 찾았다. 나와 네가 둘이 아니라는 것이다. 이리하여 원융무애圓融無礙한 해탈의 경지에 이르렀다.

위대한 희망 속에서
빛나는 인생의 빛

三界皆苦吾當安之
삼 계 개 고 오 당 안 지
세상의 괴로움을 마땅히 내가 편안히 하리라.

싯다르타에게 결정적으로 출가를 재촉한 사건이 사문출유四門出遊이다. 왕궁의 동문에서는 늙은이를, 남문에서는 병자를, 서문에서 장례행렬을 보았고, 북문에서는 생사生死의 미혹을 벗어난 출가사문을 만났다.

싯다르타는 스스로 생로병사生老病死의 굴레를 벗어나는 깨우침을 얻어 미망에 빠져 사는 사람들을 구제하려는 무한한 열망으로 출가하게 된다.

흔히 붓다는 "세속을 떠나라"고 가르친다고 생각한다. 이는 착각이다. 붓다의 가르침은 철두철미하게 현실에 바탕을 두고 있다. 무한하게 전개되는 붓다의 세계관의 출발점과 도착점은 항시 '지금, 여기'이다.

원래부터 위대한 사람이 없고, 원래부터 위대한 민족도 없다. 위대한 희망이 위대한 존재를 낳는다. 만일 붓다가 법열을 깨우쳤다고 해도 홀로 거기 머물렀으면 일신의 일회적인 것으로 끝나고 말았을 것이다. 그러나 그는 깨우친 법열을 나누었다.

"중생이 아프면 나도 아프고, 중생이 나으면 나도 나을 것이니라."

싯다르타의 삶을 보고 미국 시인 롱펠로는 "붓다의 위대한 희망이 곧 인생의 빛이다"라고 찬양했다.

천국과 지옥은
우리가 만드는 것이다

菩薩, 度衆生入滅度 又實無衆生得滅度
보살   도중생입멸도 우실무중생득멸도
보살이 중생을 열반으로 안내하더라도 실제 열반으로 가는 중생은 거의 없다.

누구나 꿈을 꾼다. 자면서 꾸는 꿈은 그 사람의 무의식과 과거 편린을 드러낸다. 깨어 일어나 열망하는 꿈은 그의 인격을 보여준다.

소박한 꿈을 누구나 노력하면 쉽게 이룰 수 있어야 좋은 사회이다. 그런데 지금은 그렇지 못하다. 쌀 열 섬 가진 부자가 쌀 한 섬 가진 가난뱅이 것을 빼앗는다는 말처럼 도처에서 대자본이 소자본을 흡수하는 일이 흔히 일어난다. 국가 간에도, 기업과 개인 사이에도 탐욕의 전쟁이 일어나고 있다. 이런 소망들만 난무할 때 사회는 무간지옥無間地獄이다.

천국과 지옥이 따로 없다. 개인의 성공과 부가 무수한 사람의 피눈물 위에서만 가능한 곳이 바로 무간지옥이다. 보살들은 무간지옥행을 막는 사람들이다. 붓다의 가르침을 따르는 사람들이라면 누구나 보살들이다. 이들은 네가 웃을 때 내가 억지로 웃어야 하는 사회가 아니라 함께 웃음이 터질 수밖에 없는 도솔천兜率天으로 가자고 설득한다. 이 말에 누구나 공감은 하지만 쉽게 따라나서지는 않는다. 자칫 자기만 손해 볼 것처럼 여기기 때문이다. 그래도 실망하지 말고 계속 도솔천 사회를 만들어 가야 한다. 붓다도 그렇게 했다. 붓다처럼 열반으로 가는 길을 걷다 보면 수많은 사람이 언젠가 따라오게 되어 있다.

늙고 죽는 것은
인간사의 과정

生本無生
생 본 무 생
삶이란 본래 태어나고 죽음이 따로 없는 것이다.

'사람은 스스로 늙어간다. 아무도 그것을 피할 수 없다. 그런데도 어리석은 사람들이 늙음을 부끄러워한다.'

장수한 붓다는 한 번도 자신이 늙었다고 한탄하거나 서운해하지 않았다. 늙는 것을 한탄하는 것은 젊음에 집착하고 젊음을 소유로 여겨서이다. 그러나 이러한 관념을 놓아버리면 우주의 질서를 두려움 없이 순응할 수 있다. 나이 든다는 것은 새로운 시작을 위해 묵은 허물을 벗어내는 멋진 일이다.

변하는 것은 육신의 겉모양뿐이다. 내면의 불성佛性은 어제나 오늘이나 영원히 동일하다. 이 불성이 개화開花한 사람들에게 나이란 단지 숫자에 불과하다. 노년에 이른 붓다가 담담하게 말했다.

"나 역시 늙었으니 병들어 갈 것이며 죽음을 피할 수 없도다."

억조창생이 다 가는 길을 유별나게 꺼릴 필요가 없다. 그 또한 인생의 오만이다. 삼라만상에 태어나고 죽음이란 따로 없다. 탄생이란 육신이 생기는 것이지 본래 없던 생명이 새로 생겨나는 게 아니다. 죽음도 육신만 사라지는 것일 뿐이다. 본디 생명은 항시 그대로이다.

각자의 모습으로 살 때
조화가 이루어진다

楊柳絲絲綠 桃花片片紅
양 류 사 사 록 　 도 화 편 편 홍
버들은 가지마다 푸르고 복숭아는 송이송이 붉도다.

근대 한국 불교의 큰 스승인 경허鏡虛 선사가 아끼는 제자가 수월水月, 만공滿空, 혜월慧月 셋이었다. 이들 중 어느 날 만공이 수월과 이야기를 나누다가 돌연히 숭늉그릇을 내밀었다.

"이보게, 이것을 숭늉그릇이라 하지 말고 아니라고도 말하지 말고 달리 무어라 해 보거라."

잠시 후 만공이 자리에서 일어나 방문 밖으로 숭늉그릇을 던져 깨지게 했다. 이를 본 수월이 칭찬했다.

"참 잘했다."

만공은 획일화된 기준을 깨버렸다.

욕망이 큰 사람일수록 모든 것을 천편일률千篇一律화하려고 한다. 그런 사람이 나라의 지도자가 되면 나라가, 사장이 되면 회사가, 총장이 되면 학교가, 가장이 되면 집안이 경직된다.

나무와 풀들은 다른 무엇도 닮으려 하지 않고 자기 본래대로 산다. 남의 이목耳目을 의식하고 트렌드를 따라 억지로 꾸미려 할 필요가 없다. 그렇게 할 때부터 불행해진다.

자신 안에 있는 본래의 생명력을 따라 마음껏 살면 눈부신 조화가 이루어진다. 들국화는 들국화대로, 민들레는 민들레대로, 호박꽃은 호박꽃대로 살아야 한다.

1월 22일

인생이 무상해서
평온할 수 있다

無常安穩
무 상 안 온
언제, 어느 때나 흔들림 없는 평안.

어느 날 수학자인 목갈라나가 부처를 찾아왔다.

"제가 가르치는 수학에도 길이 있고, 이 정사精舍로 오는 길도 있습니다. 당신의 가르침은 어떤 순서입니까?"

부처가 대답했다.

"탁월한 조련사는 말을 훈련할 때 먼저 말 머리를 똑바로 세우는 습관을 들인다. 나 역시 자신을 먼저 세우게 하고 무상안온無上安穩의 경지에 도달하는 길을 가르치노라."

강에 크고 작은 물살이 일듯, 삶에도 파문이 늘 일어난다. 그러나 물살이 사라지듯 파문도 사라진다. 이것이 인생무상人生無常이다.

세상에 영원히 고정불변한 것은 없다. 섭섭한 일이든 고마운 일이든 다 한때이다. 이 모든 일이 지나고 보면 당시 그곳에서 그 일이 있었던 나름의 의미가 있음을 알 수 있다.

어리석은 사람만이 인생무상을 극구 부인하거나 슬퍼한다. 인생이 무상하니 이 얼마나 평안한 일인가. 마치 기러기가 놀던 호수를 문득 떠나는 것처럼, 잠시 나무 위에 앉은 새가 허공으로 훌쩍 떠나는 것처럼 우리 인생은 언제나 흘러가게 마련이다.

좋은 가르침도 실행하는 것은
각자의 몫이다

調爲尊人 乃受誠信
조 위 존 인 　 내 수 성 신
스스로 다스리는 사람만이 존귀하다. 그들이 신뢰를 받는다.

존귀한 사람이 누구인가? 고관대작高官大爵이 아니다. 거부도 유명인 사도 아니다. 자기를 다스릴 줄 아는 사람이다. 즉, 무상안온의 경지에 이른 사람들이다.

그럼 붓다의 가르침을 받은 사람은 모두 무상안온의 경지에 도달할까? 붓다는 아니라고 했다.

"벗들이여, 누가 성城으로 가는 길을 가르쳐주어도 그 길로 가지 않으면 어쩔 수 없는 일이다. 세존世尊은 다만 길을 가르쳐 줄 뿐, 다른 도리가 없다. 나는 길을 가르쳐 주는 안내자이다. 내 말을 믿고 내가 가리키는 길을 걸으면 구극究極의 목표인 무상안온에 도달한다. 그러나 가르쳐주어도 가지 않으면 나도 어찌할 수 없다. 도달하고 안하고는 각자의 행함에 달려 있다. 나는 단지 길을 가리키는 사람일 뿐이다."

이 또한 붓다의 매력이다. 진리의 길을 가르쳐줄 뿐 강요하지 않는다. 어느 종교에서는 '불가항력적 은총'이라 하여 절대신은 어떤 사람에게 거절할 수 없는 은총을 내린다는 것이다. 이것이 선민사상選民思想이다.

그러나 붓다 스스로도 신이 아니라고 했듯, 우주 천지에 독재적인 신은 없다. 인간을 선택하고 버리고 역사를 주관하는 신은 없다.

습관이
삶을 결정한다

心尊心使 車轢於轍
심 존 심 사 거 력 어 철
사람은 마음이 시키는 대로 한다. 수레바퀴가 소 발자국을 따르듯.

누가 내 삶을 만들어줄까? 누가 이 사회를 만들어갈까? 우리 각자 자신의 삶을 만들어가고 그런 개인적 삶의 양식이 모여 사회제도가 된다. 인생은 습관이다. 생각도 습관이고 취향도 습관에 따라 바뀔 수 있다.

수레바퀴는 소가 걸어간 곳으로만 나아간다. 인생이라는 수레도 내 습관을 따라 굴러간다. 우리의 마음은 습관을 저절로 따라간다. 마음을 잡으려 말고 습관을 잡아야 한다. 좋은 습관을 들인 사람의 삶은 참으로 복되다.

붓다는 인류의 스승이 될 수밖에 없는 습관을 지녔다. 매일 걸식을 마친 다음에는 본래 자리로 돌아와 발을 씻고 자리에 고요히 앉았다. 제자들은 그 광경을 보고 희유稀有하다며 찬탄했다. 부처의 습관적 행동이 무언 설법이 되어 진리를 보여주었다.

당신은 어떤 습관을 짓고 있는가? 좋은 스승이 되고 싶으면 좋은 스승의 습관을 익히고, 공인公人으로 성공하고 싶으면 공적 습관을 익히고, 성공적인 경영인이 되고 싶으면 바람직한 경영인의 습관을 먼저 익혀야 한다.

지금 하는 일에, 또는 하고자 하는 일에 어울리는 습관을 익히고 있는지를 스스로 점검해보라.

습관의 힘은
강력하다

中心念善 福樂自追 如影隨形
중 심 념 선 복 락 자 추 여 영 수 형
착한 일을 생각하면 행복이 그림자처럼 따라오리.

습관이 업業이고 업이 곧 운명이다.

붓다는 세 가지로 습선習禪했다. 평등의식, 목표설정, 행동방식이다. 태자출신으로 자신만이 고귀하다거나, 먼저 깨달은 자로 자신만이 훌륭하다는 의식을 버리고자 했다 .

그래서 자신을 공경하거나 홀대하거나 개의치 않는 습관을 들였다. 다음으로 목표설정을 바르게 하기 위해 항시 진리를 구현하고 복을 짓는 습관을 들였고, 이에 부합하는 행동을 길들이기 위해 새벽에 일어나는 습관, 평등한 마음으로 걸식하는 습관을 들였다.

이 습관이 몸에 배어 붓다는 대성했던 것이다.

가치투자의 달인 워런 버핏의 말이다.

"습관이 인생을 좌우한다. 처음에 습관은 너무 가벼워 전혀 느끼지 못하다가 시간이 지나면서 점차 무거운 족쇄가 된다. 내 나이쯤 되면 습관의 노예가 되어 습관을 바꾼다는 것이 불가능해진다."

궁인이 활을 다루듯, 뱃사공이 배를 다루듯, 당신도 자기 자신을 능숙하게 다루라.

남의 생각을 좇지 말고
자신의 생각을 하라

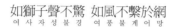

如獅子聲不驚 如風不繫於網
여 사 자 성 불 경   여 풍 불 계 어 망

사자처럼 무슨 소리에도 놀라지 말고, 바람처럼 어떤 그물에도 잡히지 않는다.

달그림자가 비치는 물속에 본래 달은 없다. 물위에 어린 달로 인해 밤하늘의 달을 보게 된다. 온갖 물상도 존재의 인연이 빚어낸 허구에 불과하다. 그러나 이로 인해 지혜로운 사람은 실체를 보지만 어리석은 사람은 허구에 매달린다. 사실 남들이 무슨 말을 하는지가 중요한 것이 아니라 자신의 관점과 자신의 해석이 필요하다.

능동적 사람이란 자기인식을 분명히 하고, 들려오는 잡다한 소리와 남이 만들어 놓은 틀에 수동적으로 끌려다니지 않는 사람이다.

2002년 노벨 물리학상 수상자인 일본 천체 물리학자 고시바 마사토시 교수가 모교 도쿄 대학 졸업식에서 축사를 하게 되었다. 졸업식장 전면의 대형스크린에 그의 성적표가 공개되었다. 열여섯 과목 중 '우'가 두 과목, 열 과목은 '양', 나머지 네 과목은 '가'였다. 최하위 성적으로 졸업한 것이다. 그는 다음과 같이 말했다.

"학교 우등생이 꼭 사회우등생이 되는 것은 아닙니다. 학교 수업은 수동적 인식입니다. 성적이 좋은 분은 관료나 교사에 적합하죠. 남이 가지 않는 길을 가고 길이 없는 곳에 새길을 내려는 분들에게는 능동적 인식이 필요합니다."

1월 27일

바른길은 외롭지만
충만한 기쁨을 누릴 수 있다

如蓮花不染塵 如犀角獨步行
여 연 화 불 염 진   여 서 각 독 보 행

진흙탕에 더럽혀지지 않는 연꽃과 같이 무소의 뿔처럼 혼자서 가라.

"내가 붓다라 하여 내 말에 이끌리지 말라. 내 말도 진지하게 검토해보고 옳다 판단이 서면 그때 받아들여라. 모든 중생은 일곱 가지를 피할 수 없다. 생生, 노老, 병病, 사死, 죄罪, 복福, 인연因緣이다. 이 일곱 가지는 피하려 해도 마음대로 안 된다."

붓다가 발우를 들고 맨발로 돌아다니며 걸식했을 때 공경하는 사람들도 있었고, 홀대했던 사람도 많았다. 그러나 붓다는 개의치 않고 사람들을 평등하게 대하며 대자대비大慈大悲의 스승이 되었다.

깨닫겠다며 이곳저곳 기웃거려봐야 생각만 번잡해진다. 바른 뜻을 세우고 무소의 뿔처럼 혼자서 꿋꿋이 가야 한다. 그러다 보면 대부분 혼자 길을 가야 한다. 이때 우리는 절대고독을 느끼게 된다.

그러나 이런 고독을 즐길 줄 알아야 한다. 이런 고독은 공동체에 적응하지 못해 느끼는 소외나 단절과는 완연히 다르다. 성숙한 사람의 고독은 도리어 다양한 공동체와 매 순간 살아 있는 관계를 새롭게 형성해간다. 절대고독을 통해 사람을 피하는 방법이 아니라 그들을 진정으로 이해하고 함께 살아가는 방법을 발견하게 된다.

1월 28일

천천히 꾸준히 가는 것이
가장 빠른 것이다

明珠在掌 弄去弄來
명 주 재 장 농 거 농 래
밝은 구슬 손안에 놓고 이리 굴리고 저리 굴리고.

약 700년 전 독일에서의 일이다. 한 여행자가 아침 일찍 마차를 급하게 몰아 시골길을 달리다 행인을 만나자 멈춰서 물었다.

"다음 마을까지 얼마나 남았는가?"

그 행인은 현자賢者 오일렌 슈피겔이었다. 슈피겔은 무뚝뚝한 표정으로 답했다.

"서둘러 달리면 하루. 느릿느릿 가면 대여섯 시간."

여행자는 이 말을 듣고 농락당한 느낌이 들어 화가 치밀어 채찍을 휘두르며 맹렬한 속도로 말을 몰다가 도중에 마차바퀴가 바위에 부딪치며 부서져버렸다.

행인은 그날 해질녘이 될 때까지 마차 바퀴를 수리해야 했고, 결국 현자의 말대로 다음 날 오전이 되어서야 간신히 마을에 도착할 수 있었다. 서두를수록 시야가 좁아진다.

바쁠 망忘자는 생각을 잊어버린다는 뜻이다. 산사의 법고法鼓는 하루에 느릿느릿 세 번 울린다.

올바른 삶을 위해서는
태산과 같은 의연함이 필요하다

不爲邪動 如風大山
불 위 사 동　여 풍 대 산
그릇된 것에 흔들리지 마라. 마치 태풍 앞에 우뚝 선 태산처럼.

명언은 가르쳐도 잘 기억하지 않고, 욕은 가르치지 않아도 금세 따라 한다. 그릇된 행위가 묘한 해방감을 주는 것이 사실이다. 하지 말라고 막으면 호기심에 더 하고 싶은 것이 인간의 심리다.

이것은 모두 악취미惡趣味이다. 이런 악취미들이 쌓이면 가학증세가 나타나고 심하면 피학증세로까지 발전한다. 바늘 도둑이 소 도둑 되는 것처럼 악취미는 그 싹부터 잘라야 한다.

습관은 의도적 반복을 통해서 형성된다. 인생의 좋은 것은 의도적인 반복을 통해서 일어난다. 타고난 능력보다 제2의 천성이라고 하는 습관이 더 중요하다. 열아홉 살 때 전미 수영대회를 석권한 낸시는 열 살 때부터 소아마비를 앓고 목발을 짚고 다녔다.

루스벨트 대통령이 그녀에게 "어떻게 우승이 가능했느냐"고 묻자 그녀가 답했다 "매일매일 수영을 계속했을 뿐입니다." 나쁜 습관이 몸에 밴 사람이 이를 고치고 좋은 습관을 들이려 할 때 의연함이 필요하다. 그동안 함께 나쁜 습관 속에 젖어 살던 사람들이 먼저 비웃을 것이다. 담배친구, 술친구, 노름친구 등이 그렇다. 이런 것에 흔들리지 않고 의연할 때 고독할 수 있지만 차츰 태산처럼 될 것이다.

우리 모두는
연결되어 있다

一中一切多中一
일 중 일 체 다 중 일
하나 안에 일체가 있고, 일체 속에 하나가 있다.

삼라만상은 마치 그물처럼 서로 얼키설키 연결되어 있다. 과학적으로도 동일원소로 구성되어 있다. 138억 년 전 빅뱅을 통해 생긴 수소, 헬륨이 우주만물의 기본요소이다.

양자역학의 창시자 닐스 보어는 "측정이 대상을 변화시킨다"고 했다. 누가 대상을 보느냐에 따라 물리적 측정값이 달라진다. 독일 물리학자 하이젠베르크는 보어보다 한 걸음 더 나아가 '불확정성의 원리'를 언급했다.

"내가 대상을 알려고 할 때, 바로 그때부터 대상에 변화가 생긴다."

불교가 말한 세상은 상대적 허상虛想이라는 가르침이 양자역학에 의해 입증되었다. 우주는 '우연과 확률의 법칙'으로 구성되어 있다.

그래서 은하계를 포함한 전 우주는 그 안의 미세 입자 하나하나와도 연결된다. 이것이 삼라만상의 '운명적 동질성'이다. 이 때문에 '격물치지格物致知'가 가능하다.

즉, 어떤 사물이든 깊이 파고 들어가면 전체적 원리를 파악할 수 있다. 그래서 붓다는 "중생이 아프면 나도 아프고 중생이 즐거우면 나도 즐겁다"고 했다.

우주와 티끌은
돌고 돈다

一微塵中含十方
일 미 진 중 함 시 방
하나의 티끌 속에 시방세계가 있다.

보이는 모든 세계는 유한하다. 그중 작은 것일수록 더 유구하다. 공룡은 사라졌어도 토끼는 남아 있다. 토끼가 사라진다 해도 미생물은 남을 것이다. 설령 미생물은 사라져도 티끌은 남을 것이다.

이런 티끌들이 별이 되고 별이 다시 생명체로 진화한다. 사람 향기는 티끌에 배어 있다가 그 티끌이 새 존재로 융합할 때 그 향기를 지니고 나온다.

인간을 포함한 모든 존재의 삶은 자기 자신을 창조해 나간다. 이 창조가 멈출 때 곧 죽음에 이른다. 죽음은 자기 창조가 아닌 자연의 회귀이다. 이렇게 회귀되어 있다가 억겁億劫의 과정을 거쳐 새로운 존재로 시작한다. 이를 불가에서 전생, 현생, 내생이라 말한다. 따라서 새와 물고기, 풀과 나무, 무정물無情物에서 유정물有情物까지 모든 것을 망라해 개체 속에 불성이 연결되어 있다. 이 때문에 붓다는 인류애人類愛를 넘어 우주애宇宙愛를 보여주었다.

그런 면에서 붓다의 가르침을 인류애라고만 표현하기는 부족하고 '코스모스 아가페'이다.

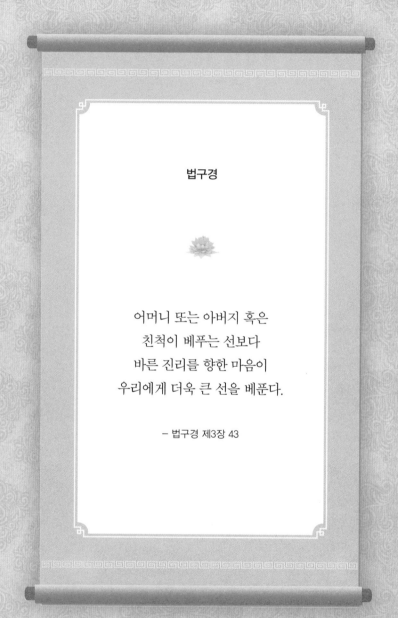

법구경

어머니 또는 아버지 혹은
친척이 베푸는 선보다
바른 진리를 향한 마음이
우리에게 더욱 큰 선을 베푼다.

– 법구경 제3장 43

2월

평탄한
삶을 위해

차림새가 아니라
마음가짐이 중요하다

降心已調 此應法衣
항 심 이 조   차 응 법 의
일정한 마음을 가질 수 있다면, 이 사람이 가사를 입을 만하다.

승려들이 입는 옷이 '가사袈裟'이다. 가사는 수행의 상징이다.

그럼 누가 수행의 자격을 갖춘 자들인가? '조심調心'과 '항상심恒常心'을 가진 사람이다. 조심은 스스로 자기 마음을 조율한다는 것이다. 조심의 방법으로 조신調身, 조식調息, 조면調眠, 조식調食이 있다. 몸을 잘 관리하고, 호흡을 고르게 하며, 하루 일곱 시간 정도 푹 잠을 자고, 건강한 음식을 섭취할 때 큰 힘을 들이지 않고 조심할 수 있다.

수행자의 자격 중 두 번째가 '항상심'이다. 언제나 변하지 않고 꾸준하면 몸과 마음이 편하다. 제 빛깔을 잃지 않고 살아가는 것이 항상심이다.

가사를 걸쳐도 속은 시커먼 사람도 많고, 가사를 입지 않아도 참수도가도 많다. 중요한 점은 늘 수행하는 자세를 지니는 것이다. 스스로 조율된 조심과 항상심을 지닌 사람들은 세 가지 관점으로 행할 바를 결정한다.

'여러 가지 일들 가운데 내게 가장 가치 있는 일은 무엇인가?'

'그 가운데 내가 가장 잘 할 수 있는 일은 무엇인가?'

'이 일은 지금 내가 해야만 하는가?'

수행자들은 이 세 가지 질문에 '그렇다'는 판단이 서면 바로 실행한다.

게으름은
삶에 독이다

誠 天之賞利
성 천 지 상 리
성실함이 곧 하늘의 상이며 이익이다.

초기 경전인《장로게경長老偈經》에 107 장로의 시가 수록되어 있다.

여기에 게으른 사람들의 특징이 나온다. '날씨가 너무 더워서', '날씨가 추워서', '이제 너무 늦어서'와 같은 변명으로 해야 할 일을 자꾸만 회피한다. 그러면 그럴수록 일할 '순간'은 영원히 그들을 지나쳐 흘러간다. 해야 될 일을 제때 해낼 때 심신의 안정이 있다. 그 반대는 늘 불안하다.

게으름은 거울에 끼는 때와 같고, 게으름이 심해지면 독 묻은 화살을 맞은 것과 같다. 우리의 습성에 깊이 밴 이 게으름의 독을 놔두면 점차 삶의 안정을 잃게 된다. 오늘 해야 할 일은 내일로 미루지 말라. 오늘 안 해도 될 걱정이 내일까지 연장된다.

《장로게경》에 이런 시가 있다.

"내 맘이 불안하면 남이 아무리 칭찬해도 부질없는 짓이다."

"내 맘이 안정되면 남이 아무리 비난해도 그 역시 부질없는 짓이다."

거울을 며칠 내버려두면 먼지가 낀다. 구르는 돌멩이에 이끼가 끼지 않는 것처럼 성실하면 번뇌의 독이 마음을 어지럽힐 수 없다.

세상만사는 신이 아니라
인간이 만들어간다

心佛無處不渡
심 불 무 처 불 도
각자 마음에 있는 불성으로 건너지 못할 곳이 없다.

붓다는 깨달은 인간이며 신이 아니다. 또한 붓다에게 절대적으로 믿고 따라야 할 신은 없다. 서구의 신은 절대 구원자이지만 붓다에게 신의 괴력, 주술 같은 이적 등은 부질없는 이야기일 뿐이다.

보통의 종교들은 현실에 살면서도 오직 천국을 사모하며, 훗날 천국에 들어가 큰 상을 받고 좋은 집을 짓고 살기를 원한다. 심지어 천국에 간다고 집단자살을 하거나 순교자로 자처하며 테러까지 일으킨다. 거기까지 가지 않더라도 천국에서 부자로 한번 폼 나게 살아보겠다며 엄청난 헌금을 한다.

그러나 붓다는 현실이 무한한 세계이며 절대세계라고 말한다. 현실세계를 떠나 추상적인 절대세계를 그리는 일은 광명한 태양을 놓아두고 두 손으로 눈을 가린 후 어둡다고 하는 것과 같다. 눈만 뜨면 광명세계를 본다. 지고지순하고 절대적인 신을 그리는 것이 망견妄見이다.

아직도 신에 얽매여서 무엇을 갈구한다면 윤회의 굴레를 벗어날 의지가 없는 사람이다. 만일 신을 군이 설정하고 싶다면 윤회의 굴레 속에 얽매인 우주만물이 신이다. 서구에서 말하는 절대 지존의 신은 없다. 세상만사는 인간이 자연 속에서 만들어가는 것이다.

2월 4일

신 또한
인간이 만든 존재다

金佛不渡爐 木佛不渡火 泥佛不渡水
금 불 불 도 노 목 불 불 도 화 니 불 불 도 수
금부처는 용광로를 지날 수 없고,
나무부처는 불을 지날 수 없고, 흙부처는 불을 지날 수 없다.

종교의 기원은 원시 시대로 올라간다. 자연을 이해하지 못하는 원시인들은 번개나 천둥, 자연재해 앞에서 자연의 뒤에 '무엇'이 있고 보았다. 그 '무엇'이 신으로 자리잡았다.

그렇게 신이 만들어지자 불가해한 일이 발생할 때마다 모두 '만들어진 신'의 눈치를 보기 시작했다. 이런 신을 달래줄 주술사들이 나왔다. 이후 자연재해의 원인이 밝혀진 지금에 와서도 지진을 신의 뜻이라고 강변하는 성직자들과 이를 추종하는 사람들이 있다.

이는 인류의 오랜 습관인 인과적 자연 현상을 신의 섭리로 연결하는 무의식적 대응이다. 모든 신앙은 마음이 빚어낸 허상이다. 신심, 자기경영, 회사경영 모두 마음에 달려 있다. 그럼에도 불완전한 사람들은 완전한 신을 상상해 의지하고자 애쓴다.

일체 만물이 원래부터 한뿌리이기 때문에 영원히 절대 지존하며 전지전능한 신 같은 것은 없다.

금부처, 흙부처, 돌부처는 절대적 존재가 아닌 원융무애圓融无涯의 상징물에 불과하다.

삼라만상의 모든 존재와 그 존재들이 일으키는 현상에 고정불변은 없다. 어떤 존재도 혼자 우연히 존재하는 것은 없다. 이것이 있기에 저것이 생겼고, 저것이 있기에 이것이 있다.

모든 사물은
있는 그대로의 존재이다

山是山 水是水
산 시 산 수 시 수
산은 산이요, 물은 물이다.

현대 과학이 발전하며 서구의 정신분석학은 절대지존의 하나님 자리에 인간의 집단무의식과 개인무의식을 앉혔다. 그 무의식이 인간에게 신의 역할을 담당하고 있다.

이제 저 우주 위의 신에게 해방된 인간이 자신 안의 무의식에 항거하지 못하고 끌려다닌다. 과거의 강력한 정서적 사건이 평생의 트라우마로 남아 있다가 아무것도 아닌 일에 정서적, 신체적으로 과민 반응을 보이는 경우가 있다.

무의식의 응어리인 트라우마야말로 가장 질긴 인연因緣이며, 미래와 제일 단단히 연기緣起된 것이다. 이것을 어찌 해소해야 되나?

"자신과 타인의 모습을 관찰하고 내가 어떤 경우에 화를 내는지를 알아차려라. 그러면 마음속의 그 화가 서서히 사라지리라."

이 법어法語는 세상만사를 있는 그대로 보면 무의식 속의 응어리가 풀린다는 것이다.

내 과거의 어떤 트라우마를 건드리는 어떤 상황이 벌어질 때 나도 모르게 화를 내고 실수를 한다. 그 '어떤 상황'과 내 트라우마를 분리하면 연상聯想 작용이 해결된다. 내가 지금 겪는 일이나 앞으로 만나게 될 여러 정황은 모두 내 외부의 어떤 작용이다. 우리가 아무리 애착을 가지고 있는 대상도 실은 저 하늘의 별과 나와의 관계나 다를 것 없는 사이이다.

물과 젖처럼
어울려라

魚行水濁 鳥飛毛落
어 행 수 탁   조 비 모 락
고기가 물에 노니면 물이 탁해지고 새가 날 때 깃털도 떨어진다.

세 사람이 숲 속의 붓다에게 나아오자 붓다가 그들에게 물었다.

"너희는 화목하냐? 다툼은 없느냐? 젖과 물이 어울리듯 서로 돌보고 사느냐?"

"스승이여 그러하나이다."

"그러면 되었다."

그리고 계송을 읊었다.

"만일 화합하지 못하면 각기 행동을 삼가야 한다. 언제나 안락을 공부하고 덕을 쌓으라. 원수는 크든 작든 증오가 가시지 않나니 오래보지도 말고 빨리 보지도 말라. 원한은 오직 갚음이 없음으로 사라지느니……."

젖과 물처럼 서로 잘 어울리는 사람은 무슨 망집妄執이든 쉽게 해소된다.

인간은 무의식적 충동에 끌리기도 하지만 현재 누구와 어떤 관계를 맺고 있느냐에도 큰 영향을 받는다.

붓다는 인간이 무의식과 더불어 대상과의 관계 속에서 형성되는 존재임을 인정한다. 즉, 내 속의 나와 너 속의 너가 만나 한 개인의 캐릭터가 형성된다. 바람직한 캐릭터는 나와 너의 존엄성을 함께 긍정하고 서로 돕고 서로 가르치는 관계 속에서 형성된다.

2월 7일

나쁜 기억일수록
빨리 지워버려라

修行之要 但盡凡情 別無聖解
수 행 지 요 단 진 범 정 별 무 성 해
수행의 요점은 범부의 집착을 없애는 것일 뿐 따로 성인의 지혜란 없다.

불경은 최고의 심리학 서적이고, 붓다는 인류 최고의 심리 치료사라 할 수 있다.

붓다의 설법을 보면 현대 정신의학의 이론이 모두 들어 있다. 그러나 중요한 차이가 있다. 프로이트는 무의식이 영원불변한 자국으로 한 사람에게 지워진 숙명으로 본다. 그리고 이 숙명의 영향을 덜 받는 쪽으로 유도하고자 한다. 하지만 붓다는 상처 난 무의식의 아픈 덩어리를 씻어낼 수 있다고 본다. 어떻게 가능할까?

무의식의 덩어리야말로 진상眞象이 아니고 허상虛象이다. 우리 속에 수많은 과거의 흔적이 허상으로 남아 있다. 이중 특정 허상에 매여 있는 것이 '반추反芻적 사고'이다. 살아 있다는 것은 늘 새로운 경험을 한다는 것인데, 새롭고 더 흥미로운 경험이 유입되는데도 계속 그 사건만 생각한다. 헤어진 애인이라든가, 무안을 당했던 일들만 생각하는 것이다. 반추적 사고에 묶여 있는 사람들은 늘 고통을 겪게 마련이다. 이처럼 고통스러운 기억에 집착할수록 그 기억이 더욱더 현실을 지배한다.

성인의 지혜나 수행의 핵심은 반추적 사고를 중단하고 새롭게 만나는 신선한 경험들에 집중하는 것이다. 우리가 허상에 매이면 허상은 실체보다 더 큰 힘을 발휘하고, 놓아버리면 허상은 바람처럼 사라져버린다.

얽매임을 끊으면
그곳이 피안이다

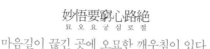

妙悟要窮心路絶
묘 오 요 궁 심 로 절
마음길이 끊긴 곳에 오묘한 깨우침이 있다.

태어나 늙고 병들고 죽는 현실의 괴로움에서 벗어나 번뇌와 고통이 없는 열반에 이르고자 하는 것은 불가의 기본 수행이다. 이 과정에서 바라밀을 통해 과거의 상처, 꺼질 줄 모르는 성욕이나 현재의 불편한 관계 등을 깨끗이 씻어낼 수 있다.

바라밀이란 무엇일까?

우리가 서 있는 강의 이쪽이 차안此岸이고, 건너편이 피안彼岸이다. 피안으로 건너가는 것이 도피안到彼岸이다.

도피안의 산스크리트어가 '파라미타paramita', 즉 바라밀다波羅密多이며 '피안에 이르다'라는 말이다. 바라밀은 피안에 이르는 것이다. 그 피안이란 죽고 나서 가는 천국이나 극락이 아니라 오늘 이 자리에 그대로 살며 진리를 깨달은 상태이다.

같은 경험, 같은 상황에 있으면서도 피안에 사는 사람이 있고, 지옥처럼 사는 사람도 있다. 둘의 차이는 마음의 길을 끊었느냐이다.

과거에 얽매이지 않아야 마음길이 단절된다. 마음길을 끊어 얽매이지 말라. 바로 그곳이 피안이다.

지금 현재를
천국으로 만들라

打破鏡來 靑天也須喫棒
타 파 경 래   청 천 야 수 끽 봉
거울을 부수고 오라. 푸르른 하늘도 몽둥이로 때려야 한다.

불이 난 이쪽 강가를 떠나 평화로운 저쪽 강가로 가려면 얼른 배를 타고 노를 잘 저어야 한다. 만일 노를 잘 젓지 못하면 더 나쁜 곳으로 갈 수도 있다. 피안으로 간다면서 천국이나 극락을 사모하면 더 고약한 삶을 살게 된다.

지옥이나 천국은 세상살이의 고통과 환희를 극대화시킨 거울이다. 이 거울을 부수어야만 한다. 이 거울이야말로 지고至高의 욕망이고, 최악의 집착이다. 이 지고의 욕망에 붙들리면 백약이 무효이다. 어떻게 노를 저어야 갈망과 절망, 고집과 미망, 시기와 분노가 들끓는 고통의 강을 건너 행복한 피안에 도달할 수 있을까.

욕망이 소용돌이치는 강을 노를 저어 건너는 방법이 육바라밀, 즉 보시布施, 지계持戒, 인욕忍辱, 정진精進, 선정禪定, 지혜智慧 등이다. 보시, 지계, 인욕은 대외적이며 정진, 선정, 지혜는 자기함양自己涵養이다. 지기함양을 잘 해야 대외적 성과가 나타난다. 정진, 선정, 지혜의 핵심이 지옥이나 천국은 이 세상에도 없고, 저 세상에도 없고, 오로지 각자 속에 있음을 자각하는 것이다. 이를 망각하면 어떤 노력을 해도 자기함양이 되지 않는다.

이 세상에 원래
구분은 없었다

踏雪野中去 不須胡亂行 今日我行跡遂 遂作後人程
답 설 야 중 거 불 수 호 란 행 금 일 아 행 적 수 수 작 후 인 정
눈 덮인 들판을 어지러이 걷지 마라.
내가 간 길이 뒷사람의 이정표가 될 수 있으니.

　역사상 수많은 정치인, 영웅, 사상가, 종교 창시자가 "내가 곧 길이요 진리요, 생명이요, 희망이요, 대인이다"라고 외치며 혹세무민惑世誣民했다. 그 말을 믿고 몰려다니던 사람들끼리 얼마나 많은 피를 흘렸던가. 지금까지도 자신들만이 진리라는 가르침 때문에 지구촌 곳곳에 살육전이 끊이지 않고 있다.

　내가 길이라는 말은 다른 이에게 선포할 말이 아니다. 스스로 자신에게 다짐할 말이다. 그리고 내가 바른 길을 걷고 진리대로 살면 된다. 대중을 향해 나만 길이요, 우리 집단만 진리를 따르고 있다는 무리들일수록 수탈욕收奪慾이 대단하다.

　본디 땅 위에 길은 없었다. 사람들이 인위적으로 길을 만든 것이다. 생生과 사死의 중심이 삶이듯, 이 길이냐 저 길이냐, 이것이냐 저것이냐를 넘어서야 균형 잡힌 삶을 살 수 있다.

자기 자신이
인생의 주관자다

于前于後 乃中無有 無操無捨 是謂梵志
우 전 우 후　내 중 무 유　무 조 무 사　시 위 범 지
과거, 미래, 현재, 어느 것에도 얽매이지 않는 자를 구도자라 한다.

얼마나 많은 사람이 맹목적으로 추종하다가 인생을 낭비했던가. 또한 얼마나 많은 사람이 아집에 묶여 주저앉았던가?

세상에 정해진 길이란 애당초 없음을 깨닫는 것이 맹목적 추종과 아집을 벗어나는 길이다. 초월적 의미의 예정, 특별은총, 운명, 선민, 운, 숙명 따위에 세뇌되면 벗어나기가 어렵다. 자신의 길을 가는데 하나님, 붓다, 알라, 염라대왕이 무엇을 해줄 것인가? 이것이 불가의 대자유자재이다.

무심無心이 인간의 근본이므로 무심을 무시한 어떤 종교나 철학도 망상에 불과하다. 무심은 참으로 깨끗한 마음으로 마치 해수면에 허리케인이 일어도 바닷속은 고요하듯 외부의 어떠한 혼란에도 방해받지 않고 고요하고 잔잔하다.

이런 청정한 마음은 일체의 선과 악도 존재하지 않는 곳이다. 하늘로부터 오는 기적이나 이적을 바라지 말라. 사람마다 자기 몫이 있고 그릇이 있다. 이를 안으로 살피며 지금 나답게 살고 있는가 자신에게 물어야 한다. 달마 대사가 말했다.

"마음을 보면 부처요, 보지 못하면 중생이다. 중생의 마음을 떠나 어느 곳에 부처가 있겠느냐."

최고의 자아 치료는
바로 베풂

隨正意行 開解淸明
수 정 의 행 개 해 청 명
바른 의지를 따라 행동하면 마음이 밝아진다.

악한 의지로 행동할 때 마음이 어두워진다. 바른 의지로 살 때 밝고 청명한 마음이 된다. 바른 의지 중 첫째가 남에게 베푸는 보시報施이다. 내게 없는 것으로 보시하는 것이 아니라 내가 가지고 있는 것으로 보시해야 한다.

자신이 가지고 있는 물질, 건강, 사랑, 친절을 보시하면 끝내 자신에게 돌아와 보답한다. 보시의 최고의 선물은 병든 자아의 회복이다.

우리는 애쓰지 않아도 이기적 욕망이 내면에 차오른다. 이타적 행동을 반복해야 이타적 안목이 형성된다. 보시에 재시財施, 법시法施, 무외시無畏施의 삼시三施가 있다.

재시는 물질적 베풂이고, 법시는 무명에 빠져 있는 사람들에게 깨달음을 주는 것이다. 무외시는 다른 사람에게 공포나 정신적 불안을 야기하지 않는 것이다. 불교 경전인《본사경》에는 보시 중 법시가 제일이며, 법시를 행하는 자로 붓다가 가장 높다고 했다.

하루를 시작하기 전 '오늘 나는 어떤 일로 사람들에게 공헌할 것인가' 묵상하라. 하루를 마치고 '오늘 나는 사람들의 어떤 필요를 채워주었는가'를 자문해보라.

마음가짐이
행복을 결정한다

慧常自護 能守則安
혜 상 자 호　 능 수 즉 안
지혜로운 이는 자신을 지키나니 능히 편안함을 누린다.

외모는 외과 수술로 고칠 수 있다. 그러나 상처 받은 자아는 스스로 태도를 달리해야만 고칠 수 있다. 태도는 마음에서 나온다. 이것이 자신을 지키는 것이다.

《화엄경》〈보현행원품〉에는 이런 구절이 있다. "어떤 까닭인가? 모든 부처가 대비심大悲心으로 몸을 삼아 크나큰 깨침을 이루셨다. 비유컨대 넓은 모래벌판 가운데 한 그루 큰 나무가 있어, 만일 그 뿌리가 물을 만나면 잎이 피고 꽃이 피어 과실이 무성해지는 것과 같다."

사막의 나무도 뿌리에 물을 주어야 다시 과실을 맺는다. 중생도 붓다의 대비심과 같은 마음가짐을 가져야 대비심을 일으키게 된다.

미국 성형외과 의사였던 맥스웰 몰츠는 오랜 경험을 통해 중요한 발견을 했다. 얼굴에 비슷한 흉터가 난 사람들도 전혀 다른 감정을 가지는 경우가 많았다.

한 사람은 교통사고로 얼굴에 난 상처 때문에 심한 열등감에 싸여 지냈다. 다른 사람은 강도와 싸워 얼굴에 더 큰 흉터가 나 있는데도 영광으로 생각했다. 이때부터 몰츠는 외모를 성형하는 것보다 심리적 성형이 더 중요하다는 것을 깨닫고 《성공의 법칙》 등 중요한 저서를 펴냈다.

2월 14일

긍정의 생각이
긍정의 결과를 부른다

胡亂指注 譬不外曲
호 란 지 주 　 비 불 외 곡
함부로 손가락질 마라, 팔은 밖으로 굽지 않는다.

우리는 동업중생同業衆生이다. 퀵 서비스를 하시는 아주머니가 내 어머니, 혹은 내 누이라고 생각해보라. 퇴근길 지하철에서 피곤이 가득한 얼굴로 서 있는 사람이 내 형제라고 생각해보라. 아등바등 사는 그 모습에 울컥해진다. 그다음부터 삶에 지친 무표정한 어느 누구를 보더라도 무한한 애정으로 껴안아주고 싶은 마음이 생긴다.

옛날 옛적에 약간 바보 같은 왕자가 있었다. 그는 아무도 자기를 알아주지 않는 것 같아 괴로워했다. 그는 울적한 어느 날 지혜가 출중한 신하 한 명만 대동하고 산에 올라 큰 소리로 외쳤다.

"야! 난 네가 싫어." 그러자 메아리가 돌아왔다.

"야! 난 네가 싫어." 메아리에 놀란 왕자가 당황했다. 신하가 왕자에게 조용히 말했다.

"'야! 난 네가 좋아'라고 외쳐 보십시오." 왕자가 다시 외쳤다.

"야! 난 네가 좋아." 그 소리가 산과 강을 돌아 다시 메아리쳐 왕자의 귀에 여러 차례 울렸다.

"난 네가 좋아."

2월 15일

경청은
마음으로 듣는 것이다

慧人聞道 心爭歡然
혜 인 문 도   심 쟁 환 연
지혜로운 이는 잘 들으며 깨끗하고 즐거움이 넘친다.

상대를 존중한다는 것은 상대의 말을 진심으로 잘 들어 준다는 것이다.

경영의 '구루'인 톰 피터슨은 경영의 성공은 '경청, 칭찬, 인정'에 달렸다고 했다. 우리는 잠자는 시간을 빼고 활동하는 시간의 70퍼센트를 의사소통에 사용한다. 그중 50퍼센트 정도를 듣는 일에 사용한다고 해보자.

우리는 들은 그 많은 내용 중 얼마나 이해하고 있을까? 각종 연구를 보면 귀로 듣는 소리의 80퍼센트는 잊히거나 무시되고, 또는 오해된다.

우리는 귀로 듣는 이야기의 20퍼센트 정도만 겨우 기억한다. 그것마저도 48시간이 지나면 80퍼센트는 잊어버린다. 이유는 '경청'하지 않고 그냥 '듣기' 때문이다.

'듣기'는 귀로 하지만, '경청'은 마음으로 한다. 경청은 귀로 듣는 것 이상이다.

능숙한 경청자는 말하는 사람의 자세, 말의 속도, 선택된 단어, 억양 등도 주의 깊게 살핀다. 그렇게 들으며 눈빛과 입, 손, 표정으로 반응을 보여준다. 경청하는 사람의 마음은 깊은 연못처럼 고요하다.

삼성 이병철 전 회장은 아들 이건희에게 경영권과 함께 친필로 쓴 '경청傾聽'이라는 휘호를 넘겨주었다고 한다. 이렇게 경청以傾聽하면 사람의 마음을 얻을 수 있다得心.

받는 것보다 주는 것이
더 행복이라

大人體無欲 在所昭然明
대 인 체 무 욕   재 소 소 연 명
대인은 욕심이 없어 가는 곳마다 밝고 환하다.

세존께서 하늘 신에게 일렀다.

"먹을 것을 주는 자는 힘을 주는 것이오. 입을 것을 주는 자는 밝은 얼굴을 주는 것이다. 탈것을 주는 자는 안락을 주는 것이오. 등불을 주는 자는 눈을 주는 것이다. 거주할 곳을 주는 자는 모든 것을 주는 자요. 진리를 주는 자는 영생을 주는 자이다. 그러므로 간탐慳貪—인색—을 극복하여 보시를 행하면 그 공덕이 많은 사람이 뒷세상을 건너는 나루터가 되리라."〈남장 12〉

사랑으로 상처 난 가슴은 사랑을 베풀어 치료되고, 받지 못해 아픈 마음은 주면서 치료되고, 말로 얻은 상처는 친절한 말을 해줌으로써 치유된다.

사람은 움직일 힘만 있으면 누구나 선을 행할 수 있다. 설령 손가락하나 움직일 힘이 없다 해도 눈빛 하나만으로도 선의 씨앗을 뿌릴 수 있다.

영국 빅토리아 여왕은 나이팅게일에게 이런 글이 새겨진 훈장을 수여했다.

"사람을 돕는 방법은 여럿이다. 친절한 말이나 돈으로 할 수 있다. 만일 돈도 없고 말도 할 수 없거든 눈물로라도 할 수 있다."

너그러움은
세상을 밝히는 횃불

至其善熟 必受其福
지 기 선 숙 · 필 수 기 복
선이 무르익으면 반드시 그 복을 받는다.

불교 경전《열반경》에는 다음과 같은 이야기가 있다.

태초부터 어둠이 넓고 큰 들판을 덮고 있었다. 이 캄캄한 들판에 무수한 생물이 서로 알지도 못한 채 쓸쓸히 움직이고 있는데 갑자기 '큰 긍휼의 횃불'을 든 훌륭한 사람이 나타났다.

캄캄한 들이 밝아지자 어둠에 헤맸던 생물 등이 모두 일어났다. 비로소 자기와 같은 존재가 많음을 알게 되고 서로 달려가 끌어안고 환호작약歡呼雀躍한다.

르네상스 시대의 글로벌 시티는 베니스였다. 이 도시를 무대로 사악한 고리대금업자들이 활동했다. 셰익스피어의《베니스의 상인》에 등장하는 '샤일록'도 그들 중 한 사람이다. 이런 샤일록에게 정의로운 판사 '포샤'가 명판결을 내린다.

"계약된 대로 살 1파운드를 떼어가되 단 피를 한 방울도 흘려서는 안된다."

이후 샤일록은 탐욕의 대명사가 되었고, 포샤는 정의의 상징이 되었다. 셰익스피어는 긍휼에 대해 이렇게 정의했다.

"긍휼은 강요하지 않는다. 하늘의 단비처럼 긍휼을 베푼 사람이나 받는 사람에게 두 배의 축복이 된다. 긍휼은 강자 중의 강자요, 왕보다 더 높은 지위에 있다."

지식과 함께
지혜를 겸비하라

爲善則得善 爲惡則得惡
위 선 즉 득 선 위 악 즉 득 악
선행을 하면 선한 사람이 되고, 악을 행하면 악한 사람이 된다.

요즘은 지식이 넘쳐난다. 마음만 먹으면 누구나 어느 전문가 못지않은 지식을 습득할 수 있다. 그런데 아이러니하게도 지식은 넘치는데 인간다운 인간은 사라지고 있다. 이는 지식과 인격이 단절되고 있기 때문이다.

일본 최고의 CEO인 교세라 그룹 명예회장 이나모리 가즈오의 경영 철학을 서술한 책이 《카르마 경영》이다. 이 책에서 가즈오 회장은 경영 능력이 뛰어난 사람들이 자기 재능만 과신하다가 실패한 경우를 많이 보았다고 말한다.

《법구경》에 나오는 다음의 명언은 교만이 패망의 선봉임을 일깨운다.

"교만에 빠지면 게을러지고 잡된 상념에 물든 채 스스로 무너지게 되느니라."

혹 자신의 능력이 우월하다면 자기중심성에 빠져 문제를 야기하지 않도록 주의해야 한다. 더욱이 성공하면 할수록 더 자신을 과신하게 되므로 늘 주위에 귀를 열어 객관적으로 자기를 보도록 힘써야 한다.

능력과 재능이 많을수록 이를 잡아줄 원칙이 필요한데 가즈오 회장이 다음의 세 가지를 제시했다.

'정직한 행동, 타인 존중, 과욕 금지.'

사랑에서
육바라밀을 배우다

吉人行德 福應自然
길 인 행 덕　복 응 자 연
복 짓는 사람은 덕을 행하여 복된 응보가 따르리라.

님에게는 아낌없이 무엇이나 바치고 싶은 이 마음.

거기서 나는 보시布施를 배웠노라.

님께 보이려 깨끗이 단장하는 이 마음.

거기서 나는 지계持戒를 배웠노라.

님이 주신다면 때려도 야단쳐도 기쁜 이 마음.

거기서 나는 인욕忍辱을 배웠노라.

천하 사람 가운데 오직 님만 사모하는 이 마음.

나는 거기서 정진精緊을 배웠노라.

자나 깨나 쉼 없이 님 그리워하는 이 마음.

나는 거기서 선정禪定을 배웠노라.

님 품에 안길 때 기쁨도 슬픔도 잊으며

거기서 나는 반야般若―지혜―를 배웠노라.

이제 알았노라.

님은 이 몸에게 바라밀을 가르치려고 몸으로 온 붓다라고.

－춘원 이광수

악은
악을 부른다

罵人得罵 施怒得怒
매 인 득 매 시 노 득 노
남을 욕하면 욕을 먹고, 화를 내면 화를 받게 된다.

젊은 나이에 아라한과를 얻은 답바가 수행자를 위한 봉사를 하고 싶어 붓다를 찾았다.

"승가의 분방사인分房舍人과 차차청식인差次請食人으로 일하고 싶습니다."

승려들은 기본적으로 유행遊行생활과 걸식수행을 했다. 이들에게 숙소를 정해주는 사람이 분방사인이고, 재가신도가 간혹 식사에 초대할 때 순서를 정해주는 사람은 차차청식인이다. 붓다의 허락을 받은 답바는 성실하게 소임을 수행했다.

어느 날 악惡 비구로 유명한 자승려와 지승려가 찾아왔다. 마침 신심 깊은 재가신도 선반거사가 청식을 하는데 답바는 순서에 따라 자승려와 지승려를 보냈다. 이를 듣고 불쾌해진 선반거사가 하녀에게 지시했다.

"평판이 안 좋은 비구들이 오는데 부스러진 쌀 조각으로 죽이나 주어라."

초라한 공양을 받은 자승려와 지승려는 자존심이 상했다. 이 모든 것이 답바의 음모라고 오해하고 자승려가 여동생을 불러 "답바에게 강간당했다"고 붓다에게 무고하게 했다.

이미 붓다는 거짓인줄 알고 무고한 자승려와 지승려를 멸빈滅擯했다. 이 일을 겪고 붓다가 근거 없는 일을 꾸며 남을 비방하지 못하도록 무근방계無根謗戒를 제정했다.

선은 그 목적도
선해야 한다

愚痴快意 今後鬱毒
우 치 쾌 의 금 후 울 독
어리석은 자가 뜻을 이룬다면 독이 무성하게 퍼지리.

대혜보살大慧菩薩이 붓다에게 여쭈었다.

"육바라밀을 완성하면 깨달음을 얻는다고 하셨습니다. 어떻게 해야 육바라밀을 완성할 수 있겠습니까?"

"세 가지가 있다오. 먼저, 세간世間과 출세간出世間의 바라밀이 있소. 이는 어리석은 범부凡夫가 자기 욕심을 채우기 위해 육바라밀을 닦는 것이오."

많은 정치인이 선거에 당선되기 위해, 성직자는 교인을 모으기 위해, 유명인은 인기 관리를 위해 선행을 베풀고 도를 닦는다. 이미지 메이킹을 위한 수도修道는 겉과 속이 다르기에 거짓을 근본으로 하고 있다. 이들은 수도의 감춰진 목적이 이루어지지 않았을 때 분노하게 되고, 이루어지면 거기서 얻은 힘으로 순진하고 순수한 사람들을 이용해 자신의 사욕을 채운다.

이들 다수가 남이 보는데서, 남이 알아줄 때만 육바라밀을 행한다. 남이 보는데서만 법을 지키고, 보지 않으면 불법을 저지른다. 은근히 불의를 조장하고, 드러나지 않게 수단과 방법을 가리지 않는다. 수행이나 선행도 우선 동기가 순수해야 한다.

청정한 마음만이
자신과 남에게 도움을 줄 수 있다

凡福充滿 從纖纖積
범 복 충 만   종 섬 섬 적
세상의 모든 행복도 작은 선이 모여 이루어진다.

수도나 선행의 동기가 불순한 어리석은 사람들은 자신의 것에만 집착하면서 억지로 육바라밀을 행한다. 이들 중 세간의 바라밀을 행하는 자들, 즉 세속에 살면서 세속의 영화를 위한 동기를 숨긴 자들의 탐욕은 어느 정도 분별이 된다. 하지만 출세간의 바리밀을 행한다는 일부 수도 승들의 위선은 더 교활하다. 이들은 욕망의 발톱을 깊게 감추고 있어 잘 드러나지 않는다. 대다수는 이들의 교언영색巧言令色에 홀린다.

따라서 바라밀을 행하되 어떤 목적으로 바라밀을 행하느냐가 더 중요하다. 물질에 집착하지 않고, 마음의 허망한 분별에도 집착하지 않고 바라밀을 행해야 한다.

이처럼 일체 중생의 즐거움을 위한 최상의 바라밀을 행하는 사람이 구경究竟의 즐거움을 누린다.

구경의 즐거움은 붓다가 보리수 아래서 얻은 희열喜悅이다. 청정심을 지닌 사람만이 출세간 최상의 바라밀을 닦을 수 있다.

바라밀이 상보적相補的이어야 가치가 있기 때문이다. 청정한 마음에서 자리와 이타가 공명共鳴을 일으킨다.

리더의 조건

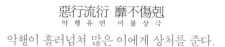

惡行流衍　靡不傷剋
악 행 유 연　미 불 상 극
악행이 흘러넘쳐 많은 이에게 상처를 준다.

가장은 가족 전체의, 사장은 회사 전체의, 대통령은 국가 전체의 흥망과 직결된다. 그래서 아무나 리더가 되어서는 안 된다. 리더의 행위는 리더 한 사람이 아닌 구성원 전체에게 직접적인 영향을 준다.

출세간, 즉 세속을 떠나 수도의 길을 걸으면서 세간의 욕심을 그대로 지니고 바라밀을 닦는 흉내만 내는 수도자도 많다. 이들은 수행의 길에 끝내 오점을 남길 수밖에 없다.

붓다의 법열인 구경의 즐거움은 자신의 명예와 이익에 집착하지 않고, 세인의 선덕禪德을 추구하는 자들이라면 누구나 누릴 수 있다.

거미는 줄을 쳐놓고 걸려 든 곤충의 피를 빨아 자기 배를 채운다. 사람들은 이런 거미줄을 보는 대로 걷어낸다. 리더 중에도 거미 같은 리더들도 있다. 이런 리더들이 쳐놓은 그물은 한시바삐 걷어내야 한다.

또 개미처럼 오직 일신의 안락만을 위해 부지런히 자기 창고를 채우는 리더들도 있다. 개미와 거미 같은 리더들은 언제나 자신의 안녕이 최우선이기에 공선후사公先後事할 수가 없어 그들의 조직은 추락할 수밖에 없다. 거미 유형의 리더는 신속히 제거해야 할 대상이고, 개미 유형의 리더는 다시 리더가 되지 않게 해야 한다.

우리 내면에는
누구나 선이 존재한다

孟子道性善 言必稱堯舜
맹 자 도 성 선   언 필 칭 요 순
맹자가 성선에 대해 말을 할 때마다 요순을 예를 들었다.

사람의 본성은 본디 착하다. 악한 것이 없다.

요순시대가 이를 증명한다. 거미 유형의 인간이라 하더라도 참나를 찾으면 벌꿀형 인간이 될 수 있다. 벌꿀형 인간은 자신과 남에게 모두 좋은 일을 골라 한다. 본디 사람의 성품은 청정하지만, 망념妄念이 본래의 참나眞如를 덮고 있다.

이 망념을 걷어내면 본래의 청정함이 돌아오며 거미형 인간도 벌꿀형으로 성숙해질 수 있다. 원래의 참나, 태어나 자라며 경쟁적으로 공부하고 모진 풍상을 겪으며 생겨난 망념이 뒤덮기 전의 참나는 청정했다. 망념이 덮이기 전 청정했던 참나는 어떤 형식도, 모양도 없었다. 그러기에 아무리 악한 사람도 선한 사람으로 변할 수 있다. 찾으려고 노력하기만 하면 참나를 되찾을 수 있다.

본성을 따라 살 때
모든 것이 순조롭다

無上大涅槃 圓明常寂照
무 상 대 열 반   원 명 상 적 조
크고 높음이 없는 열반이여, 뚜렷이 밝아 늘 고요히 비추는구나.

여기서의 열반은 죽음을 말하지 않는다. 살아서 모든 망상이 떨어져 광명을 찾은 상태를 말한다.

참나는 원래 모양이 없지만 인간의 제도와 도덕, 풍속이 억지로 틀을 만든 것이다. 망념이 생기며 특정한 자아가 형성되었고, 특정 자아가 자라면서 아집과 편견이 굳어졌다. 이것이 탐심이고 집착이며, 여기에서 희로애락喜怒哀樂이 나왔다.

물은 원래 모양이 없다. 세모난 그릇에 담으면 세모가 되고, 둥근 그릇에 담으면 둥근 모양이 된다. 물을 가두어 놓으면 모양을 띠고 놓아두면 자유롭게 흘러 필요한 곳에서 생명을 잉태한다. 물 흐르는 개여울에 무심히 앉으면 뒷 물이 앞 물을 밀어내듯 세상만사가 흘러 지나가고 있음을 새삼스레 깨닫는다.

물은 가두어두면 생기를 잃고 썩게 된다. 물이 어디든 흘러야 물답게 되는 것처럼 사람도 자유로워야 생기와 활력을 띤다. 강물처럼 어디든 갇히지 않는 물은 낮은 데로 흘러 뿌리를 적신다. 그 물을 먹고 자란 나무가 물을 안고 하늘 높이 자라난다. 나무는 살아서도 물을 내놓고 수명이 다해도 물을 내놓는다. 물이야 말로 자리이타의 본보기이다.

외부의 기준을 좇는 순간부터
괴로움은 시작된다

適彼無彼 彼彼已空
적 피 무 피 　 피 피 이 공
감각기관을 다 비우고 감각 대상도 텅 비운다.

폭설이 아무리 쏟아져도 봄은 어김없이 찾아오고, 지루한 장마가 이어져도 가을은 잊지 않고 찾아온다.

세상 풍조도 하나의 바람이다. 이 풍조에 대두분의 사람이 휩쓸려 다닌다.

붓다는 이 풍조의 임의성任意性, 임시성臨時性을 간파했다. 세상 풍조에 흔들리기 시작할 때부터 본래의 자신은 사라지기 시작한다.

세상의 풍조를 좇는 순간부터 탐욕과 증오가 동시에 발생한다. 이렇게 생긴 탐욕과 증오가 우리의 자아에 하나의 갈망으로 자리잡으며, 환영을 만든다. 이 환영에 묶이면서부터 부자유가 시작된다. 이 환영을 버려야만 자유를 누릴 수 있다.

붓다는 결코 세상의 쾌락 그 자체를 반대하지는 않았다. 단지 증오나 탐욕의 결과로 생겨나는 쾌락에 대해서 반대했다. 증오심은 타인으로부터 인정받고 싶은 승인욕구와 칭찬욕구에서 비롯된다. 〈대품 수계편〉에는 이런 말이 있다.

"그대는 무엇을 그리 싫어하고 괴로워한단 말인가? 이곳에 와 앉으라. 여기에는 정녕 증오도 괴로움도 없으니 안온하도다."

맑은 마음으로
사람들을 대하라

慧而無恚 是謂斷政
혜 이 무 에   시 위 단 정
지혜로워 분을 품지 않는 사람이 단정하다.

꽃향기는 바람을 거스르지 못한다. 그러나 사람의 향기는 바람을 거슬러 곳곳에 퍼진다. 어떤 사람이 향기 나는 사람일까? 임제 선사가 말했다.

"언제 어디서나 맑게 생각하라. 그러면 당신이 서 있는 자리마저도 향취가 풍겨나리라."

선신善神과 악신惡神은 따로 있는 게 아니라 관계를 맺는 사람들 사이에서 선신과 악신이 생멸生滅한다. 사람들 사이가 원만할 때 마치 선한 신이 도와주기라도 하듯 매사가 순조롭다. 관계가 틀어져 갈수록 험악해지면 마치 악신이 역사하듯 매사가 가시밭길이다.

당나라 마조馬祖 스님의 대를 이은 염관제안 선사가 있었다. 어느 날 저녁공양을 마친 염관 선사가 방 안에 앉아 무심히 밖을 내다보다가 희한한 광경을 보았다. 두 명의 사미승이 살며시 걸으며 얘기를 나누는데, 하늘에 음악이 울리며 관세음보살 등 제천선신들이 오색구름을 타고 내려오는 듯 보인 것이다.

염관 선사는 생각했다.

'무슨 화기애애한 말을 주고받고 있기에 제천선신들이 공찬共讚하듯 보일까?'

2월 28일

말은
생각의 거울이다

不自放恣 從是多寤
부 자 방 자 종 시 다 오
스스로 방자하지 말고 항시 깨어있으라.

염관 선사는 두 사미승이 대화하는 것을 지켜보며 천상의 선신들이 내려오는 듯한 기분을 느꼈다. 그 느낌으로 조용히 지켜보는데 잠시 후 두 사미승 사이에 제천선신들이 떠나고 시커먼 돼지귀신들이 고약한 냄새를 풍기며 몰려오는 것 같았다.

염관 선사는 다음 날 두 사미승을 불렀다.

"어제저녁 공양 후 경행輕行 도중 무슨 이야기를 나누었더냐?"

"처음에 법화경 이야기를 했습니다. 진흙에 핀 연꽃처럼 청정수행을 하게 되어 참 다행이라고 했죠."

"그다음은?"

"점차 참선공부란 해도 해도 끝이 없다며 푸념을 늘어놓다가, 차라리 아랫동네 예쁜 아가씨들과 차례로 애욕에 빠져 지내는 것이 좋겠다는 푸념을 하였습니다."

좋은 말은 좋은 생각에서 나온다. 흐려진 마음에서 탁한 말들이 입을 거쳐 나와 세상을 혼탁하게 한다. 내가 서 있는 이곳에서 깨어있고자 하면 이 자리에 좋은 말이 내 입에서 나간다.

법구경

게으름에 빠지지 말라.
육체의 즐거움을 가까이 하지 말라.
게으르지 않고 생각이 깊은 사람만
큰 즐거움을 얻게 되리라.

– 법구경 제2장 27

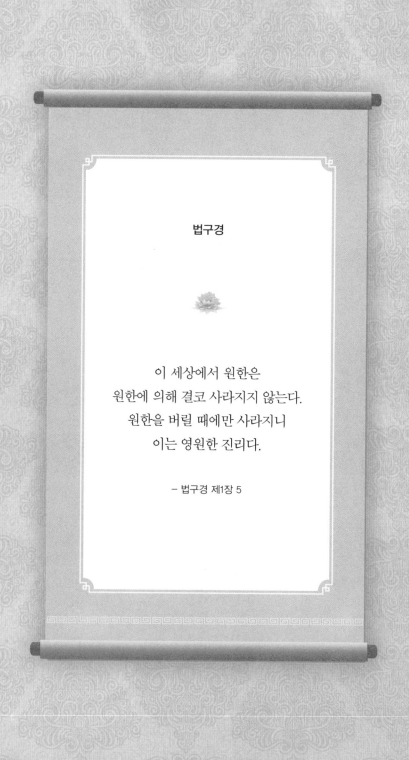

법구경

이 세상에서 원한은
원한에 의해 결코 사라지지 않는다.
원한을 버릴 때에만 사라지니
이는 영원한 진리다.

– 법구경 제1장 5

3월

깨달음의
나날

언제나 양심에 따라
행동하라

常行所當行 自持必令強
상 행 소 당 행 　 자 지 필 령 강
항시 행할 일을 행하되, 자기 뜻을 굳게 세우라.

두 사미승의 경행 가운데 선신과 악신이 번갈아 강림한 듯한 경험을
한 염관 선사는 대중을 모아 놓고 이 이야기와 함께 한 편의 게송偈頌을
읊었다.

莫道暗室無人見막도암실무인견
캄캄한 방 안이라 보는 사람이 없다고 생각하지 마라.
神目如電豪不漏신목여전호불루
번갯불 같은 신의 눈은 털끝 하나도 놓치지 않느니라.
盡矣處誠不護衛진의처성불호위
가까이 지극 정성으로 호위하다가
勃然怒罵掃脚跡발연노매소각적
돌연히 노하여 꾸짖으며 자취를 씻느니라.

자기경영의
원칙

深信自心 不自屈不自高
심 신 자 심　부 자 굴 부 자 고

자기 맘을 굳게 믿어, 스스로 굽히지도 높이지도 말라.

붓다식 삶의 원칙은 결혼을 하든 독신으로 지내든, 직장을 다니든 개인사업을 하든 무슨 일을 하든지 그 속에서 청정한 영혼을 유지하는 것이다. 이것이 인간으로서의 정체성을 지키는 방법이다.

다섯 수행자로 출발한 사슴동산에 수행자가 육십에 이르자 붓다는 최초로 전도를 명했다. "수행자들이여 신의 그물, 인간의 그물을 모두 벗어 던지고, 자 이제 전도의 길을 떠나거라. 두 사람이 한 길로 가지 말고 각자의 길로 가라. 나도 우루벨라의 세나니가마로 가리라."

'참나'라고 하는 정체성을 잃지 않은 상태에서 다른 모든 것이 의미가 있다. 자신의 정체성을 상실하면서까지 다른 것을 얻으려 할 필요가 없다. 설령 얻었다 해도 오래 머물지 못하고 바람처럼 날아간다.

"마치 기둥처럼 귀한 사람 앞에서도 비굴하지 말고, 천한 사람 앞에서도 우쭐대지 말고, 마치 기둥처럼 침이 마르도록 칭찬을 듣거나 욕을 먹더라도 구애받지 말고."

3월 3일

세상에
절대적인 것은 없다

如何是佛 金沙灘頭馬郞婦
여 하 시 불 금 사 탄 두 마 랑 부
누가 부처인고, 금사탄 여울가의 마 씨 부인이다.

붓다는 "내 가르침도 버리라"고 말하며 인간의 우상화, 즉 성자화를 경계했다.

어느 날 붓다가 숲을 지나며 나뭇잎 하나를 손에 따 들었다. "내가 너희에게 가르치는 것은 이 잎사귀 하나에 불과하다." 그러자 만동자蔓童子가 붓다에게 물었다. "영혼과 육체는 하나입니까 둘입니까, 이 세계는 영원합니까 일시적입니까, 사후세계는 있습니까 없습니까?" 붓다가 묵묵부답하자 답변하지 않으면 떠나겠다고 으름장을 놓았다. 이때 붓다가 "그런 질문은 독화살에 맞은 사람 같아 깨달음에 아무 도움이 안 된다"고 했다.

서울 모 초대형 종교의 수장에 대해 그 집단의 장로가 이런 말을 한 적이 있다.

"그분은 천하의 진리를 다 아는 것처럼 행세합니다. 그러나 그는 설교 따로 삶 따로 입니다. 경전의 가르침은 대인 멘트용이고, 자신은 여비서를 대동하며 최고급 외제차를 타고 누구 못지않게 욕망을 추구하며 삽니다. 겉으로만 거룩한 성자예요."

한마디로 그럴듯하게 감언이설로 교도들을 모아놓고 황제 노릇을 한다는 것이다. 그 유명한 분은 한때 온갖 스캔들로 하루가 멀다 하고 매스컴에 오르락내리락했다.

대중은 앞선 자들의 가르침과 삶의 불일치를 분별할 수 있어야 한다.

자신을 정복하는 것이
가장 위대한 일이다

心智無住 應當專心
심 지 무 주 응 당 전 심
심지는 머무는 곳이 없다. 마땅히 전심을 다할 뿐.

심지는 마음의 묘략이다. 운명적 사고가 심지를 제일 경화시킨다. 운명이나 숙명은 모두 자기 자신에게 달려 있다. 천상의 어떤 신이 정해준 것이 아니기에 오늘 내 처지를 얼마든지 바꿀 수도 있고, 그대로 따라갈 수도 있다.

소설 《지킬과 하이드》에서 지킬 박사는 원칙을 지키며 사는 인자한 과학자였다. 그러나 점차 자신 안의 파괴적이며 쾌락적인 또 하나의 인격을 억누르느라고 남몰래 괴로워했다. 자기 안의 이 악성惡性을 없애려고 약을 개발했으나 오히려 이 약으로 인해 밤마다 하이드로 변신해서 포악한 인물이 된다.

결국 지킬은 점차 하이드화 되어가는 자신을 어찌 해 볼 도리가 없었다. 그리고 끝내 자살로 생을 마감한다. 우리 안의 악성은 타력으로 이겨내는 데 한계가 있다. 다만 우리 안에 존재하는 불성으로 얼마든지 극복할 수 있다. 이를 포기하면서 지킬 박사는 스스로 하이드화 될 숙명을 지었다.

내면의 악성을 내면의 불성으로 얼마든지 극복할 수 있다. 이를 극복하지 못하면 밝은 미래로 나아가기 어렵다. 그렇기 때문에 전장에서 수백만 적을 정복하는 것보다 자신을 정복하는 것이 더 위대하다.

초심과 종심을
같게 하라

智者意重 毀譽不傾
지자의중 훼예불경
슬기로운 자는 뜻이 무거워 비방이나 칭찬에 흔들리지 않는다.

처음은 좋은데 끝이 안 좋은 것보다 처음은 좀 나빠도 끝이 좋은 게 낫다. 끝이 안 좋을 때는 자기 분을 참지 못하거나 손해 보는 경우이다. 처음보다는 끝마무리를 잘 지어야 한다. 깨달음을 얻은 후 붓다는 열반에 들 때까지 청정심을 단 한 번도 흩트리지 않았다. 초심初心이 종심終心이었다. 그래서 붓다를 일컬어 행위의 설법자로 부른다. 삶 전체가 설법 그 자체였다. 그의 생각과 말, 행동이 한 번도 진리의 자리를 떠난 적이 없었다.

"인생의 고해를 내가 편안케 하리라"는 약속을 실천했다.

붓다가 사슴동산에서 처음으로 전도를 권했을 때 수행자들에게 "처음도 좋고 중간도 좋고 끝도 좋고 조리에 맞게 표현하라"고 했다.

붓다는 자신이 진리의 화신이 되어 진실한 모습으로 살았다. 인연의 법을 설파하며 계를 어기고 죄를 짓느니 차라리 타오르는 불길을 껴안는 게 나으며, 불길이 이글거리는 쇳덩이를 먹는 것이 낫다고 강조했다.

"진실하고 허망함이 없으면 모든 고통이 사라진다."

사소한 것에도
충분히 감사하라

日日是好日
일 일 시 호 일
매일매일이 좋은 날이다.

붓다는 일생 동안 한곳에 정착하기보다 여러 지방을 다니며 그곳의 풍속과 조화를 이루는 가르침을 베풀었다. 붓다가 어느 성에 이르렀을 때이다. 그 성을 통치하던 바라문들이 붓다에게 성민들의 공경심이 향할까 봐 엄명을 내렸다.

"성안에 거주하는 사람들은 누구라도 붓다의 말을 듣거나 시주하면 거액의 벌금을 물리겠다."

다음 날 아침 붓다가 성내에 탁발을 하러 갔으나 모두 외면했다. 해가 서산에 지는 늦은 오후 붓다가 빈 발우를 든 채 성을 나와야 했다. 마침 한 부잣집 하녀가 저녁밥을 지으려 쌀 씻은 물을 밖에 버리다가 붓다를 보고 너무 안타까운 마음이 들었다.

"붓다여 가진 것이라고 이 쌀뜨물밖에 없나이다. 이것이라도 올릴까 하나이다."

붓다는 환히 웃으며 그 물을 보시 받았다.

작고 보잘것없어도 그 속에 담긴 마음을 귀하게 받아야 한다. 깨달음에서 오는 환희 또는 온전한 행복이 '아뇩다라삼막삼보리阿耨多羅三藐三菩提'이다. 불교의 최고 용어인 이 아뇩다라삼막보리는 일상에서의 사소한 일에 감사하면서 시작된다.

모든 것은
변하게 마련이다

寶塔畢竟碎微塵 一念淨心成正覺
보 탑 필 경 쇄 미 진   일 념 정 심 성 정 각

필경 보탑은 무너져 티끌이 되거니와 오로지 깨달음만이 영원하리니.

한 제자에게 붓다가 물었다. "사람의 목숨은 어느 사이에 있는가?"

"며칠 사이에 있습니다."

"그대는 아직 도를 모르는구나."

붓다가 다시 다른 제자에게 물었다. "사람의 목숨은 어느 사이에 있는가?"

"예, 밥 한 끼 먹는 사이에 있습니다."

"그대도 아직 도를 모르는 구나."

이에 다른 제자에게 물었다. "그대는 어떻게 생각하느냐?"

"예, 숨 한 번 쉬는 사이인 순식간瞬息間에 있습니다."

"장하다. 그대가 도를 알았구나."

누가 깨달은 자인가? 죽고 사는 것이 순식간임을 알고 욕망을 버리고 집착이 없는 사람이다.

"사랑에도 미움에도 너무 연연하지 마라. 사랑이 지나치면 헤어질 때 고통스럽고, 미움도 크면 만날 때마다 고통스럽다. 지나친 사랑도 지나친 미움도 없어야 자유로운 사람이다."

모든 일은
순간적인 과정일 뿐이다

凡所有相 皆是虛妄 世間湘常住
범 소 유 상   개 시 허 망   세 간 상 상 주
무릇 모든 모양은 다 허망하니. 현실 그대로가 상주불멸이다.

모두가 다 불생불멸하며 한없이 연기하고 융화하여 우주를 이루고 있다. 이를 개인으로 보면 목숨이 있고, 거기에 부귀와 직책과 고통, 한숨이 부가되어 있다. 우주의 본질에 비해 개인의 목숨이 순식간인데 여기 기생하는 부귀와 고통이야 말해 무엇하겠는가.

이렇기에 부와 명예를 갖고 있다고 오만할 일이 아니다. 참나에 기생하는 부와 명예 등이 자신의 본질을 흐리지 않도록 해야 한다.

기쁨도 두 종류이다. 깨달음에서 오는 기쁨이 있고, 어떤 일과 관련된 기쁨이 있다. 후자의 기쁨은 중독성이 있어서 그 기쁨을 또 맛보기 위해 관련된 일을 반복하게 된다. 도박, 음주, 성 중독이 모두 이에 해당한다. 희로애락을 포함한 라이프스타일도 마찬가지다.

나이가 들수록 이런 태도는 더 고착화된다. 심지어 가학증, 피학증도 마찬가지다.

희로애락도 연기의 한 과정에 불과하다. 불생불멸, 상주불멸 속에 인간의 희로애락도 끊임없이 생기하고 사멸한다. 여기에 얽매이지 말고 그저 관조하라.

3월 9일

모든 일은
양면성을 띤다

快哉福報 所願皆成
쾌 재 복 보　소 원 개 성
즐겁구나 복된 응보여, 차례대로 소원이 이루어지네.

참나는 의식과 무의식의 옷을 입고 있다. 이 의식과 무의식에는 나의 생각, 경험, 행동이 누적된다. 현세에서의 생각과 체험의 누적이 곧 현세의 업業이 되어 다음 세상의 씨앗이 된다. 문수보살이 보수보살에게 물었다.

"중생은 지地, 수水, 화火, 풍風의 네 요소로 되어 있습니다. 따라서 그 안에 자아自我의 실체가 없고, 악하고 선한 본성도 없습니다. 그런데 왜 중생에게 고와 낙이 따릅니까?"

보수보살은 대답했다.

"그가 지은 업에 따라 응보를 받습니다. 그러나 행위의 실체는 없습니다. 씨앗과 밭이 서로 모르나 싹이 나고, 맑은 거울에 비친 그림자가 여럿이듯이 업의 본성도 그와 같습니다."

고난을 만나거든 절망하지 말고 기뻐해야 한다. 고난으로 참나에 붙어 있던 악업이 하나하나 떨어져 나가며 하나하나 풀리기 때문이다.

이런 신념을 지니면 세상으로부터 억울한 일을 당해도 감사할 수 있다. 모든 시련에는 나를 정화하고 선업을 쌓게 하는 용광로 같은 기능이 있다.

3월 10일

찰나의 미학

一念不生全體顯
일 념 불 생 전 체 원
언제나 한마음이어라. 그러면 순간이 편하리니.

　모든 것은 찰나에 생겼다가 찰나에 소멸한다. 모든 것이 '찰나'임을 알면 '참나'가 생기를 얻는다.

　찰나가 얼마나 짧을까? 가는 명주실 한 올을 두 사람이 양쪽에서 잡아당기고 칼로 싹둑 잘라 끊어지는 순간의 시간이 64찰나이다. 그러니 찰나는 우리의 시간 개념으로 존재하지 않는 것과 마찬가지다. 비유를 든다면 138억 년 전 순식간에 일어난 빅뱅의 순간과 흡사하다.

　이런 찰나 위에 과거와 현재, 그리고 미래가 동시에 생기하고 소멸한다. 그러니 아무리 대단한 명성을 지녔다 한들, 많은 재물을 가졌다 한들, 괴로움이 크다 한들 거기 매달릴 필요가 없는 것이다.

　욕망에서 그리움이 생기고 원망이 생긴다. 사랑이든, 미움이든, 희망이든, 절망이든 그 앞에 '너무'를 붙이지 말라. 사람이기에 사랑하기도 하고 미워하기도 하며, 희망을 갖기도 하고 절망하기도 한다. 그러나 정도가 지나치면 그때부터 집착이 된다. 사랑하되 집착이 없어야 하고, 미워할 수 있으나 오래 지속되어서는 안 된다. 그렇지 않으면 그때부터 분별의 고통이 시작된다. 인연 따라 일어나는 마음을 받아들여도 집착은 놓으라.

사람과 사람이 합치면
둘 이상의 결과를 가져온다

不爲妬嫉 敏達善言
불 위 투 질   민 달 선 언
시기하지 않으니 좋은 말을 흔쾌히 받아들이네.

　로빈슨 크루소처럼 무인도에서 살지 않는 한 우리는 자신의 약점을 보완하며 살아야 한다. 그래서 사회를 이루고 팀워크를 통해 일의 결과를 만들어낸다. 팀워크 없는 가족, 팀워크 없는 회사는 유지되기 힘들다.

　팀워크의 3대 요소는 보고, 협의, 협력이다. 보고는 상하 간의 연락이며, 협의는 조직의 융화이며, 협력은 동료 간의 연결이다. 그래서 가족, 동문, 종교 등의 공동체는 물론이고 회사 같은 이익 공동체에서도 개인 플레이보다 팀플레이가 중요하다.

　팀의 효율성은 팀원 간의 화목에 달려 있다. 팀의 리더는 물론 팀원끼리도 말이 통해야 화목할 수 있다. 유능한 팀의 리더는 오케스트라의 지휘자처럼 각 분야에서 자기보다 훨씬 뛰어난 연주자를 합해 전체가 탁월한 부분보다 더 뛰어나게 만든다. 만일 지휘자가 자신보다 뛰어난 연주자를 질투하면 팀워크는 바로 깨진다. 팀원끼리도 질투가 시작되면 그때부터 팀원 사이에서도 장벽이 생긴다. 조직 속에 있을 때 개인의 시기와 질투를 버리고 보다 중요한 것을 추구하는 사람이 되어야 큰 안락을 얻는다.

과유불급

止止不須說 我法妙難思
지 지 불 수 설   아 법 묘 난 사
그만두자. 그만두자. 더 이상 언급하지 말자.

'이것만큼은 절대 놓쳐서 안 돼. 이것 없으면 사는 의미가 없어.'

찰나에 생겼다 결국은 사라지는 '이것'을 잡으려 하면 할수록 우물 속의 달빛을 잡으려는 것처럼 헛된 일이다. 어떤 목적을 가지고 혼신의 힘을 쏟는 것은 좋으나 어디까지나 자기의 청정심을 유지하기 위한 한도 내에서이다.

山僧貪月色산승탐월색

산중 스님이 달빛을 탐내

幷汲一瓶中병급일병중

물 길으며 항아리 가득 담아 갔지

到寺方應覺도사방응각

절에 이르면 그제야 알리라

瓶傾月亦空병경월역공

항아리를 기울이고 나면 보아도 달빛도 사라지지

－이규보

욕망은
지혜를 흐리는 방해꾼

減損受淨行
감 손 수 정 행
탐욕을 덜어내고 청정하게 살지니.

우리는 자주 선택의 기로에 선다. 이때 얼마나 현명하게 판단하느냐에 따라 다른 길을 가게 된다.

붓다는 욕심에 눈먼 사람을 이렇게 비유했다.

초겨울에 접어든 어느 날, 한 나그네가 산길을 걷다가 호랑이를 만나 도망가다가 절벽 끝에 있는 소나무로 뛰어올랐다. 호랑이가 소나무로 다가오자 나그네는 소나무에 얽혀 있던 넝쿨을 잡고 벼랑에 매달리게 되었다.

아래는 시퍼런 파도가 넘실대고 위에는 호랑이가 노리는데, 생쥐가 나타나 넝쿨 줄기를 갉아먹기 시작했다. 그때 넝쿨 근처 벌집이 흔들리며 꿀이 줄줄 흘러내렸다. 나그네는 그 꿀맛에만 취해 호랑이도, 바다도 잊어버렸다.

감각기관을 비우고 감각 대상을 가지지 않는 사람이 구도자이다. 감각 대상으로 채우고자 허우적대는 사람들이 하잘것없는 즐거움, 하잘것없는 말솜씨, 하잘것없는 지혜가 최고라고 스스로 속고 즐거워한다.

욕심慾心, 욕정欲情, 욕구불만欲求不滿의 삼욕三欲이 정상적 판단을 흐리게 한다. 이 삼욕만 버리면 훨씬 현명한 판단을 내린다.

3월 14일

덕의 향기는
만 리를 간다

蘭香百里 墨香千里 德香萬里
난향백리 묵향천리 덕향만리
난향은 백 리를 가고 묵향은 천 리를 가나 덕향은 만 리를 넘는다.

　인천의 어느 중소기업 사장은 '부귀영화 순식간'이라는 글귀를 사장실 벽에 붙여놓고 지갑 안에도 넣어 두었다. 부와 귀에 취해 자기를 잃지 않기 위해서이다.

　그는 주위 사장들이 돈이 벌리자 영원할 줄 알고 흥청망청 살다가 가족과 친구를 잃는 경우를 보았다. 또 더 거부가 되겠다며 무리하게 사업을 확장하다가 하루아침에 빈털터리가 되는 경우도 보았다.

　다 잘살기 위해 돈도 벌고 출세도 하고 사랑도 한다. 그렇게 하려면 질투와 아첨만 불러일으키는 돈 냄새가 아니라 덕향을 널리 풍겨야 한다. 지止와 관觀을 닦아 행하는 일마다 번뇌에 물들지 않고 최상의 도리를 구해야 한다.

　덕향은 봄바람과 같아 칼로 봄바람을 베어도 어떤 흔적도 남지 않는다. 봄바람을 베는 망나니는 저절로 흥이 사라져 제 풀에 지친다. 다음은 사자존자獅子尊子가 남긴 시이다.

四大元無主사대원무주
지수화풍地水火風(지구원소)에 원래 주인이 없고

五陰本來空오음본래공
색수상행식色受想行識(인간원소)도 본래 공한 것이라

將頭臨白刃 장두임백인

번뜩이는 칼날 앞에 머리를 대어도

猶似斬春風 유사참춘풍

마치 봄바람 베는 것 같다.

지나친 이윤은 독이다

隨分施與 同體大悲 是眞布施
수 분 시 여 동 체 대 비 시 진 포 시
분수대로 나누라. 내 몸처럼 여겨 나누라.

경영의 대가 피터 드러커는 '지나친 이윤'에 대한 숭배를 경계한다. 그는 《경영 바이블》에서 복사기를 발명한 제록스의 예를 든다. 더 많은 이윤을 남기기 위해 제록스가 복사기에 부가장치를 하나둘 부착하기 시작했다. 이에 따라 복사기의 가격은 올라갔으나 기계가 더 복잡해지자 사후서비스가 어렵게 되었다.

다수의 소비자는 이런 부가사양이 불필요했다. 이런 시기에 일본의 캐논이 때마침 저렴하고 단순한 복사기를 개발해 1년 사이 미국시장을 석권했다.

항시 이윤이란 과도한 것보다 적절한 것이 좋다. 그렇게 쌓인 재물마저도 필요한 만큼만 남기고 나누는 것이 좋다. 이것이 붓다가 말한 '회향廻向'이다.

"널리 은혜를 베풀되 마땅히 평등심으로 하고 인색함이 없으면 반드시 어진 벗을 만나고 또한 저 언덕에도 다다르리라."

회향의 원칙은 남녀노소와 상하귀천을 가리지 않고 평등심으로 널리 은혜를 베푸는 것이다. 회향을 제대로 하는 사람과 그 후손은 회향을 유지할 수 있게 늘 조건이 마련되는 법이다.

3월 16일

운명은 스스로
개척하는 것이다

須虛懷自照 信一念緣起無生
수 허 회 자 조   신 일 념 연 기 무 생
모름지기 스스로 비우고 비춰보아
인연 따라 일어난 것이 사실이 아닌 줄 믿으라.

　사람은 환경의 영향을 많이 받는다. 따라서 인연의 법은 다음 세상이
아닌 현세에서 반복되기가 쉽다. 금수저를 물고 태어난 사람과 모래를
머금고 태어난 사람이 만난 환경은 천양지차이다. 출생환경은 개인이
선택할 수 있는 것이 아니다. 태어나 보니 재벌가로 또는 빈민가에 내던
져져 있을 뿐이다. 이 인연을 어떻게 바꿀 수 있을까? 우리에게 주어진
이 인연의 자리를 새로운 도약대로 삼아야 한다.

　인연의 실타래를 따라가는 운명이란 과연 존재하는 것일까? 만일 사
람이 주어진 인연에 자동 순응하는 기계라면 운명은 숙명처럼 존재한
다. 그러나 사람은 기계가 아니라 자유의지를 가진 존재이므로 정해진
숙명이 있을 수 없다. 굳이 운명을 이야기한다면 어떤 일을 만나는 게
운명이 아니고 그 일을 당했을 때 어떻게 반응하느냐에 따라 운명의 방
향이 정해진다는 것이다.

　자신이 만난 인연의 자리를 구렁텅이로 만들지, 아니면 도약대로 만
들지는 본인이 선택할 몫이다. 오프라 윈프리는 가난한 미혼모의 사생
아로 태어났다. 그녀도 어린 나이에 사생아를 낳고 미혼모가 되었다. 이
런 경험을 딛고 미국 토크쇼의 여왕이 되어 나락의 악순환을 끊었다.

난관은
성공을 위한 밑거름

學未至於道 衒耀見聞 徒以口舌辯利 相勝者 如廁屋 塗丹艧
학 미 지 어 도　현 요 견 문　도 이 구 설 변 리　상 승 자　여 측 옥　도 단 화
아직 성취하기도 전에 자랑하고 말재주로 승자가 되려는 것은
해우소에 단청하는 것과 같다.

진리의 자각, 곧 보리를 최고 이상으로 추구하는 불교는 자기수행을
게을리하지 않는다. 《법구경》에 "비록 백년을 살아도 어지러이 날뛰면
하루를 살아도 고요히 정진하는 것만 못하다"고 했다. 지혜를 갖추고 고
요히 사색하며 용맹 정진하는 사람은 결코 막식막행莫食莫行하지 않는
다. 아직 성취하지 못하고 이루었다고 자화자찬하는 이들이 꼭 파계를
내세우며 멋대로 행동하려 한다.

영국에 처음 유럽산 낙엽송이 들어 왔을 때의 일이다. 정원사는 낙엽
송을 따뜻하게 비닐하우스에 심었다. 그런데 점차 낙엽송이 시들며 죽
자 바깥 거름더미에 버렸다. 몇 주일 후 거름더미에서 낙엽송이 다시 살
아났다. 낙엽송은 따뜻한 공기가 아닌 차가운 냉기가 필요했던 것이다.

야생화를 집 안에 들여놓으면 그 본연의 맛을 잃는다. 가장 향기롭고
아름다운 야생화는 높은 산의 절벽에 있다. 문명은 열대 지역이 아닌 냉
대 지방에서 발전했다. 개인의 능력도 위기를 극복하려는 가운데 향상
된다. 삶이 느슨해질 때 가끔씩, 아주 가끔씩 스스로 마감을 정하는 등
환경을 만들 필요도 있다.

3월 18일

고통은 악업을
해독하는 과정이다

行善常吉順 所適無悔統
행선상길순 소적무회통
마땅히 할 일을 하면 비로소 가는 곳마다 후회가 사라지고 형통하리니.

곤란한 일을 만나면 어떻게 해야 할까? 붓다는 "왜 하필 나야?"라고 불평하지 말고 "내가 여기서 무엇을 깨달아야 하는가?"라고 질문하라고 일깨웠다.

모든 고난은 붓다의 눈으로 볼 때 악업惡業을 소멸하고 새로운 축복의 존재로 전환해가는 과정이었다. 인간은 누구나 작든 크든 여러 악업을 짓고 산다. 삶의 아픔은 바로 그런 악업들을 해독하고 풀어 없애는 것이다. 광활한 들판에서 찬 이슬과 세찬 바람을 받으며 고혹적인 색채를 지닌 꽃들이 피어난다.

당나라 측천무후가 전국에 영을 내려 큰스님을 모셔오라 했다. 이에 지식이 출중한 신수神秀 대사와 일자무식이지만 수행에 전념한 혜안惠安 선사가 궁중에 들어왔다. 측천무후는 궁녀들에게 두 스님을 씻겨드리라 명했다. 궁녀들이나 두 스님도 난처하기는 마찬가지였다.

그러나 누구의 명이라고 어기겠는가? 이들의 목욕 광경을 측천무후는 목욕탕 뒤에 뚫린 구멍으로 들여다보았다. 천하절색의 궁녀들이 몸을 씻겨 드리자 신수 대사는 요동하는데 혜안 선사는 미동도 하지 않았다. 측천무후는 혜안 선사를 국사國師로 모시며 말했다.

"다리의 힘은 산에 올라 봐야 알고 키의 크고 작음은 물속에 들어가 봐야 안다."

생활의 황금률

諸惡莫作 衆善奉行
제 악 막 작   중 선 봉 행
모든 악을 버리고 무릇 선을 받들어 지어라.

번뇌는 밖에서 오지 않는다. 밖에서 주어지는 환영에 내가 집착하고 속는 것이다. 자신의 경험과 문제를 자신과 동일시하면 결코 번뇌에서 벗어날 수 없다.

큰 맥락에서 바라보아야 자기 경험과 문제를 자신과 분리할 수 있다. 개별 경험과 자신을 동일시하면 숲을 보지 못하고 나무에 매달리는 것과 같다. 한 제자가 참선 중인 스승에게 물었다.

"선생님 지금 전 한없는 절망 상태입니다. 어떻게 다시 용기를 낼까요?"

"다른 사람들에게 용기를 주거라."

어떤 문제에 직면해 있을 때 그 문제에만 매달리면 시야가 좁아져 넓게, 멀리 볼 수 없어 성급한 결론을 내린다. 이럴 때 근시안에서 벗어나는 길은 두 가지이다.

첫째, 큰 맥락에서 외부의 시선으로 자신의 문제를 돌아본다.

둘째, 다른 이에게 용기를 준다. 이로써 내가 용기를 얻는다.

다른 이에게 웃음을 줌으로써 자신이 웃게 된다. 자신이 대접받고 싶은 대로 남을 대접하고, 얻고 싶은 것을 다른 사람에게 해주는 것이 생활의 참선이며 황금률이다.

붓다의
눈을 가지라

我已開正道 爲大現異明
아 이 개 정 도   위 대 현 이 명
이미 바른 도리를 여니 광명의 길이 드러난다.

바른 도리를 깨우치면 앞길에 환한 길이 드러난다. 인간의 도리가 있고 사람마다 나름의 도리가 있다. 나름의 도리가 인간의 도리와 부합할 때 깨우쳤다고 한다. 나름의 도리는 나름대로의 세계관이다.

파란 안경을 쓰면 세상이 파랗게 보이고, 빨간 안경을 쓰면 세상이 빨갛게 보인다. 붓다의 안경은 무색무미무취無色無味無臭이다.

조선의 태조 이성계가 무학 대사에게 웃으며 말했다.

"오늘 자세히 보니 대사의 얼굴이 꼭 돼지처럼 보이는구려."

"저는 임금께서 부처로 보입니다."

"나는 그대를 돼지라 일컬었는데도 그대는 나를 부처라 하다니……."

"돼지 눈에는 다 돼지로 보이고, 부처 눈에는 다 부처로 보이는 법입니다."

외부의 물체는 자신의 마음 상태에 따라 달리 보인다. 세상에 처음부터 선과 악이 존재한 것은 아니다. 단지 세상풍조에 따라 규정지어졌다. 내가 먼저 붓다의 눈을 가지면 세상 모두가 차츰 선하게 변한다.

지혜를 보는
안목을 키우라

自淨其意 是諸佛敎
자 정 기 의   시 제 불 교
자정의 의지를 가져라. 이것이 붓다의 가르침이다.

붓다의 눈을 가진다는 것이 무슨 뜻일까?

붓다의 눈은 자정과 자비의 눈이다. 다시 말해, 자신을 스스로 정화하고 여기에서 스며나온 자비로 온 누리를 덮어가는 것이다. 자비로움에 이기주의는 녹아내린다.

1931년 9월 영국에서 열린 원탁회의에 인도 대표로 마하트마 간디가 초대받았다. 영국으로 가던 도중 마르세유에서 세관원이 소지품을 검사하는데, 간디가 내놓은 것을 보고 다른 물건은 없느냐고 물었다. "저는 가난한 탁발승입니다. 내 소유는 감옥에서부터 사용한 주발하나와 모포 한 장과 수건 한 장이 전부입니다." 세관원은 온화한 미소로 합장하며 대답하는 간디 앞에 저절로 고개를 숙일 수밖에 없었다.

붓다의 눈을 지니게 되면 개인의 영달보다는 인류 모두의 안녕을 추구한다. 붓다의 자비가 우주의 근본 도리이며 곧 진여眞如이다. 이 진리를 붓다는 완전무결하게 깨치셨다. 그래서 지혜는 사리를 판단하고 진리와 비진리를 판단하는 안목이다. 매일매일 한 뼘씩 자신을 정화해가며 진리를 사랑하는 안목을 날마다 키워야 한다. 모두가 붓다의 눈을 갖게 되면 모두의 스승이 될 수 있다.

깨달음은 자신에 대한
긍정에서부터 시작된다

百億活釋迦 醉舞春風端
백 억 활 석 가　취 무 춘 풍 단
백억의 살아 있는 석가가 봄바람에 취해 춤추는도다.

　　이른 새벽에 붓다는 깨달음을 얻었다. 먼동이 터오는 그 시각에 순진한 소녀 수자타가 우유죽을 가져왔다. 이를 조금 마신 붓다는 다시 보리수 아래에서 결가부좌한 자세로 앉아 7일 동안 해탈의 기쁨을 고요히 누렸다. 오랜 수련 과정을 통해 붓다는 깨달음이란 우선 자기 자신에 대한 무한한 신뢰와 긍정에서 시작된다는 것을 알게 되었다.

　　이런 자기긍정의 기쁨이 붓다는 7일 동안, 그리고 후에도 영원히 지속되었다.

　　다라니陀羅尼는 붓다의 가르침을 기억하고 집중하는 상태인데, 천수다라니의 다음 세 구절은 매 구절마다 3번씩 주문처럼 독송하기도 한다.

修里修里 摩訶修里 修修里 娑婆訶 수리수리 마하수리 수수리 사바하
높고 높이어 지극히 위대하여 그 뜻을 사바세계에 이루소서.
五方內外安慰諸神眞言 오방내외안위제신진언
동서남북중앙과 내 몸의 안과 밖의 모든 신神이 편안하기를
南無 三滿多沒馱南 奄 度魯度魯地尾 娑婆訶 나무 사만다못다남 옴 도로도
로지미 사바하
귀의하오니 지극한이여. 아! 신성함을 밝혀 원만히 이루어지이다.

세상의 이치를
깨달으라

無緣善巧捉如意 歸家隨分得資糧
무 연 선 교 착 여 의 귀 가 수 분 득 자 량
걸림을 없이 하니 마음대로 진리의 고향에 드나드네.

붓다는 7일 동안 자아긍정의 기쁨을 누리며 그 속에 그동안 무엇이 자기를 비롯한 인간들을 비참하게 했는지 확연히 구별했다.

'무엇으로 인해 나를 증오하고 무엇 때문에 비참하게 되는가?' 그 흐름을 묵묵히 관찰했다. 거기서 연기緣起사상이 나왔다.

나의 무명無明—어리석음—에 의해 행위가 발생하고, 행위에 의해 의식이 생겨난다. 의식에 의해 마음에 명색名色이 일어난다.

명색에 의해 여섯 감각六處이 생기고, 육체에 의해 접촉觸이 일어난다. 촉에 의해 느낌受이 생긴다. 느낌에 의해 갈애渴愛가 일어나고, 갈애에 의해 집착取이 일어난다. 집착에 의해 생성有일어나고, 생성에 의해 출생生이 일어난다.

모든 것의 원인인 무명을 소멸하면 결과들도 소멸된다. 무명은 진리의 무지를 말한다. 실재가 아닌 것을 실체로 착각하는 망상이 곧 무명이다. 이러한 인연의 법을 깨닫는 것이 무명을 소멸하는 것이다.

드러낼 것과
덮어두어야 할 것

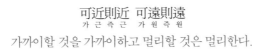

可近則近 可遠則遠
가 근 즉 근 　 가 원 즉 원
가까이할 것을 가까이하고 멀리할 것은 멀리한다.

　붓다는 오방五方을 편하게 하는 제일 좋은 방법이 각자 사심 없이 제 노릇을 다하는 것이라 했다. 스승은 스승노릇, 제자는 제자노릇, 장군은 장군노릇, 사병은 사병노릇, 왕은 왕노릇, 백성은 백성노릇, 어버이는 어버이노릇, 자녀는 자녀노릇을 참마음으로 감당할 때 동서남북과 중앙이 편하다. 가까이할 일은 자신의 역할을 수행하는 데 도움이 되는 것들이다. 멀리 할 일은 자신의 역할을 포기하게 하거나 특권과 반칙을 불러일으키는 것들이다.

　기본적으로 인간사가 투명해야 옳지만, 어떤 경우는 덮어주어야 덕스러운 경우도 있다. 이에 대해 붓다가 사위국 기원정사에서 한 말이다.

　"덮어 두면 아름다우나 드러내면 추악한 세 가지가 있고, 덮어두면 추악하고 드러내야 아름다운 세 가지가 있다.

　덮어두면 좋은 세 가지는 첫째 여자, 둘째 바라문의 주술, 셋째 사사로운 마음이다. 성적 욕망과 주술적 심리, 사욕은 덮어두어야 아름답다.

　덮어두지 말고 드러내야 좋은 세 가지는 첫째 해와 달, 둘째 여래의 법, 셋째 여래의 말씀이다."

정진精進의
네 가지 원칙

如澄濁水 貯於靜器 靜深不動 沙土自沈 淸水現前
여 징 탁 수 　 저 어 정 기 　 정 심 부 동 　 사 토 자 침 　 청 수 현 전
탁한 물을 맑히려면 고요한 그릇에 담아두어
흔들지 않으면 흙이 가라앉고 맑은 물이 된다.

누구나 내일은 오늘보다 더 나은 삶을 원한다. 물론 드물게 오늘 이대로 영원히 지속되기를 바라는 때도 있다. 평소 원하던 것을 성취한 날, 축배의 잔을 들며 "이대로 영원히"를 외친다. 그러나 그것도 잠시뿐, 조금 지나면 뭔가 더 새로운 것을 원한다.

이를 위해 붓다는 거룩한 사람을 만나고 진리를 찾아 애쓰라고 하지 않고 용맹정진을 권했다. 우리는 너무 자주 외부에서 진리를 찾고, 남이 밝혔다는 등불 근처로 하루살이처럼 몰려든다.

보조국사가 이런 현실을 슬퍼했다. "슬프다 마음 밖에서 부처를 찾고 성품밖에 진리가 있다고 고집하면 아무리 많은 세월을 수고해도 모래로 밥을 짓는 것과 같다."

자기 마음 속에 부처도 있고, 천국도 있고, 지옥도 있고, 중생도 있다. 수행이란 자기 성품이 곧 진리이고, 자기 마음이 곧 부처임을 알고 끊임없이 자기에게로 돌아오는 것이다.

자기 귀환을 위해 용맹정진해야 한다. 용맹정진의 네 원칙이 '용맹한 의지', '신중한 생각', '자제하는 행동', '청빈한 생활'이다. 이 원칙들의 반대, 즉 박약한 의지, 경박한 생각, 즉흥적인 행동, 방탕한 생활 등이 곧 삶을 나락으로 밀어넣는다.

좋은 버릇이
좋은 업을 만든다

修身自覺 是爲正習
수 신 자 각 시 위 정 습
스스로 갈고닦아 바른 버릇을 들인다.

스위스의 목장들은 전통적으로 노래 잘하는 목동에게 더 많은 월급을 주었다.

목동의 노랫소리를 들은 양과 젖소들이 더 많은 젖을 내놓았기 때문이다. 짐승들은 목동이 무슨 노래를 부르는지 알 리 없으나 목동의 신나는 기분은 느낀다.

사무실에 출근해 문을 딱 열었을 때의 분위기가 그 회사의 장래를 결정하고, 집에 들어섰을 때의 분위기가 가정의 미래를 결정한다. 붓다가 살던 시대는 신분사회였다. 왕족 붓다는 이를 뛰어넘고 천민들에게도 그 특유의 대자대비한 모습으로 대했다.

붓다를 만난 사람은 누구나 '나를 인정해주는구나'라는 강력한 인상을 받았다. 붓다의 눈가와 입 주위, 미간의 모습에서 그리고 몸 전체에서 풍겨 나오는 친절한 분위기 때문이다. 돈, 인기, 권력, 신분은 본질적으로 자신의 것이 아니다. 회사의 직급은 회사에 다니는 동안만 그 사람에게 붙어 있고, 인기도 사람들의 눈길이 그 사람에게 쏠릴 때만 머무른다. 진정으로 내 것이라면 언제나 내게 남아 있어야 한다. 진정한 내 것은 나의 버릇뿐이다. 버릇이 업이고 업이 버릇이다.

당신의 버릇은 어떤 것인가? 영원히 가지고 갈 만큼 가치가 있는가?

사회적 신분은
불성을 가리는 포장일 뿐이다

我不思想汝 則汝而不有
아 불 사 상 여　즉 여 이 불 유
내가 골몰하지만 않으면 그 대상은 더 이상 존재할 수 없다.

붓다 시대는 원시 공산사회에서 고대 노예제사회로 넘어가고 있었다. 이때 최고 지위였던 사제계급의 브라만이 흔들리고 왕족들인 크샤트리아가 실권을 장악하게 되었다. 이런 현실에 붓다도 즐기며 안주할 수 있었다.

하지만 붓다는 이를 부인하고 천민을 포함한 모든 계층에게 동등한 불성이 있다고 설파했다. 그리하여 당대 유명한 창녀인 연화색녀와 500명 유녀들의 출가도 받아들이게 된다. 심지어 99명을 살해한 앙굴리말라도 참회하자 제자로 받아들였다. 불가촉천민인 똥지게군 니이다이도 제자가 되었다 이런 파격에 대해 붓다의 제자들은 반대했다.

승가공동체의 체면과 위신이 떨어진다는 이유였다. 승가공동체는 이상적 사회의 롤모델이어야 한다. 임제 선사는 주관과 객관의 경계가 사라져 비교 대상이 없는 사회가 이상적이라 했다. "들녘 농부가 태평성대를 부르고 왕이 궁전에서 자기 일을 하며 각기 걸림이 없다." 그런 승가공동체가 제자들의 신분 차별로 혼탁해질 뻔했다. 다행히 붓다가 사회적 신분이란 인간 본연의 불성을 덮고 있는 하나의 포장지일 뿐이라며 제자들의 편견을 일축해 이상적 공동체의 모습을 유지하게 되었다.

상대의 마음을 얻으려면
상대를 존중하라

初發心時便正覺
초 발 심 시 변 정 각
초발심이 곧 바른 깨달음이다.

　엄연한 신분 사회에서 승가공동체가 이를 무시하자 초기에는 인정받지 못했지만 점차 세력이 확대되기 시작했다.

　태어나 멸시만 받고 살아왔고, 또 그런 운명을 지닌 사람들은 '당신들도 브라만이나 크샤트리아와 똑같이 존귀한 존재'라는 자긍심을 심어주는 붓다에게 구름처럼 몰려들었다.

　붓다는 출가할 때 가졌던 초발심을 그대로 유지하며 만나는 사람들마다 존중해주었다.

　처음 결혼을 결심했을 때, 첫 아이를 낳을 때, 처음 의사가 되고자 했을 때, 처음 입사했을 때 사람들은 비교적 순수한 각오를 한다. 그 초발심이 곧 깨달음이다. 처음 그 결심 그대로만 계속 살 수 있다면 인간관계는 원만할 수 있다. 처음으로 관계를 맺고 시간이 흐르면서 점차 이런 저런 일도, 원한도 생기고 탐욕도 늘어난다. 그렇게 나를 포함해 주위에 원한과 탐욕을 지닌 사람들이 가득해도 원한을 벗어나고 벗어나야 한다. 그래야 여유롭고 즐겁게 살 수 있다.

현재, 지금, 이곳이
극락정토이다

雨寶益生滿虛空 衆生隨器得利益
우 보 익 생 만 허 공   중 생 수 기 득 이 익
보배로운 비가 허공 가득 내려 중생이 각기 그릇에 따라 온갖 이득을 얻네.

붓다의 본체가 법신法身이라면, 생을 제도하기 위해 나타난 육체가 응신應身, 즉 화신불化身佛이다.

이 화신불이 과거 무량시간에 온갖 수행을 통해 보신報身이 된다. 이것이 한 부처를 세 가지 측면으로 바라본 삼신불三神佛이다. 우리 모두는 붓다와 똑같이 성불하기 위해 태어났다.

각자 수행을 통해 보신이 되고 해탈하여 다시 법신으로 귀일歸一한다. 보신은 자신이 닦은 수행의 결과물이다. 보신불 사상에 비추어보면 어떤 일이든 수행자로 임할 수밖에 없다. 더불어 만나는 사람마다 수행의 동반자로 기쁘게 대한다.

그러니 여기 이 땅 지금 살고 있는 곳이 극락정토이다. 붓다가 장자長子의 아들 보적寶積을 칭찬했다. "착하구나 보적아, 중생의 무리가 불토佛土니라. 만일 궁궐을 허공에 지으려 한다면 성취하지 못하리니, 빈 땅에 건축해야 장애가 없느니라. 그와 같이 보상도 허공이 아닌 중생 가운데서 불토를 취하느니라."

아미타불의 장엄한 극락정토는 바로 가족과 이웃, 직장과 이 나라다. 이곳이 우리가 세워야 할 불국토요 정토를 장엄莊嚴해야 할 곳이다.

3월 30일

자신이 지은 대로
업을 받는다

智者能斷棄 不眄除衆苦
지 자 능 단 기　불 혜 제 중 고
지혜로운 자는 끊을 것을 능히 끊고 돌아보지 않아 모든 고통을 없앤다.

　자기 아집에 쌓여 끝내 어리석음을 버리지 않는 사람들을 붓다는 거리를 두어 스스로 반성할 때까지 내버려두었다.

　붓다가 아침에 사밧티 성내로 탁발하러 갔다. 탁발이 끝나갈 무렵, 성내의 유명한 욕쟁이인 파라트피차라를 만났다. 그는 붓다가 가는 곳마다 뒤따라 다니며 욕을 해댔다.

　부처가 아무 반응을 보이지 않자 더욱 화가 치민 파라트피차라는 상스런 욕설을 퍼부었다. 부처는 여전히 얼굴빛 하나 변하지 않았다. 사람들은 둘 사이에 어떤 일이 벌어질까 궁금해 몰려들었다. 붓다의 무반응에 심한 모멸감을 느낀 욕쟁이는 황토 흙을 한 줌 쥐어 붓다 면전에 뿌렸다.

　마침 바람이 맞은편에서 불어와 그 흙먼지를 욕쟁이가 고스란히 뒤집어쓰고 말았다. 그 모습을 보고 사람들이 크게 웃자 붓다가 안타깝게 보며 입을 열었다.

　"아무나 욕하고 모욕을 주지 마라. 설령 너를 화나게 한 사람이라도 그래서는 안 된다. 더구나 마음이 청정한 사람에게 모독을 하면 그 모독이 자기에게 돌아온다. 마치 바람을 거슬러 뿌린 흙이 다시 돌아와 자기를 더럽히는 것과 같느니라."

인격이 훌륭한 사람들을 가까이하라

近仁智者 多聞高遠
근 인 지 자 다 문 고 원
어질고 지혜롭고 많이 들어 고매한 지식을 가진 사람들과 가까이하라.

《법구경》에 어진 사람과 서로 의지해 함께 사는 것이 피붙이들과 한데 모여 사는 것만큼이나 좋다고 했다.

사랑의 호르몬인 옥시토신도 사람들과의 정서적 친밀감이 활발할 때 분비된다. 따라서 포옹 등 신체적 접촉만 해도 옥시토신이 분비되어 뼈가 튼튼해지고 다이어트와 노화 방지 효과가 있다.

그만큼 사람들은 전반적으로 인정 욕구가 있다. 그런데 각기 자신의 인정 욕구에만 충실하다 보니 누구와 만나도 서로 자기를 과시하기에 더 바쁘다. 특히 상대보다 자신이 더 잘났다고 생각하는 부분을 중점적으로 강조한다. 한마디로 '나 이런 사람이야. 알아서 기어'라는 식이다.

붓다는 정반대였다. 자신의 업적과 인품을 드러내려 하지 않았다. 그보다 어떤 사람이든 그 사람 모습 그대로 그 사람이 하는 말 그대로 수용해주었다. 한마디로 인정의 대가였다.

"가문을 묻지 마라. 천한 가문 사람도 행실이 깨끗하면 고귀하다. 귀한 가문 사람도 행실이 나쁘면 천하니라."

법구경

진실을 거짓이라 생각하고
거짓을 진실이라 생각하는 사람은
이 잘못된 생각 때문에
진실에 이르지 못한다.

– 법구경 제1장 11

법구경

허술한 지붕에 비가 새듯이
수행이 덜된 마음에는
탐욕의 손길이 뻗치기 쉽다.

– 법구경 제1장 13

4월

뿌린 대로
거두는 삶

마음을 어루만지는 것이
최고의 용인술

疑人不用 用人不疑
의 인 불 용   용 인 불 의
의심나면 쓰지 말고 일단 기용했으면 믿어라.

위의 구절을 이병철 삼성 창업주는 아들 이건희 회장이 자랄 때 귀에 못이 박히도록 일렀다. 사람을 뽑을 때 충분히 분별하고 그 후에는 믿어 주어야 성과를 기대할 수 있다. 의심의 눈길을 받으면 원만한 결과를 기대하기 어렵다.

명마는 주인의 그림자만 보고도 움직인다. 그럼 어떤 말이 명마가 될까? 사나우면 사나울수록 명마가 될 가능성이 높다. 이런 말들은 넘치는 기세로 거친 들과 험한 골짜기, 깊은 강도 거침없이 내달린다.

누가 이런 사나운 말들을 다스릴 것인가?

영화 〈벤허〉에 벤허와 메살라의 말을 다루는 기술이 나온다. 두 사람 다 뛰어난 마부이지만 난폭한 말을 다루는 데는 벤허가 한 수 위였다.

메살라는 경기장에서 말을 후려쳐서 내달린다. 벤허는 채찍을 사용하지 않고도 잘 달린다. 시합 전날 벤허가 말들을 한참 어루만지며 그 눈을 바라보고 충분히 정서적으로 교감했다. 이건희 회장이 평소 용인술에 대해 언급할 때마다 즐겨 사용했던 사례이다.

본질이 아니라
사소한 것에 집착하지 말라

只貴子眼正 不貴汝行履處
지 귀 자 안 정　　불 귀 여 행 이 처
다만 그대 눈 바른 것만 귀하게 여기지 그대 행실은 보지 않는구나.

　개인적 목표나 조직의 목적이 도중에 좌절되는 이유는 대부분 사소한 자존심 때문이다. 자존심이 상해 정말 해야 할 일을 내팽개치는 경우가 얼마나 많은가? 그 후에 슬피 울며 이를 갈아도 소용없는 일이다. 어떤 경우에도 본질을 놓아두고 사소한 일에 매달려서는 안 된다.

　미국 작가 마크 트웨인은 어린 시절 미시시피 강의 수로 안내원 일을 했다. 이때의 경험이 그의 작품 전반에 스며 있다. 같은 동네의 큰 부자가 호화 유람선을 만들었는데 특히 뱃고동 소리가 우렁차게 울리도록 만들었다.

　이 배가 강을 떠났다가 돌아올 때마다 뱃고동을 울렸고 먼 동네의 사람들까지 몰려와 구경했다. 부자는 자신의 존재감이 과시되자 신이 나 선장에게 뱃고동 소리를 더 크게 울리라고 했다. 선장은 최고 고음으로 뱃고동을 울렸다. 그러자 배가 멈춰 섰다. 뱃고동 소리에 배의 모든 에너지가 다 소모되었던 것이다. 그 후로 그 배는 더 이상 운항하지 못했다.

　배는 뱃고동 소리가 목적이 아니고 항구까지 가는 것이 목적임에도 본질을 망각해 낭패를 당한 것이다.

인과법칙은
상관관계이다

手足莫妄犯 節言愼所行
수 족 막 망 범　절 언 신 소 행
손발을 망령되이 놀리지 말고 말과 행동을 삼가라.

업業은 산스크리트어로 카르마이다. 카르마는 인과법칙에 따라 움직이며, 개인과 기업, 자연에도 똑같이 적용된다.

세상을 합리적으로 보려면 주관적 믿음보다는 객관적으로 관찰하고 그 관찰한 사안이 재현성이 있는지 살펴, 추상적 설명보다는 단순하고 논리적인 설명이 가능해야 한다.

우연 속에 어쩌다 이루어진 일들은 모두 필연적으로 무의미하다. 붓다의 가르침도 붓다 사후에 덧붙여진 신화적 색채를 지워내야 한다. 붓다는 마음에 성냄이 없고, 세상의 영고성쇠를 초월한 수행자는 이 세상과 저 세상을 다 같이 버린다고 했다.

이처럼 붓다가 인과 관계로 만물을 해명하는 방식이야말로 현대 과학의 세계관과 일치한다. 《법구경》에 악행이 어떻게 진행되는지 나와 있다.

"선을 알고도 따르지 않으면 오히려 악을 따르게 되고 무릇 악을 행하면서도 깨닫기는커녕 어리석어 즐거워한다면 그때부터 독이 울창하게 퍼진다. 그처럼 부정한 복을 누릴 때 사악과 음욕에 빠지게 된다."

4월 4일

우리 삶의 주인은
우리 자신이다

窮坐實際中道床 舊來不動名爲佛
궁 좌 실 제 중 도 상   구 래 부 동 명 위 불
마침내 중도의 자리에 앉으니 예부터 변함없이 붓다라 한다.

붓다는 출가 초기에는 자신의 육체를 지은 자가 누구인지 몰라 방황했다. 깨달은 후에 비로소 자신을 보니 자기 육체를 만든 이는 다름 아닌 자신 속의 갈애渴愛, 즉 집착이었다. 이 갈애와 집착이 언제, 어떻게 생겨났는지는 알 수 없으나 자신에 의해 창조된 것이므로 자신이 없앨 수 있다.

교만, 불안, 편견, 의심, 나태, 혐오, 망상, 수치심 등을 지탱하는 머릿돌인 무명無明이 산산조각이 나자 집은 완전히 해체되었다. 과거 그 무엇에도 결박당하지 않는 완전한 자유를 얻었다. 그래서 이렇게 설법했다.

"방랑하고 방랑하며 내 집을 지은 자를 찾고 찾았으나 찾을 수 없었네. 알고 보니 내 집을 지은 것은 바로 갈애渴愛이었네. 갈애여! 이제 그만 집을 짓게나. 그대 서까래는 번뇌煩惱. 그대 머릿돌은 무명無明이라네. 그 머릿돌이 산산조각이 났네. 이제 갈애는 끝이 났고 나는 니르바나를 얻었네."

붓다의 이 선언에 감동한 프랑스 석학 자크 아탈리도 서구 젊은이들에게 "자기 자신이 되라Devenir Soi"고 권면한다. 자신을 위해 무엇을 할 수 있을지 스스로 물어보아 진짜 삶을 찾아보라는 것이다.

집착하는 마음을
놓아버리라

大抵忘機是佛道 分別是魔境
대 저 망 기 시 불 도   분 별 시 마 경
무릇 무심한 것이 붓다의 도요, 분별은 마군의 일이니라.

일체가 덧없음을 알기에 무심할 수 있다. 이런 붓다의 도를 막으려고 마魔는 중생의 마음을 어지럽힌다. 그래서 덧없는 것들 중에서 어떤 것에 매달리게 한다.

모든 것은 예외 없이 다 지나간다. 그런데 어떤 사람은 이미 지나가버리고 없는 허상을 붙들고 있다.

홀어머니를 잃은 딸이 매일같이 무덤을 찾아가다가 간신히 무덤을 없애는 데 동의하고서 일상으로 돌아왔다. 사람은 만나면 반드시 헤어진다. 이것이 회자정리會者定離이다. 지나간 일이 무엇이든 매여 있는 것 자체가 현실의 괴로움을 낳는 일이다.

정말 서로가 사랑했던 관계라면 충분히 사랑한 것으로 족하고, 쓰라린 일이었다면 이제 사라진 것으로 족해야 한다. 하나의 달이 천강千江에 비쳐도 달은 본래 하나이다. 구름이 달을 가리고, 산이 달을 막아 강물에 비춰지지 않더라도 달의 본질을 그대로이다. 이 강에 비친 달이 저 강보다 더 곱고 저 강의 달이 이 강의 달보다 더 크다고 우겨봐야 부질없는 짓이다.

4월 6일

마음은
백지장과도 같다

一切唯心造
일 체 유 심 조
일체가 마음에 달려 있다.

　어느 날 붓다가 비구들과 길을 가는데 종잇조각이 버려져 있었다. 종이가 귀한 시절이라 붓다가 "저 종이는 어디에 쓰였던 것일까?"라며 궁금해했다.

　한 비구가 얼른 그 종이를 주워왔다.

　"스승이시여, 이 종이에 향을 쌓아 두었던 것 같습니다. 고운 향내가 납니다."

　비구의 말에도 아무 대답 없이 붓다가 가던 길을 계속 가는데 이번엔 산더미처럼 쌓인 종이더미를 보았다. 그 앞에 붓다가 멈춰 서자 한 비구가 재빨리 달려가서 종이를 주워왔다.

　"스승님, 이 종이는 생선을 쌓아 두었던 것 같습니다. 비린내가 납니다."

　비로소 붓다가 입을 열었다.

　"종이는 본래 깨끗한 것이나 향내와 비린내는 그 안에 담겼던 것들 때문이니라. 마음도 본래 깨끗하니 선업을 쌓으면 향취가 나고 악업을 쌓으면 악취가 나느니라."

　사람의 마음은 보자기와 같다. 비록 과거에 무엇을 잘못 쌓았다 하더라도 훌훌 털면 그만이다. 마음이 청정한 사람들은 항시 행복하다. 하늘나라가 그들의 것이기 때문이다.

인생이라는 밭

爲度衆生 常住此說法
위 도 중 생　　상 주 차 설 법
중생을 계도하기 위해 항시 여기서 설법한다.

마가다국의 한 마을에서 일어난 일이다. 아침 일찍 농장 주인은 일꾼
들에게 농장일을 지시하던 중 음식을 얻으러 온 붓다를 보았다.

"우리는 논밭을 갈아 씨를 뿌려 곡식을 거두고 음식을 먹습니다. 당신
도 손수 농사를 지어 음식을 마련하는 것이 옳지 않겠습니까?"

"나도 논밭을 갈고 씨 뿌려 양식을 거두고 있느니라."

"사문이여. 그리 말하지 마옵소서. 소나 쟁기도 없는 분이 언제 논밭
을 일궈 양식을 마련한다 하시옵니까?"

"나의 밭가는 쟁기는 지혜이며, 황소는 정진精進이니라. 내가 뿌리는
씨앗은 믿음이며 거기내리는 단비는 청빈淸貧이니라. 이렇게 농사지어
곡식으로 이 감로甘露를 얻고 나는 일체의 고뇌를 벗어났느니라."

크게 깨달은 농장 주인은 붓다에게 정성으로 공양을 올리고 귀의했다.

마음의 눈으로
세상을 보라

作自爲身 曷不精進
작 자 위 신   갈 부 정 진
일을 하는 것은 스스로를 위한 것이니 어찌 정진하지 않으랴.

왜 울고 웃는가. 삶은 언제나 소모되고 있거늘. 깊고 그윽한 어둠을 밝힐 등불을 밝혀야 한다. 스스로 단련해 지혜를 얻고 열심히 배워 그것을 등불 삼아 앞을 내다보라.

여기에서 내다본다는 것이 무슨 의미일까? 과연 우리는 사물의 실체를 있는 그대로 보는 것일까? 아니면 내가 보고 싶은 대로만 보고 있을까? 눈으로 보고 마음으로 해석하기 때문에 같은 사물에 대해서도 보는 사람마다 다른 의미를 지닐 수 있다.

한 무리의 젊은이들이 귀의하자 붓다가 화두를 던졌다.

"눈이 있는 자는 빛을 보라."

마음의 눈으로 어둠을 쫓지 말고 빛을 바라보라는 것이다. 어떤 이가 태어난 지 18개월 만에 열병을 앓다가 시력을 완전히 상실한 헬렌 켈러에게 "앞 못 보는 당신보다 더 불행한 사람은 없다"며 혀를 찼다. 그녀가 대답했다.

"사실은 시력은 좋으나 비전이 없는 사람이 더 불행합니다."

비전이 없으면 무슨 일이든 닥쳐야 해결하느라 급급하다. 무엇을 행하든 미리 생각하고 준비하는 것이 비전 있는 삶이다. 비전을 갈고닦는 사람은 해야 할 일에 때를 놓치지 않는다.

내면의 빛을
밝히라

不調難誡 如風枯樹
부 조 난 계   여 풍 고 수
자기를 조절하지 못해 삼가기 어려우면 바람에 말라가는 초목 같으니라.

우리 속의 비전을 가로막는 세 가지 장애가 있다.

첫째 모멸감으로 과거에 실패하고 무시당했던 일, 둘째 낭패감으로 기대에 미치지 못했던 일, 셋째가 열등감으로 끊임없이 비교해서 뒤지는 부분을 보며 갖게 되는 감정이다. 이 세 가지가 자기 안의 빛을 가로막는다.

모멸감, 낭패감, 열등감. 이 세 가지 감정이 내일을 밝힐 등불을 찾지 못하게 하고, 쓰린 감정을 잊게 해줄 임시 망각제를 찾아가게 한다. 알코올, 섹스, 도박 등 모든 중독이 우리 내면의 빛이 가로막힘으로 해서 생긴다. 이런 상태에서 성공한다 해도 자족하지 못하고, 자기 아래에 있는 사람들을 억압하며, 자신의 나쁜 감정을 다른 사람에게 행한다. 성공한 사람들 중에 유달리 직원을 짓밟는 자들을 잘 살펴보라. 자기 안의 어둠을 타인에게 전가하며 자신의 상처를 보상받으려 하는 것이다.

이처럼 어두운 마음을 놓아둔 채 성공이 지속되면 그 성공은 모래 위에 쌓은 성처럼 머지않아 무너진다. 마음속의 빛을 찾아야 행복도, 진정한 성공도 누릴 수 있다. 내면의 참된 마음을 갈고닦을 때 조금이라도 밝은 빛이 보이기 시작한다.

자기 존중에서 오는
희열

渡河流 勝欲明於故
도 하 류   승 욕 명 어 고
생사의 강물을 건너 욕망을 이기니 이전보다 밝게 빛나는구나.

한때 마약에 중독되기도 하는 등 마음속에 어둠을 안고 살았던 오프라 윈프리가 워싱턴 하워드 대학의 명예박사학위를 받는 자리에서 눈물을 흘리며 말했다.

"오늘 졸업식에서 상을 받은 학생들처럼, 졸업 후 여러 일을 하며 보상 받을 것이다. 그러나 정말 소중한 보상은 스스로에게 주는 상이다. 무슨 일을 하든 자신을 노예로 대하지 마라. 자기에게 존경받는 것이야말로 인생 최고의 기쁨이다."

비록 진귀한 보배를 세상 가득히 쌓아도 자기를 존중하는 것만 못하다. 자신을 그와 같은 것들에 의지하는 것은 길상吉祥한 것이 아니다. 자기 깨달음과 존중에서 나오는 자기 의존이야말로 으뜸가는 것이다. 그 외의 것을 의지처로 삼아서는 온갖 고苦에서 벗어날 수 없다.

붓다도 자기 존중의 이치를 깨닫고 깊은 희열에 잠기자 몸에서 여섯 색깔의 광채가 나타났다. 감각적 욕망을 뛰어넘고 자만심을 억제해야 자기를 존중하는 것이다. 자기를 존경하기 시작하면 마음과 몸이 지극히 순수한 상태가 되어 광채를 발한다.

4월 11일

위기는 누구도
피해가지 않는다

生死涅槃常共和
생 사 열 반 상 공 화
생과 사와 열반은 언제나 함께 있다.

어느 누구나 평생에 큰 위기가 세 번 닥친다고 한다. 위기가 클수록 곧 큰 기회가 된다. 위기를 제대로 관리만 하면 큰사람이 된다. 별 위기 없이 살아온 사람은 인생의 맛이 밋밋하다. 사람은 스토리가 있어야 세상을 향해서도 할 이야기가 있다. 위기는 살아 있는 사람에게만 온다. 따라서 위기를 만나면 우선 초조해하지 말고 대신 생명의 환희심歡喜心을 느껴야 한다. '내가 살아 있으니 이런 일도 경험하지'라고 생각하라. 붓다도 크게 세 번의 위기를 넘었다.

첫 번째는 고국 석가족이 코살라 국에게 멸망당했다. 그의 심정이 어떠했겠는가?

두 번째는 참으로 아꼈던 수제자 사리불이 돌연히 죽고, 역시 애제자 목건련도 바라문에게 맞아 죽었다.

세 번째는 사촌동생 데바닷타의 반역이다. 그는 부처의 사촌인 아난다의 형이다. 데바닷타는 붓다의 승단을 분열시키려 했으나 뜻대로 되지 않자 붓다를 없애려 붓다를 향해 바윗돌을 굴리고, 술 먹은 코끼리를 돌진시키기도 했다. 이런 위기를 붓다는 어떻게 이겨냈을까?

그냥 가야 할 길을 묵묵히 걸었다.

외부에 대한 믿음이 아니라
자신의 복을 쌓으라

一念造福 勝彼終身
일 념 조 복　승 피 종 신
한뜻으로 복을 짓는 것이 평생 제사 지내는 것보다 낫다.

'승피종신'의 '피종'은 평생 제사 지내는 행위를 말한다. 복 받으려고 새벽, 철야, 산상기도를 평생 드려도 잠깐 동안 복을 짓는 것만 못하다.

"그대들은 복이 넘치는 현실을 두려워 마라. 오늘 복은 그대들이 즐거움의 원인을 만들었기 때문이다. 그대들은 복이 없음을 두려워하라. 그 근심과 괴로움은 이루 다 말할 수 없느니, 그대들은 복 짓기를 게을리하지 마라. 금생과 내생을 즐기고자 하면 복을 지어야 하느니라. 복을 지으면 즐겁고 그렇지 않으면 괴롭다."

복이 넘치는 것과 세속적 부나 권력과는 아무 상관이 없다. 만약 그러했다면 왕실을 버리고 평생 구걸하던 붓다야말로 복이 없는 사람이기 때문이다. 복이 넘치는 사람이란 붓다처럼 소승적小乘的으로 욕망을 줄이거나 없애는 것이고, 대승적大乘的으로 타인의 행복을 짓는 일이다.

만물은 갯바위에 부딪친 포말 같고 만상은 봄 아지랑이 같다. 기뻐도 너무 기뻐 말고, 슬퍼도 너무 슬퍼할 일이 아니다. 시간의 선후만 다를 뿐 모두 지나간다. 그 지나간 자리에 '그 무엇'만을 남겨둔다. '그 무엇'이 선업善業, 혹은 악업惡業이다.

4월 13일

함께
번영하는 길

觀求大者 乃獲大安
관 구 대 자 　 내 획 대 안
공명정대를 추구하라. 그래야 큰 안락을 얻는다.

선업은 백사장에 쓰인 흔적을 지워주는 파도처럼 악업을 말끔히 지워준다. 백사장을 지운 파도가 다시 바다로 돌아가 물고기를 기르고 하늘에 올라 구름이 되고 비가 되어 만물을 기른다.

마가다 국왕이 밧지족을 징벌하기 전 먼저 대신 우사를 붓다에게 보냈다. 우사가 오자 붓다가 아난다에게 물었다.

"아난다야, 너는 밧지족 사람들이 자주 모여 무엇에 대해 의논한다고 들었느냐?"

"그들은 어른과 젊은이들이 수시로 회합하며 정의에 관해 의논한다 하옵니다."

"그렇다면 아난다야, 밧지족은 오래도록 번성하여 능히 공략하기 어려울 것이다."

이때 붓다는 나라가 망하지 않는 법으로 시작해 차례로 여러 분야에 걸쳐 칠불쇠법七不衰法을 설했다.

번영의 제1조는 무엇인가? 바른일을 위한 모임을 주기적으로 갖는 것이다. 여기서 온 나라가 어떻게 해야 공명정대할지를 공개적으로 논의한다. 이는 언론의 개방, 공정한 언론, 언론의 자유를 뜻한다. 개인의 선업은 개인적인 희사이지만, 공동의 선업은 함께 번영하기 위한 공론을 모으는 것이다.

선과 악의
결과

行身近道 爲衆所愛
행 신 근 도 위 중 소 애
행하는 일이 도에 가까우면 중생에게 사랑받는다.

원시 시대부터 신화적 세계관에 젖어온 인간 속에는 기복심리가 깔려 있다. 종교는 이를 이용해 장사를 한다. 내 종교의 신을 믿으면 복 받을 거라는 암시를 준다. 복은 받거나 오는 것이 아니라 내가 복을 지으면 된다.

붓다의 사촌동생 데바닷타가 승단을 어지럽히고 부처를 다치게 하며, 비구니를 죽이기까지 했다. 그리고도 뉘우치지를 않고 도리어 큰소리를 치고 다녔다.

"세상에 선악이 어디 있는가? 누가 악하다고 그 업보를 받는가? 나는 어떤 잘못을 저질러도 벌 받지 않는다."

제자들이 마침 굴속에 있던 부처에게 절을 하며 데바닷타의 말을 전했다. 부처는 제자들에게 과보에 대해서 다시 가르쳤다.

"그렇지 않다. 선에는 복이 따르고 악에는 재앙이 따른다. 데바닷타는 어리석어서 악을 행하고도 복을 받는다고 한다. 지혜로운 사람은 선과 악에 반드시 보응이 따른다는 것을 안다. 그대들은 마땅히 악을 멀리하고 복 짓기에 힘쓸지니라."

모든 것은 하나라는
깨달음의 힘

依賢居快 如親親會
의 현 거 쾌   여 친 친 회
복 짓기에 힘쓰는 사람은 복 짓는 것 자체를 즐긴다.
이때 환희심歡喜心이 일어난다.

자기를 깊이 들여다볼수록 자신과 만물이 둘이 아님을 알게 되고, 무아지경을 경험한다. 그 경지가 되면 길가의 돌멩이도 다 소중하고 더 나아가 생과 사, 즉 유와 무가 그다지 큰 문제가 되지 않는다.

이때부터 전체 생명계와 물질계의 진화와 적응을 위해 한 개체의 죽음과 삶조차도 뛰어넘으며, 특정 개체의 과도한 탐욕만이 문제가 된다.

자원해서 할머니의 무거운 짐을 대신 들어주고, 버스에서 내리는 노인을 부축하는 등등 복 짓는 일을 하면 의학적으로도 좋은 호르몬이 나온다. 항상 스스로 자신을 가두고 자애로운 마음으로 사는 것은 천상에서 매일 태어나는 것과 같다.

환희심은 떠들썩하게 야단법석을 내며 기뻐하는 것이 아니다. 온갖 업보가 누적된 자아의 밑바닥에서 샘물처럼 말없이 올라오는 기쁨이다. 이 환희심은 속세의 기쁨이 아니라 조용하며 힘이 있다. 신심의 발현이므로 어떤 결과에도 크게 연연해하지 않는다.

깊은 바다 속처럼 표면 위에 커다란 풍랑이 몰아쳐도 깊은 곳에는 늘 고요하다. 이런 환희심이야말로 세상에 휘둘리지 않고 세상을 평정해 나갈 힘이다.

목동과 붓다 1
준비되었으니 비가 와도 상관없다

無所貪欲 何憂何畏
무 소 탐 욕 하 우 하 외
마음을 비웠으니 무엇이 두려우랴.

《숫타니파타》에 붓다와 소몰이가 나눈 대화의 한 장면이 나온다.

준비성이 좋은 목동은 어떤 악천후도 걱정하지 않았다. 그 목동은 갠지스 강의 지류가 흐르는 마가다국의 마히 강 근처에 다니야라는 대목장주였다.

다니야는 우기를 맞이해 소 떼를 높은 언덕 위의 두터운 지붕 아래로 피신시켰다. 이를 보고 있던 붓다에게 다니야가 자랑했다.

"나는 이미 우유도 짜 놓았고 밥도 지어놓았습니다. 나는 마히 강 근처에 처자와 살고 있습니다. 내 움막에는 지붕도 덮어놓았고 불도 지펴놓았습니다. 그러니 하늘이여! 비를 내려도 상관없습니다."

붓다가 말했다.

"나는 이미 성내는 일도, 미혹도 벗어버렸다. 비 내리는 마히 강변에서 그저 하룻밤을 쉬리라. 내 움막에는 덮개도 벗겨버렸고 번뇌의 불도 꺼버렸다. 그러니 하늘이 비를 내려도 상관없다."

목동과 붓다 2
어디에도 속하지 않았으니 비가와도 상관없다

無所好樂 何憂何畏
무 소 호 락 하 우 하 외
소속되기를 원하는 곳이 없으니 무엇을 근심하고 두려워하랴.

소치는 다니야가 붓다에게 말했다.

"소들은 모기도 쇠파리도 없는 풀이 우거진 들판에서 풀을 먹으며 비가와도 견딜 것입니다. 그러니 하늘이여! 비를 내려도 상관없습니다."

붓다가 말했다.

"나는 이미 내 뗏목을 타고 욕망의 격류를 건너 피안에 이르렀으니 이제 뗏목이 소용없노라. 그러니 하늘이 비를 내려도 상관없다."

소치는 다니야가 말했다.

"내 아내는 정숙합니다. 오래 살아도 내 마음이 흡족합니다. 그러니 하늘이여! 비를 내려도 상관없습니다."

붓다가 말했다.

"내 마음은 내게 순종하고 모든 것에서 벗어나 있다. 오랜 수양으로 잘 다스려져 있다. 그러니 하늘이 비를 내려도 상관없다."

소치는 다니야가 말했다.

"나는 내 힘으로 살아갑니다. 내 아이들은 모두 건강합니다. 그러니 하늘이여! 비를 내려도 상관없습니다."

붓다가 말했다.

"나는 누구에게도 속해 있지 않다. 스스로 얻고 스스로 온 세상을 거닌다. 그러니 하늘이 비를 내려도 상관없다."

4월 18일

목동과 붓다 3
집착을 버리니 비가와도 상관없다

無所愛喜 何憂何畏
무 소 애 희   하 우 하 외
집착하는 대상이 없으니 무엇을 근심하고 두려워하랴.

갑자기 하늘이 어두워지며 폭우가 쏟아져 골짜기와 언덕에 물이 넘쳤다.

소치는 다니야가 말했다.

"위대한 성인이시여. 모든 것을 보는 이시여. 아내와 함께 당신께 귀의합니다. 저희도 생사의 윤회가 없는 피안에 이르도록 정진하겠습니다."

이때 악마 파피만波旬이 나타났다.

"자녀가 있는 자는 자녀로 기뻐하고, 소를 가진 자는 소로 인해 기뻐한다. 집착이 없는 자에게는 기쁨도 없다."

부처가 말했다.

"자녀가 있는 자는 자녀의 일로 근심하고, 소가 있는 자는 소로 근심한다. 사람들이 집착하는 일로 근심한다. 집착이 없는 사람은 근심도 없다."

복 짓기에 힘쓰는 사람은 집착을 하지 않는다. 선업을 쌓는 행위에 몰두하기 때문이다. 복 짓는 그 일을 기뻐하고 또 기뻐한다. 오늘 그리고 내일 또 우리는 어디서 누구에게 복을 지을까?

4월 19일

뜻을
같이할 수 없는 사람들

一施如信 不得定意
일 시 여 신   부 득 정 의
자기 고집만 따르는 친구와 바른 뜻을 정할 수 없다.

아주 먼 옛날, 원숭이 왕 두 마리가 각기 500마리씩 거느리고 있었다. 가시나라迦尸國 왕의 아들이 이 원숭이 무리 1,000마리를 포위하고 사로잡고자 했다. 이때 착한 원숭이 왕이 악한 원숭이 왕에게 제안했다.

"지금 이 강을 건너면 우리 모두 살아날 수 있다."

악한 왕은 착한 왕이 먼저 좋은 제안을 하자 자존심이 상해 오히려 머뭇거렸다.

"뭐 그리 서두르셔? 좀 더 지켜봅시다."

이에 착한 왕은 즉시 무리를 향해 소리쳤다.

"저기 비다라 나뭇가지가 매우 길구나. 저 긴 가지를 잡고 모두 강을 건너라."

그렇게 하여 착한 원숭이 왕의 무리 500마리는 강을 건너고 악한 원숭이 왕의 무리 500마리는 머뭇거리다가 왕자에게 사로잡혔다. 붓다는 이를 사례로 들며 설파했다.

"부디 악한 벗을 멀리하고 마땅히 착한 벗을 가까이 두어라. 악한 벗을 따르면 괴롭게 되나니 착한 벗과 친해져야 하느니라."

착한 벗과
악한 벗

如樂之人 不得定意
여 락 지 인 부 득 정 의
자기 좋은 대로만 하는 친구와 바른 뜻을 정할 수 없다.

친구 따라 강남 간다고 어떤 사람들과 자주 만나느냐에 따라 삶의 방향이 달라진다.

중국 남북조 시대의 정승 송계아宋季雅도 퇴직 후에 살 집을 고를 때 이웃집이 누군가를 제일 중요한 기준으로 삼았다. 그래서 백만금이면 살 집을 천백만금을 주고 샀다. 그 집의 이웃인 덕망 높은 여승진呂僧珍이 까닭을 묻자, "백만금은 집값이고 천만금은 당신과 이웃이 되는 값입니다"라고 답했다. 이웃을 잘 두기 위해 집값의 열배도 아깝지 않다는 것이다.

열 길 물속은 알아도 한 길 사람 속은 모른다. 평생을 같이 산 사람의 진면목도 모르는 경우가 있다. 선한 벗과 악한 벗을 분간할 혜안慧眼은 어떻게 해야 가질 수 있을까?

나 자신부터 좋은 벗이 되기 위해 악지식惡知識을 버리고, 선지식善知識을 취해야 한다. 만석의 노적가리가 작은 불티 하나로 다 타버리듯, 아무리 많은 공덕을 쌓았어도 악지식을 가진 악한 벗을 가까이하면 하루아침에 사라질 수 있다.

인생이라는 길을 걸어갈 때 서로 도와주고 격려하는 일이 곧 선지식이다. 따라서 붓다는 "선지식이 큰 인연이라"고 했다.

착한 벗과 악한 벗의
세 가지 기준

或從惱意 不得定意
혹 종 뇌 의　부 득 정 의
항시 혼란하게 하는 친구와 바른 뜻을 정할 수 없다.

이사를 갈 때도 이웃집을 보는 '거필택린居必擇隣' 하고, 친구를 사귈 때도 믿을 수 있고 마음을 나눌 수 있는 '붕신색기朋信色氣'를 찾는다. 공자는 이로운 벗과 해로운 벗을 나누는 기준을 세 가지 제시했다. 이로운 벗은 '절제 할 줄 아는 사람', '정직한 사람', '듣고 본 것이 많은 사람'이고, 악한 벗은 '말재주만 그럴듯한 거짓된 사람', '서로 마주 대할 때만 좋은 척하는 사람', '교만하여 잔치를 좋아하는 사람'이다.

이런 사람을 가까이해서 실속은 없이 뜬구름 잡는 사람들이 참으로 많다. 좋은 벗의 공통점은 '진정성'이고, 악한 벗의 공통점은 '위선'이다. 《열반경》에 여래의 본성이 어린아이와 같다고 했다. 아이의 천진무구함과 여래의 천진성이 일맥상통한다. 아이들은 위선을 모른다. 위선적인 사람이 유능하면 할수록 더 큰 해악을 끼친다. 붓다가 말했다.

"'선우善友'란 바른 마음正心과 어진 소원願으로 그릇됨非를 멈추게 하는 사람이다. 남의 덕을 칭찬하고 잘못을 근심하며 공포를 주지 않고 조용히 훈계한다. 또한 타인의 악행을 보고 자신이 그런 잘못을 저지르지 않도록 스스로 구제한다."

이익 앞에서
좋은 벗이 가려진다

以飯食衆 不得定意
이 반 식 중　부 득 정 의

자기 이익만 탐하는 친구와 바른 뜻을 정할 수 없다.

　옛말에 "춥고 배고플 때 도를 찾고 의리를 찾다가 등 따뜻하고 배부르니 욕심 부린다"는 말이 있다. 좋은 친구인지 나쁜 친구인지는 형편이 엇비슷할 때는 잘 드러나지 않는다. 서로 격차가 벌어졌을 때 둘 사이가 평소대로 유지되는지를 보면 알 수 있다. 또한 콩 한 조각이라도 이익이 생겨 나눠야 될 때도 드러난다.

　"이익 앞에서 함께하는 사람이 착한 벗이니 함께 수행자의 길을 걷고 있음을 잊지 않느니라."

　붓다의 이 말은 공동의 이익을 놓고 좋은 벗이라면 사사로움을 개입시키지 않는다는 것이다. 이럴 경우 악우惡友는 거짓과 공포로 상대에게 적게 주고, 자신은 부당하게 많이 가져간다. 벗이 잘될 때는 가까이하다가 고난에 처할 때 모른 체한다.

　불가는 이익이 중심이 아니다. 얼마나 많이 남겼느냐가 아니고 얼마나 벌어 얼마나 나누고 사느냐이다. 따라서 '관계'를 중시한다. 관계가 곧 인연이고 연기이다. 정당한 이익 배분을 충실한 관계로 삼을 때 상응하는 인과응보가 따른다.

네 가지
인간관계의 유형

賢夫染人 如近香熏
현 부 염 인 여 근 향 훈
어진 사람이 끼치는 영향은 좋은 향기와 같다.

아난다가 세존에게 아뢰었다.

"세존이여. 깊이 살펴보니 착한 벗이 수행의 절반이라 여겨집니다. 어떻습니까?"

"아난다야, 그리 말해서는 안 된다. 착한 벗과 함께 있다는 것이 수행하는 길의 전부이니라."

수행은 우정의 길이며 좋은 이웃의 길이다. 사장과 직원, 부모와 자식, 스승과 제자, 부부, 연인 등의 기반은 주종관계가 아니다. 서로의 존엄성을 긍정하는 착한 벗의 관계이다. 이 관계망 위에 사회적, 제도적, 법적관계가 형성되어야 한다.

붓다는 인간관계에 '꽃, 저울, 산, 땅'과 같은 네 가지 관계가 있다고 했다. 활짝 아름답게 필 때 머리에 꽂았다가 시들면 버리는 관계가 꽃과 같다. 권세가 무거울 때 아첨하다가 가벼워지자 업신여기는 관계가 저울이다. 금산金山은 새나 짐승도 금빛이 들게 하고, 땅은 온갖 곡식을 내주어 부유케 한다.

우리는 서로에게 '산과 같은 벗, 땅과 같은 벗'이 되어야겠다.

4월 24일

솔선수범의
미덕

捨家而懈 意猶復染
사 가 이 해 의 유 부 염
속세를 떠나도 게으르면 물드느니라.

"나에게도 바늘을 다오."

붓다가 사촌동생 아니룻다에게 한 말이다. 아니룻다는 출가한 일곱 왕자 중 한 명으로, 그는 왕자 시절에 원래 멋쟁이였고 놀기를 좋아했다. 하지만 출가한 후에는 겨우 옷 한 벌로 지내다 붓다의 법회에 참석한 후 해진 옷을 꿰매려고 바늘귀에 실을 꿰려 했으나 번번이 실패했다.

이 모습을 본 붓다가 "내가 기워주마. 바늘을 다오"라며 아니룻다에게 다가갔다. 늙은 붓다가 손수 자기 옷을 꿰매주자 아니룻다는 말없이 뜨거운 눈물만 흘렸다.

붓다가 한 벌밖에 없는 아니룻다의 해진 옷을 꿰매어주었다는 소식을 들은 아난다가 하루는 여러 승도와 함께 아니룻다의 옷을 만들어주고 있었다. 이를 우연히 본 붓다가 아난다를 꾸짖었다.

"왜 나에게는 알리지 않았느냐?"

그러고는 승도들 틈에 앉아 함께 옷 세 벌을 만들었다. 인류의 스승 붓다가 직접 옷을 만드는 광경을 보노라면, 쥐꼬리만 한 지위가 있어도 건네주는 옷만 입으려 하는 우리를 부끄럽게 한다.

4월 25일

넘침보다 절제가
삶을 풍요롭게 한다

清淨無爲 以樂爲食
청 정 무 위 이 락 위 식
깨끗한 삶에 즐거움을 음식 삼는다.

먹는 즐거움이 크다. 먹지 않고 살 수는 없다. 너무 먹거나 불필요한 음식을 먹어 병들고 죽어가기도 한다. 제대로 먹는 것이야말로 우리 삶의 근본 문제 중 하나이다. 잘못 먹어 죽어 가는데 진리나 지혜가 무슨 소용인가. 다 건강할 때 필요한 이야기이다.

붓다는 아라한阿羅漢―깨우친 성자―들을 모아놓고 먹는 문제에 대해 경계했다.

"음식 공양할 때 좋고 나쁨을 가리지 말고 마치 약을 먹듯 하라. 주리고 목마름을 채우고 건강을 유지하는 데 알맞게 먹으라. 마치 꿀벌이 꽃에 앉아 필요한 꽃가루만 취하고 향기나 빛깔은 그대로 놓아두듯."

수행자들에게 편식과 식탐을 버리고 주림을 달래기에 적합한 음식만을 취해 착한 마음을 훼손하지 않도록 했다. 음식은 건강 유지의 필수조건이지 탐욕의 대상은 아니다. 따라서 파일제죄波逸提罪 중 무려 10가지가 음식에 관한 것이다. 그만큼 식탐의 유혹을 극복하기가 쉽지 않다.

십장생 중의 하나인 학은 언제나 위의 1/3은 비워둔다. 이제부터 건강을 위해 밥 한 숟가락씩 줄여 못 먹는 이들에게 보시하자.

4월 26일

열심히 일하고 나누는 삶을 살 때
삶이 빛난다

畫耕夜禪
주 경 야 선
낮에는 밭을 갈고 밤에 수행한다.

"법法답게 재물을 얻어라. 떳떳한 장사를 하라. 그 재물로 부모를 섬겨라. 이처럼 열심히 산 사람이 적어도 저절로 빛이 난다."

가장 오래된 경전 중의 하나인 《슈타니파타》의 글이다. 본디 불교는 무소유를 지향한다. 무소유의 정신과 삶을 찬탄하는 것이지 무능과 나태를 권하는 게 아니다. 자기 일에 충실하고 정당한 보수를 받으며 절약해 저축하여 부모를 봉양하고 가족을 돌보아야 한다.

붓다는 게으름을 '얼룩'이라 했다.

"대개 게으름은 얼룩이니 제자가 게으르면 의식주를 공급하지 못하고, 출가자가 게으르면 윤회에서 벗어나지 못하느니라. 모든 일은 부지런해야 일어나는 것이니 의식이 풍족하고 사업이 넓어지리라."

열심히 일하고 재주껏 벌라. 단 그 수익을 혼자 독차지하지 말라. 자신의 수고로 큰돈을 벌었다 해도 그 수고를 돕는 이들과 돈이 벌릴 만한 기회와 기막힌 인연이 작동했기에 가능했다. 무소유의 삶이란 법답게 재산을 모아 살림하고 사회를 돕는 것이다. 열심히 일하자. 열심히 공부하자. 정당하게 벌고 사랑으로 나누어주자.

가까울수록
항상심으로 대하라

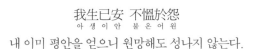

我生已安 不慍於怨
아 생 이 안　불 온 어 원
내 이미 평안을 얻으니 원망해도 성나지 않는다.

좋았던 사람이 싫어질 때 평소보다 훨씬 많은 부정적인 이야기를 하게 된다. 만나면 밝은 이야기만 꺼내던 사람이 짜증내는 말만 한다면 멀어졌다는 증거이다.

수행의 경지는 바로 이런 사사로운 감정을 넘어서야 도달한다. 좋고 싫은 것을 따져 덕담과 악담을 꺼내지 말고, 똑같은 항상심恒常心으로 대한다.

가장 가까운 가족들부터 먼저 이런 항상심을 적용해보자. 가족이야말로 합리적으로 접근하기 어려워 감정이 우선하는 관계로 가장 많은 상처를 주고받는다. 나와 타인의 모습을 찬찬히 관찰하면 서로 나쁜 과보果報에 빠지지 않는다. 그 후 그가 화를 내어도 내 마음속에서 그 화를 없애고, 나와 그가 함께 바르게 행하도록 차분히 가르쳐야 한다.

"사찰이나 들판, 성읍, 도시, 시골을 막론하고 좋은 소식을 전하라. 친구와 친지는 물론 부모와 가족에게도 그리하라."

붓다는 가까운 사이일수록 더욱 항상심으로 대했다. 그래야 친밀한 사이에 정토가 이루어진다.

우상이 아니라
진리를 따르라

我生已安 不慼於憂
아 생 이 안 불 척 어 우
내 이미 평안을 얻으니 근심 속에도 근심 없어라.

성불을 했다고 해도 근심할 일까지 완벽히 사라지지는 않는다. 단지 근심이나 역경을 또 하나의 꽃을 피워내기 위해 씨앗이 흙 속에 묻혀 참고 견디는 것으로 여길 뿐이다. 그래서 사바세계의 어떤 일도 평안한 마음가짐으로 참고 견뎌낼 수 있다.

라자가하王舍城 죽림정사에서 바카리라는 비구가 임종을 앞두었다. 그는 마지막으로 붓다를 뵙고 싶어 했다. 붓다가 달려오자 바카리가 일어나 예배를 드리고자 했다. 붓다는 바카리의 여윈 손을 잡고 도로 자리에 눕혔다.

"바카리야, 이 썩어질 육신을 보고 공경해서 무엇하랴. 진리를 보고 진리를 아는 자는 나를 보고 나를 아는 자니라."

바카리가 크게 깨닫고 안도의 숨을 내쉬며 생을 마감했다. 진리를 따르지 않는 자가 붓다나 예수, 마호메트 등을 부른들 무슨 소용이 있으랴. 그런 자들일수록 커다란 불상이나 십자가상 등을 만들고 그 앞에서 지극정성을 다한다. 이것이 미신이고 우상숭배이다. 진리는 특정 형상 속에 있지 않다. 그것은 각자 자신 속에 있는 불성을 존중할 때 깨닫게 된다.

남의 허물보다
장점을 먼저 보라

我生已安 不病於病
아 생 이 안 불 병 어 병
내 이미 평안을 얻으니 번민 속에서 번뇌가 없어라.

"나는 그대를 가볍게 보지 않습니다. 그대는 반드시 성불하실 분이기 때문입니다."

어떤 수행자가 누구를 만나든 그 사람의 신분과 성품과 관계없이 그 앞에서 허리를 숙여 합장하며 이런 인사를 했다. 그래서 주위사람들이 그 수행자에게 상불경常不輕―항상 겸손한 사람―이라 불렀다. 상불경을 못마땅하게 여긴 사람들이 상불경을 욕하며 놀렸다. 심지어 때리고 돌을 던지며 막대기를 휘둘렀다.

"야, 상불경! 남에게 성불한다고 남발하지 말고 너나 성불해라."

그래도 그는 개의치 않고 자신을 놀리는 사람들에게 대답했다.

"나는 그대들을 가볍게 보지 않습니다. 그대들도 멀지 않아 성불하실 것이오."

그 말처럼 상불경을 만나는 사람들마다 차츰 성불하는 사람들이 자꾸 늘어났다.

오늘날 경쟁의 시대에 우리는 남의 업적보다 실수를 알아내는 데 익숙해져 있다. 그럼에도 붓다의 가르침을 따르는 자들은 경쟁자의 업적을 먼저 보고 상불경처럼 말할 것이다.

"당신을 가볍게 여기지 않습니다. 당신도 성불하실 분입니다."

차이는
자신의 그릇이 결정한다

此彼寂滅 是爲仁明
차 피 적 멸   시 위 인 명
이것과 저것에 고요한 이가 어질고 현명한 사람이다.

'왜 내 모습은 이 모양일까? 나는 왜 인간관계를 이 모양으로 맺을까? 왜 나는 항상 행, 불행을 시계추처럼 오가고 있는가? 왜 나는 이렇게 몸과 마음이 아픈가?'

이 모든 의문의 해답은 자신의 성질과 용량에 달려 있다. 따라서 자신의 현 상태의 원인을 알려면 먼저 자신에게 포용력이 있는가, 감사할 줄 아는가, 자기관리를 잘 하고 있는가 등을 살펴보아야 한다.

이것저것에 감 놔라, 매 놓아라 잔소리하지 않고, 편벽되게 두호斗護하지 않는 자가 바로 큰사람이다.

"카사파야, 비유컨대 삼천대천의 산과 골짜기와 땅 위에 나는 나무와 풀들이 많지만, 각기 그 모양이 다르니라. 먹구름이 삼천세계를 둘러 덮어 큰비가 골고루 내려 적시지만 여러 가지 초목과 우물이 저마다 차별이 있느니라."

하늘에서 내리는 비는 아무것도 가리지 않고 사방에 내린다. 이 비를 바다는 바다만큼, 강은 강만큼, 개울은 그 크기만큼 받아들인다. 차이의 원인은 내 그릇에 있다. 깨진 그릇으로 물 한 방울도 담을 수 없다.

법구경

모든 것은 우리의 마음으로부터 나왔고,
마음은 모든 것에 앞선다.
그리고
마음으로부터 모든 것은 이루어진다.

– 법구경 제1장 1

법구경

경전을 조금밖에 몰라도
법에 따라 도를 행하고
탐욕과 분노 어리석음을 버리고
바로 알고 바로 깨달아 집착을 버리고
마음이 흔들리지 않으면
이것이 진정한 부처의 제자이다.

– 법구경 제1장 20

5월

견실한 삶을 위한
고찰

각 생명의 주인은
바로 자신이다

念起卽覺 覺之卽無
염기즉각 각지즉무

생각이 일 때 바로 깨달으라. 그 모든 생각의 실체가 없음을 알리라.

동물 가운데 사람이 가장 오랜 기간 돌봄을 받아야 한다. 대부분의 동물은 출생 후 곧바로 걷고 머지않은 기간 내에 자립한다. 인간은 보행하는 데만 1년이 걸린다. 그 외 신체적, 정신적 자립까지는 길게 20년 이상 걸린다.

이 기나긴 세월 동안 의존적 상태로 지내다 보니 의존 대상의 가치관, 감정, 행동 유형을 내면화하게 된다. 여기서 인류의 가장 큰 약점이 생겨났다. 스스로 주인이 되지 못하고 항시 무엇인가에 의존하려는 예속 습관을 갖게 되었다.

붓다는 무지에 빠져 노예적 속성을 지닌 중생을 초대했다.

"어서 오라, 벗이여. 무엇에든 예속되는 것이 고통이니라. 자기 스스로 주인이 되어야 참즐거움을 누리느니라."

현재 세계적 대기업들이 붓다의 초대장을 받아들고 '명상 리더십'을 진행 중이다. 굳이 가부좌를 틀지 않아도 호흡의 들숨과 내쉼에 집중하는 명상을 한다. 왜 이런 마음챙김 명상을 지원할까? 이런 명상을 통해 자신을 객관적으로 바라보며 타인의 기분을 이해하는 감성지능이 계발되기 때문이다.

5월 2일

좋아하지만 자신에게
유익한 일을 선택하라

度脫邪衆
도 탈 사 중
그릇된 무리로부터 벗어나라.

지난 세기 문명은 처벌과 보상을 중심으로 진행되어 왔다. 이제 창의성, 통찰력이 절실히 요구되는 시대가 되어 인간의 내적 동기부여 없는 외적 보상은 한계에 다다랐다. 고도의 재능이 요구되는 것일수록 인간 내면의 정서적 만족감을 채워주어야 한다.

애플의 창업자 스티브 잡스도 명상을 통해 자기마음을 관찰했다. 그러다 보면 마음의 공간이 생겨 사물을 명료하게 보며 자신이 즐기는 현재의 일에 집중할 수 있다.

다른 사람이 부러워하는 지위와 명예를 누리기 위해, 또는 찬사를 듣기 위해 삶의 에너지를 소비할 필요는 없다. 한 번밖에 없는 삶은 즐거워야 한다. 즐거움이 없는 삶에 나라는 존재가 정착하지 못한다. 자기 인생을 긍정적으로 스스로 만들어가야 즐거움이 있다.

다른 사람이 우리 인생을 대신 살아 주지 않는다. 우리 역시 다른 사람의 인생을 대신 살아 줄 수 없다. 여기서 문제는 내가 좋아하는 일이 '나에게 얼마나 유익한가'이다.

자신의 기호가 저급한 욕망에 치우치면, 결국 손해보는 일만 골라 하게 된다.

따라서 '기호의 정화'가 필요하다. 그래야 내가 좋아하는 일을 하면서도 사회적 패배자가 되지 않는다.

쾌락과 즐거움을
구분하라

爲之爲之 必强自制
위 지 위 지　필 강 자 제
모든 일을 할 때 반드시 스스로를 굳게 지켜라.

　매 순간 있는 그곳에서 지금 즐거운 것이 수행이다. 이때 즐거움과 쾌락은 구분해야 수행이 자유방임주의에 빠지지 않는다.

　즐거움이란 지속적이며 자아 성숙형이며, 쾌락은 일시적이고 충동적이며 자기 파괴적이다. 시카고 대학의 교육심리학 교수였던 칙센트미하이도 쾌락과 즐거움을 구분했다.

　"대상에 그냥 빠져드는 것이 쾌락이고, 대상을 객관화시켜 체계적으로 음미하는 것이 즐거움이다."

　자신이 좋아하는 것들이 무엇이 있는지 목록을 적어보라.

　그중 쾌락과 즐거움을 구별해보라. 즐거움에 적혀 있는 목록이 바로 열정적이고 추구해야 할 일이다. 비록 그 일이 쾌락에 적혀 있는 목록보다 덜 매력적이더라도 그 일이 더 즐겁다고 자기암시를 걸라. 세상만사 마음먹기에 달려 있다. 즐거움은 누가 주는 것이 아니라 우리 스스로 만들어가야 한다.

　불교에 심취한 니체의 말이다.

　"내가 하는 일이 다른 어떤 일보다 귀중하다고 믿고 또 그렇게 생각하면, 그 일을 재미있게 지속할 수 있다."

삼라만상의
본체

法性圓融無二相 諸法不動本來寂
법성원융무이상 제법부동본래적
만유의 본체는 원래 원만하여 두 모습이 없고 고요하여 움직이지 않는다.

만유의 본체는 두 모습이 아니다. 이는 삼라만상이 어떤 것이 더 옳고 그르고, 귀하고 천하고 등의 분별, 차별이 있을 수 없다는 것이다. 인간이 불성을 보지 못하는 것은 지금까지 한량없는 번뇌로 가려져 있어서이다. 붓다는 이를 "마치 집 안에 황금곳간에 숨겨져 있음도 모르고 가난하게 사는 여인과 같다"고 했다. 황금곳간은 '찬란한 불성'이다. 그리고 황금곳간을 여는 열쇠가 선한 의도意圖이다. 물론 선한 의도로 어떤 일을 해도 이용당하거나 끝이 안 좋아 환멸을 느낄 수 있다. 그럴 때 붓다의 목소리를 기억해야 한다.

"너의 마음의 뜨락에 불성이 찬란히 빛나고 있으니 후회하지 말고 번뇌의 숲 속으로 들어가라. 저 가난한 여인처럼 무성한 풀을 제치고 땅을 파라. 불성 광맥을 머지않아 발견하리니."

선악을 판단하고 결과를 따지기보다 더 중요한 것이 의도이다. 의도는 좋았는데 결과가 나쁘다면 이는 회복이 가능하다.

사회적 성공은 효율성이 생명이어서 의도가 악해도 효율성과 효과성을 동시에 갖추면 성공한다. 반대로 의도가 선해도 효율성과 효과성이 뒤지면 실패한다. 그러나 중요한 점은 악한 의도의 성공은 어디까지나 일시적이라는 사실이다.

자아실현을 돕는
붓다의 가르침

無名無相絶一切 證知所知非餘境
무명무상절일체 증지소지비여경

이름도, 형상도 없어 일체가 끊겼으니 깨달음으로만 알 바이오.

인간은 불성을 지닌 존재, 즉 영성靈性적 존재이다. 따라서 의식주가 풍족해지면 정신적 안정과 명예를 원하고, 이것이 충족되면 자아실현의 욕구를 갖는다.

그런데 인간의 영성을 육체와 다른 신적 유물이라 설정해 놓고, 그 영혼이 육체와 분리될 때 영혼이 천국 중 어느 곳에 가야 한다는 것은 혹세무민이다. 이들은 자신들만이 천국으로 안내하는 유일한 존재라고 강조한다. 이 구도가 고도자본주의의 속성과 흡사하다.

자본주의의 속성은 동기부여의 방법으로 보상과 처벌을 이용한다. 칭찬과 격려, 두둑한 연봉, 승진 등으로 보상하고 감봉, 면직, 좌천 등으로 처벌한다. 이 방법이 어느 정도까지는 효과가 있으나 만능은 아니다.

물질이나 명예 같은 보상 등이 어느 정도 충족되고 나면 보상에 의한 열정은 급격히 식는다. 처벌도 반복되면 면역력이 생긴다. 인간은 불성을 지닌 영성적 존재이다. 이 영성을 존중하고 자극할 때 무한한 자발적 행위가 나온다. 붓다에게 인류가 찬탄하는 이유도 그와 같다. 붓다는 보상과 처벌 방식이 아닌 각자가 자아를 실현하도록 도왔다.

열정이 식을 때
의미를 부여해 보라

眞性甚深極微妙 不守自性隨緣成
진 성 심 심 극 미 묘 불 수 자 성 수 연 성
참된 성품은 깊고 묘하니 자기 성품을 고집하지 않고도 인연 따라 이루어진다.

열정 없는 사랑은 굴레요, 열정 없는 일은 형식이며, 열정 없는 수행은 고행이다. 같은 배를 타도 바다가 좋아 타는 사람과 귀양 가며 타는 사람의 마음 풍경은 완전히 다르다. 열정은 자발적이며, 적극적이어서 새로운 아이디어도 나온다.

열정 없는 일처럼 힘든 것이 없다. 불과 같은 열정이 식어 버린 채 어떤 일을 억지로 해내야 하는 것은 차라리 고통이다.

하지만 열정과 관계없이 해내야만 하는 일과 또 유지해야만 하는 필수적 관계는 어떻게 해야 할까? 열정이 식어도 반드시 해야 할 일과 포기할 수 없는 것이 분명히 누구에게나 있다. 이를 포기하면 사회 구성원으로서의 역할이 불가능하다.

이럴 경우 그 대상에게 의미를 부여해야 한다. 그 의미 부여에서 지탱할 열정이 나온다. 옷깃 한 번 스치는데도 '오백생의 인연'이 있어야 된다고 한다. 그만큼 우리가 만난 인연들은 소중하다. 잠시 일었다가 수시로 식은 열정만 따라 살 수는 없다. 열정은 늘 식었다가 다시 살아난다. 그게 인간이다. 의미 부여를 하는 동안 식었던 열정은 뒤따라 살아난다. 이것이 선근공덕善根功德이다.

현상이 아닌
근원을 파악하라

改過自新 罪隨心滅
개 과 자 신　죄 수 심 멸
허물을 버리면 죄업은 사라진다.

　인도 어느 마을에 목동들이 소와 양을 몰고 와 물을 먹이는 큰 연못이 있었다. 아무리 가뭄이 심해도 마르지 않는 연못이었다.

　어느 날부터 이 연못에 이상한 풀이 자라면서 물고기들이 떼죽음을 당하기 시작했다. 그래서 마을사람들이 모여 연못의 물을 다 퍼내고 바닥의 독초를 제거했다.

　겨우 연못에 물이 채워졌는데 또 독초가 자랐다. 다시 물을 퍼내고 독초를 뽑아냈으나 독초가 생겨났다. 똑같은 일이 반복되며 지쳐가는데 마침 한 늙은 바라문이 지나다가 "독초만 자꾸 뽑아 내지 말고 버드나무를 심어보라"고 했다. 연못가에 버드나무가 자라며 독초가 서서히 죽기 시작해 연못의 물이 예전처럼 다시 맑아져 소나 양들이 마실 수 있게 되었다. 버드나무가 더 크게 자라나 새들도 날아와 지저귀기 시작했다. 예로부터 버드나무는 해독기능이 있고 독초를 죽인다고 알려져 있다.

　어둠이 세상에 내리자 수행자들이 이를 물리친다고 이불을 펄럭였다. 이를 본 한 선사가 조용히 등불을 켰다. "그대들은 어둠을 몰아낸다며 어둠 속에 덮여 있구나. 어찌하여 등불을 켜지 않는가."

자신의 강점에
더욱 힘을 쏟으라

益而不費
익 이 불 비
유익한 일을 하여 허비하지 마라.

독초를 뽑으면 독초는 또 자란다. 독초를 자연 소멸시킬 다른 무엇을 대신 심어야 한다. 연못의 독초를 뽑는 대신 버드나무를 심자 독초도 자연히 없어지고 새들의 노랫소리까지 듣게 된다. 사람은 누구나 약점이 있다. 약점 없는 사람은 사람이 아니다. 그처럼 강점 없는 사람도 없다.

붓다는 자기 약점만 찾아 "나는 죄인이오"라고 울먹이는 제자에게 이렇게 권면했다. "궁인弓人은 화살을 다루고, 목수는 나무를 다루듯 지혜로운 이는 자신을 다룬다."

약점을 없애 버리겠다고 골몰하는 대신 그 노력을 강점을 기르는 데 쏟아야 한다. 버드나무를 심으면 독초는 사라지지 말라고 해도 자연히 사라진다. 자신의 강정에 집중하다 보면 약점은 어느덧 아무 힘을 발휘하지 못한다. 아래의 세 가지 질문을 스스로에게 던져보라.

'내 강점이 무엇인가?'

'이 강점이 나와 사회에 어떤 기여를 할 수 있는가?'

'이 강점으로 차별화된 어떤 성과를 낼 것인가?'

인간의
여덟 가지 지능

九世十世互相卽 仍不雜亂隔別成
구 세 십 세 호 상 즉 잉 불 잡 란 격 별 성
구 세 십 세가 서로 섞여 있어도 각각 섞이지 않고 뚜렷하게 이루어졌도다.

과거 현재 미래 삼 세가 얽힌 듯하지만 얽히지 않고 각자 뚜렷하다.

사람마다 비슷한 것 같지만 각자 특출한 성과를 올릴 수 있는 특장特
長들이 있다.

한 사람이 모든 것을 다 잘할 수는 없다. 자기가 잘할 수 있는 분야에
역량을 집중하는 것이 행복이며 성공이다.

하버드 대학 가드너 교수의 다중지능이론도 그런 내용이다. 흔히 지
능하면 'IQ'를 떠올리지만 실제는 이보다 훨씬 다양하다.

인간의 지능은 언어지능, 논리수학지능, 공간지능, 음악지능, 신체운
동지능, 대인관계지능, 자기이해지능, 자연탐구지능 등 8가지 독립 지능
으로 구성되어 있다. 당신은 어느 지능에 앞서고 있는가? 붓다는 자신
이 좋아하고 자신이 잘할 수 있는 일에 집중했다. 위압적 카리스마에는
약했으나 설득과 감동의 지도력이 강점이었다.

즉, 개인이해지능과 대인관계지능이 탁월했다. 그가 태자 시절 왕궁
을 떠나 숲 속에 머물기 좋아하고 오랫동안 명상에 잠겼던 것도 자신의
강점에 집중하기 위해서였다.

자신의 능력에 충실할 때
일이 순조로워진다

去勝負心 無爭自安
거 승 부 심   무 쟁 자 안
이기고 지는 것을 떠나 다툼을 그치면 스스로 편하다.

인간은 서로 다른 자신의 능력을 갖고 태어난다.

예를 들어 개인이해지능이 높은 사람은 자신이 기대하는 자기의 모형을 향해 스스로의 행동을 이해하고 수정해가는 능력이 탁월하다.

대인관계지능이 높은 사람은 타인의 기질과 기분, 심지어 숨겨진 의도와 동기 등을 잘 파악한다.

그런데 어떤 부분은 아무리 노력해도 안 되는 것이 있다. 다른 부분의 강점이 탁월한 만큼 그 반대 부분은 계발하기가 쉽지 않다. 우리 사회의 약점은 공부 잘하는 사람이 정치, 경제, 예술, 종교, 언론 등 모두 다 잘하리라 착각하는 것이다. 한 부분에서 탁월한 사람이라 하더라도 다른 분야에서 완전히 무지한 경우가 많다. 《법구경》에도 "활 만드는 사람이 화살을 다루어야 하고, 물대는 사람이 물을 끌어들여야 하고, 목수가 나무를 다루어야 한다"고 했다.

겉으로 관대해 보였는데 욕심을 품고 위장했다는 것이 드러나 사회적으로 매장을 당하는 경우가 종종 있다. 그런 처지가 되지 않으려면 눈앞의 이익보다 사람과의 관계를 진정성 있게 해야 한다. 사람의 신뢰를 얻는 것보다 장래성 있는 투자는 없다.

5월 11일

진정한 겸손

一微塵中含十方 一切塵中亦如是
일 미 진 중 함 시 방　 일 체 진 중 역 여 시
티끌 하나 속에 우주가 있고 전체 티끌 속에도 우주가 담겨 있네.

　영리한 사람은 시대를 읽고 겸손한 사람은 사람의 마음을 얻는다. 그 이유에 대해 성공학자 켄 블랜차드가 말했다. "겸손은 단지 자신을 낮추기만 하는 것이 아니다. 자기 자신에 대해 덜 생각한다."

　싯다르타가 태자 시절, 부왕은 싯다르타에게 제왕의 기질을 살펴보려고 매우 애를 썼다. 고대의 제왕들은 무소불위의 권력을 행사하며 무자비한 카리스마를 발휘했다.

　태자는 천성적으로 이런 일에 흥미를 느끼지 못했다. 부왕은 태자에게 제왕의 자리가 얼마나 대단한지를 맛보게 해주려고 미희를 동원하고 환락을 실컷 즐길 수 있게 유도했다. 그러면 싯다르타가 군주의 권력의 맛을 알게 되고 결국 위엄 있는 군주가 되리라 여겼다.

　그러나 싯다르타는 성향 자체가 강력한 군주와는 거리가 먼 사람이었다. 미물부터 사람까지 삼라만상의 가치가 같다고 믿으며 당시의 카스트제도조차 쉽게 받아들이지 못하는 싯다르타에게 군주자리는 어울리지 않았다.

　붓다는 "너 자신을 알라"는 말을 확실하게 실행했다. 이처럼 자기 자신을 솔직하게 알고 받아들여 그대로 사는 것은 얼마나 훌륭한 일인가.

5월 12일

롤모델의
중요성

荒草不鋤
황 초 부 서
잡초 가득한 밭에 호미질도 안했구나.

사람은 흉내 내면서 닮아간다. 호랑이 흉내를 오래 내면 호랑이처럼, 곰 흉내를 오래 내면 곰처럼 행동하게 된다. 가능하면 흉내를 내더라도 바람직한 대상이어야 한다.

제1차 세계대전이 끝난 후 패전국 독일은 힘들고 어려운 시기를 보내야 했다. 이때 한 청년이 학업을 계속할 수 없게 되자 동물원에 취직해야 했다. 동물원도 패전의 여파로 많은 동물이 굶어죽어 대부분 우리가 비어 있었고, 맹수 몇 마리로 겨우 명맥만 유지하고 있었다. 처음 이 청년은 이 맹수들에게 사료를 주고 배설물을 치우는 일을 하리라 생각했는데, 담당자가 곰가죽을 내어주며 관람객이 올 때마다 곰우리에 들어가 잠자는 흉내만 내라고 했다.

그렇게 하던 어느 날 곰우리에 누워 뒹굴고 있는데 유치원 아이들이 재잘거리며 몰려들었다. 청년은 아이들을 즐겁게 해주려고 벌떡 일어나 울타리 안에 있는 큰 나무기둥에 오르락내리락 거리며 곰 흉내를 냈다. 아이들이 소리를 지르며 좋아하자 청년도 기분이 고조되어 나뭇가지 위까지 올라갔다. 그 순간 가지가 꺾이며 청년이 곰우리 옆의 호랑이 우리로 떨어졌다.

이전부터 곰의 재롱을 바라보고 있던 커다란 호랑이가 어슬렁거리며 청년에게 다가왔다. 청년은 이제 죽었다 싶은 생각에 땀을 비 오듯 쏟으며 하늘에 기도했다. '살려주세요. 호랑이 입을 막아주세요. 아직 장가도 안 가고 할 일이 많이 있습니다. 지금 죽기는 억울합니다.' 이에 아랑곳하지 않고 호랑이가 다가와 앞발로 청년의 목을 잡았다. 청년은 기절 직전까지 갔으나 겨우 정신을 차려 곰 가죽을 벗으려 발버둥쳤다. 이때 호랑이가 청년의 귀에 뭐라 으르렁거렸다. "이보게 젊은이 나도 사람이야, 너무 겁먹지 마." 그 호랑이도 호랑이 가죽을 뒤집어쓴 아르바이트하는 사람이었다.

이 청년은 후에 독일 함부르크 대학의 총장이 된 헬무트 틸리케였다.

자신이 가장 잘할 수 있는
일을 찾으라

理事冥然無分別
이 사 명 연 무 분 별
진리의 본모습과 현상계가 한결같이 평등하여 분별할 수 없다.

피아노는 각 건반마다 음색이 있다. 이 음색들이 모여 아름다운 하모니를 이룬다. 아무리 좋은 피아노라도 한 건반이 두 개의 소리를 낼 수는 없다. 아무리 훌륭한 사람도 모든 것을 잘해야만 한다는 고정관념을 버려야 한다.

물론 학습을 통해 약점을 어느 정도는 커버할 수 있다. 그러나 거기에 들이는 시간이 너무 아깝다. 그 시간에 자신의 강점에 집중하는 것이 약점을 더 잘 관리하는 것이다.

자신의 약점에만 매달리면 악순환에 빠지기 쉽다. 약점에 치중하는 악순환의 고리를 과감하게 끊고 강점을 발견해 성과를 올려야 한다. 약점은 건드리지 말고 그대로 놓아두자. 약점은 건드릴수록 더 큰 약점이 된다. 그대로 놓아두면 인간미가 돋보여 더 친근감이 든다.

빌게이츠가 하버드를 중퇴하지 않고 대학자가 되겠다며 계속 공부만 했다면 어떻게 되었겠는가? 찰스 다윈이 돈을 벌겠다고 장사하고 나섰다면? 정치인 프로이트, 수도자 빌 클린턴, 기업경영자 타이거 우즈를 상상하긴 힘들다.

그들은 모두 자신의 강점에만 집중함으로써 성공할 수 있었다. 붓다나 빌게이츠, 다윈 등은 자신이 무엇을 잘할 수 있는가를 정확히 인식하고 그 일을 했다.

모두가 가는 길을 따라가지 말고
자신의 길을 가라

意解求安 莫習凡夫
의 해 구 안　막 습 범 부
안락하려면 남들이 한다고 따라가지 마라.

붓다는 제자들에게 모든 것을 완벽하게 잘하려는 유혹에 빠지지 말라고 했다.

"모든 현상을 다 잘하려는 것이 곧 집착이니 미혹되기 쉽다. 내게 불필요한 것까지 얻으려 애쓰지 말고 넘치는 것을 잃을까 염려하지 말라."

피터 드러커는 해야 할 일이 10가지인데 6가지밖에 할 시간이 없다면 가장 중요한 6가지만 하고 나머지는 내버려두라고 말했다. 오늘이 흘러 내일이 되고, 하루하루가 지나 어느덧 한 달이 되고, 한 달 한 달이 바뀌어 어느덧 한 해가 된다. 한 해 한 해가 가며 드디어 죽음의 문에 이른다. 이 종말과 마주서기 전에 자신이 할 수 있는 일이 무엇인지를 발견해야 한다. 모든 것을 다 관여하지 말고 가장 중요한 것을 선택하고 집중해야 효과를 낼 수 있다.

붓다도 자신이 가장 중요하다고 여기는 일을 위해 45년의 시간을 활용했다.

그의 하루 일과를 보면 시간을 얼마나 중요한 일에 집중했는지를 알 수 있다. 최소한의 시간을 제외하고는 수행과 가르치는 일에만 전력하였다.

"다른 사람이 얻은 것을 욕심 내지 말고, 다른 이가 누린다고 덩달아 부러워 말라."

인생에서 우선순위를 정하고
집중하라

無量遠劫卽一念 一念卽是無量劫
무 량 원 겁 즉 일 념 일 념 즉 시 무 량 겁
무량겁이 일념이오, 일념이 곧 무량겁이라.

무량겁은 끝없는 세월이고, 일념은 찰나의 생각이다. 찰나의 생각이 모여 무량겁의 세월을 수놓아간다. 이런 과정 속에서 중요한 과제가 '수행'과 '가르침'이다. 붓다는 이 두 가지에 집중했다. 수행은 자신을 성찰하는 일이요, 가르침은 자비로운 일이다.

붓다는 세상 누구보다도 자기 자신을 잘 알았다. 이처럼 자신을 잘 아는 사람만이 자신의 시간을 최상으로 관리할 수 있다.

"모든 것은 변해가니 나태하지 말고 힘써 나아가라."

이것이 붓다의 마지막 부탁이었다. '내가 해야 할 일'만 잔뜩 적어 놓고 감상만 하고 있어서는 안 된다. 실제로 자신이 쓰고 있는 시간을 먼저 분석하여 불필요한 부분을 제거해야 한다. 그리고 조절 가능한 시간을 먼저 효과적인 일에 사용한다. 시간만 낭비하고 별다른 성과를 내지 못하는 일은 과감히 버려야 한다. 버려지는 일과 시간을 돌아보고 '이 일을 하면 어떤 결과가 나올까' 또는 '이 일을 하지 않았을 때 어떻게 될까'를 자문한 후 별 중요치 않은 일을 가차 없이 포기해야 한다.

좋아하는 일에
미치라

能仁海印三昧中 繁出如意不思議
능 인 해 인 삼 매 중 번 출 여 의 부 사 의
붓다의 무한 삼매 가운데 번개처럼 이는 통찰이 불가사의하도다.

어질고 어진 붓다를 능인能仁이라 한다. 해인海印은 바다가 만상을 비춘다는 뜻이다. 부처는 삼매 가운데 형상 그대로를 통찰했다. 당신의 시간은 무엇으로, 어떻게 돌고 있는가? 붓다의 시간은 두 가지 우선순위를 중심으로 돌아갔다. 내면수행을 통해 '열락悅樂'을 경험하는 일과 여기서 나오는 에너지로 도움을 필요로 하는 이들에게 자비를 베푸는 일이었다. 한 작곡가는 자신의 곡 중 가장 훌륭한 곡이 탄생한 때를 설명했다.

"어느 날 삼매경에 빠져 손이 저절로 움직이는 경우가 있습니다. 저는 경외감으로 물끄러미 바라보며 손끝에서 나오는 멜로디를 바라만 볼 뿐이었습니다. 열반에 든 느낌이었고, 그런 상태에서 나온 곡이 늘 사람의 심금을 울렸습니다."

같은 지능지수와 능력을 지니고도 어떤 일의 성과에 차이가 나는 것은 그 일에 대한 개인적 호감의 차이 때문이다. 성취도에 관한 연구결과들은 성과의 크기는 지능보다도 일에 대한 호감의 정도가 가장 큰 영향을 미친다는 사실을 밝혀냈다.

일에서
법열을 느껴보라

行者還本際 叵息妄想必不得
행 자 환 본 제   파 식 망 상 필 부 득
수행자가 본바탕에 이르려면 부득이 망상을 끊어야 한다.

어떤 일에 몰입하면 일종의 수행과 같은 효과를 얻으며 도락道樂을 얻게 된다. 몰입하려면 망상을 버려야만 가능하다. 머릿속에 온갖 망상이 떠도는 한 몰입할 수 없다.

일본 최고 검객 미야모토 무사시, 세계 최고의 운동선수 등도 최고 기록을 남길 때 그런 삼매경에 빠졌음을 고백했다. 외과 의사가 환자의 목숨을 담보로 수술을 할 때, CEO가 기업의 사활을 건 결단을 내리고 위기 상황을 돌파해갈 때도 마찬가지다. 중요한 순간에 무아지경에 빠져 신적 경지의 능력을 발휘하는 사람들은 평소에 그 일에 필요하고 충분한 관심을 쏟았기 때문이다.

그런 사람들은 어떤 과업을 이룰 때 자신 안의 무의식이 통째로 몰입되어 현존 의식까지 삼켜버리는 경험을 하게 된다. 인간의 심리에서 일상적 의식이 차지하는 영역이 10퍼센트도 안 된다. 나머지 90퍼센트의 무의식을 동원하려면 마음에 걸림이 없는 일에 몰입해야 한다. 좋아하는 일을 선택하고, 그 일의 가치를 발견한 다음, 그 일에 집중하라. 그러면 일의 삼매경에 빠지리니 그것이 일의 법열이다.

5월 18일

공사를 분명히 할수록
효율성이 높아진다

隨處作主 立處皆眞
수 처 작 주 입 처 개 진
어느 곳에 가든지 주인이 되고, 지금 있는 그곳이 진리이다.

왜 우리는 자신의 일에 집중하지 못하는 것일까? 그 요인은 외적인
것과 내적인 것이 있다. 외적요인은 조직 풍토와 관련이 깊다. 업무성과
란 시간보다 몰입하는 정도에 달려 있다. 한국은 시간과 성과를 연결하
려는 경향이 강하다.

동료보다 더 오래 일하고 열심히 하면 성실한 사람이고, 성과도 좋을
것이라고 평가한다. 그런 회사일수록 공사 구분이 불분명하다. 업무시
간에는 잡담과 인터넷 서핑 등 사적인 일을 하다가 업무가 끝난 후에도
회사 일을 붙들고 있다. 그러다 보니 사장이 집에 와서도 가족들에게 자
신도 모르게 사장행세를 한다. 집에서는 가족의 일원이고, 친구 사이에
서는 그냥 친구일 뿐이다.

공사가 불분명하니 공적인 일을 정실인사를 하는 등 사적으로 처리
해 물의를 일으킨다. 직장은 직장이고, 가정은 가정이며, 동창은 동창이
다. 정해진 업무시간을 지키며 높은 성과를 내는 회사가 많다. 그런 회
사일수록 공사 구분이 분명해 업무시간은 업무에 집중하도록 하고, 업
무시간 이외에는 전혀 상관하지 않는다. 회사일을 집에 가져가거나 퇴
근 후에 마지못해 직장동료들과 어울려야만 하는 일이 없다.

몰입이
곧 수행이다

可勉向正 爲福勿回
가 면 향 정 위 복 물 회
힘써 할 일을 하고 물러서지 말고 복을 누려라.

일에 깊이 몰입하지 못하는 내적 원인은 두 가지이다. 하나는 마음의 두려움이고, 다른 하나는 일의 도전과 개인 능력과의 관계이다.

《반야심경》에 "心無罫碍 無罫碍故 無有恐怖 遠邏顚倒夢想 究竟涅槃
심무가애 무가애고 무유공포 원리전도몽상 구경열반"이라 했다. 마음에 걸림이 없고, 걸림이 없는 고로 허망한 두려움이 없으며, 뒤바뀐 몽상이 멀리 떠나 마침내 즐거운 열반에 든다는 의미다.

가애罫碍는 장애와 같다. 마음에 장애가 없어야 마음의 에너지가 자유롭게 흐른다. 업무에 대한 마음의 장애, 즉 업무에 대한 두려움이 있을 때 업무 이외의 것에 시간을 뺏긴다.

재봉틀로 옷감을 박는 사람이 거기 집중해야지 딴생각을 하게 되면 손가락을 다친다. 일에 몰입하기 위한 첫 번째 조치는 지금 당장 그 일에 정진하는 것이다. 그러면 마음의 장애도 차츰 사라진다. 누가 정진하는 사람인가? 꿀치는 벌같이 집 짓는 제비같이 부지런한 사람이다. 이처럼 방일하지 않는 것이 수행이며 몰입이다. 동국제강의 창업주 장경호 거사는 본래 보부상이었다. 해방이 되자 몸소 수레를 끌고 벌꿀처럼 고철을 주워 모아 조그만 공장에서 못을 만들며 대한민국 최초의 철강 대기업을 만들었다.

5월 20일

현재를
즐기라

回光返照
회 광 반 조
일몰 직전 일시적으로 햇살이 비쳐 하늘을 밝힌다.

중국 당나라 선불교의 황금기를 연 인물이 마조 선사인데, 그의 유일한 제자가 방거사이다. 방거사가 약산 선사를 방문하고 나올 때였다.

약산 선사가 열 명의 선승에게 산문까지 배웅하게 했다. 마침 허공에 눈이 날리자 방거사가 바라보았다. "야, 멋진 눈이로구나. 송이송이 눈송이가 한 송이도 다른 데로 떨어지지 않는구나." 방거사의 말을 듣고 선승들이 의아해했다.

"그럼 눈송이가 어디로 떨어집니까?"

방거사가 손뼉을 치며 호통을 쳤다.

"그대들이 선사라면서 이 정도밖에 안 된다니 염라대왕이 용서치 않으리."

지금 소복이 내리는 눈의 아름다움도 온전히 즐기지 못하는 선승들을 나무란 것이다. 추억이 다르기 때문에 하늘에서 내리는 눈을 보고 사람마다 느낌이 다르다.

어떤 아주머니는 다섯 살 때 집 나간 어머니를 뒤쫓아 맨발로 울며 눈길을 달려갔던 일을, 다른 사람은 눈 속에서 나눈 첫사랑의 밀애를 생각한다. 방거사는 이 모든 것을 닫고 지금 눈앞에 내리는 눈을 그저 하얀 눈으로만 몰입해 즐기라는 것이다.

모든 것은 마음을 통해
달라 보일 뿐이다

絶慮忘緣 兀然無事坐 春來草自靑
절 려 망 연 올 연 무 사 좌 춘 래 초 자 청
생각을 끊고 인연을 쉬고 물끄러미 앉았더니 봄이 왔는지 저절로 푸르도다.

휴식 중에도 몰입하지 못하고 자꾸 다른 생각을 하게 되면 휴식이 아니라 고행이다. 휴식할 때는 오직 휴식에만 몰입해야 한다.

외적 환경은 언제나 그대로이다. 지난번에 왔던 휴양지가 올해 달리 보이는 이유는 내 내면의 심경이 다르기 때문이다. 내면의 심경이 어떻든 간에 눈앞에 보이는 세계에 집중할 필요가 있다 그래야 내면의 잡다한 생각이 사라지고 바로 지금 이 순간 생의 환희를 누릴 수 있다.

일 못지않게 휴식에도 몰입이 중요하다. 내리는 눈을 보며 휴식을 취해야 하는데, 과거 설중에 있었던 어떤 경험에 대한 생각이 밀려들거나, 미지의 어떤 두려움에 떤다면 휴식이 아니다. 우리는 살면서 즐거움이나 괴로움을 수반하는 경험을 늘 한다. 이러한 경험들이 본래의 나와는 아무 관계가 없다. 이런 관점이 '경험의 탈중심화'이다.

참나는 어떤 사건과도 일치되지 않는다. 눈 오는 날 집 나간 어머니를 맨발로 울며 따라갔던 소녀가 이후 여사장이 된 후에도 그 기억 때문에 눈만 오면 두문불출했다. 그녀에게 그 기억과 참나와는 아무런 관계가 없음을 이야기해주자 비로소 눈 오는 날 눈 구경을 즐길 수 있게 되었다.

바보를 깨우치는
붓다의 가르침

守口攝意身莫犯　如是行者能得道
수 구 섭 의 신 막 범 　 여 시 행 자 능 득 도
입과 뜻을 지키며 몸으로 죄를 짓지 않으면 능히 도를 얻느니라.

불교사에 소문난 바보가 주리판타카이다. 그는 워낙 지능이 떨어져 단순한 경구 하나도 외우지 못했다. 마침내 승단에서 견디지 못하고 쫓겨나 담벼락 아래서 울고 있는데 붓다가 거두어 곁에 두고 보살폈다. 붓다가 "수구섭의신막범, 여시행자능득도"를 외우게 했으나 도무지 암송하지 못하자 더 간단한 문장인 "비로 티끌을 쓴다"를 외우게 했다. 이도 쉽지 않았지만 붓다는 그가 외울 때까지 반복하고 또 반복해 가르쳤다.

그러기를 한 달이 지난 어느 날 주리판타카가 붓다에게 눈동자를 반짝이며 아뢰었다.

"이제야 비로 티끌을 쓴다는 뜻을 깨달았나이다."

"어떻게 알았느냐?"

"티끌이란 번뇌이고, 비는 혜慧입니다. 빗자루로 먼지를 쓸어 청정을 회복하듯, 혜로 번뇌를 없애 본래 지智를 찾나이다."

"오, 주리판타카야! 보리를 성취했구나."

이로써 주리판타카는 아라한阿羅漢—성자—이 되었다. 붓다의 가르침은 영재뿐 아니라 바보도 능히 성공하도록 깨우침을 준다.

경험을 간직하되
객관화하라

自愛身者 愼護所守
자 애 신 자 　 신 호 소 수
자신을 사랑하거든 삼가 지킬 것을 지켜라.

우리의 모든 경험은 우리에게 소중한 손님이다. 경험이 손님이라는 것은 경험과 참나는 분리되어 있다는 것이다.

붓다의 길은 깨달음의 길이다. 그 길은 삼학三學―계戒, 정定, 혜慧―으로 통한다. 붓다의 설법을 지키고 참선하고 사리 판단력을 기르면서 깨달음의 길에 이른다. 계를 지켜야 갈 바를 알고 참선을 하여 심신을 바로잡고 지혜로 사리를 판단한다. 삼학을 하면 경험은 더 이상 얽매이는 족쇄가 아니라 생활용품처럼 관리하는 소장품이 된다.

붓다가 그러했다. 자신의 경험에 얽매이지 않았지만 이를 필요할 때마다 사용하는 소중한 기구처럼 다루었다. 그는 경험을 완전히 무시하는 사람이 갖기 쉬운 이상주의에 빠지지 않았다. 각자의 존엄성을 인정하면서도 인간이 지닌 한계를 알았다.

그럴 경우 그 한계는 절대적인 벽처럼 인간을 가두지 않게 된다. 존엄성과 한계를 동시에 인정한다는 것이 그만큼 중요하다. 인간의 존엄성만 인정해버리면 지구생태계는 곧 파괴된다. 삼라만상 중 인간만큼 탐욕스럽고 위험한 존재는 없다. 그래서 인간에게 규율이 필요하다. 인간은 위험한 존재지만, 만일 깨닫기만 한다면 각자 부처가 되는 귀한 존재이기도 하다.

5월 24일

비우면
더 풍요로워진다

好經道者 不競於利
호 경 도 자 불 경 어 리
바른 도를 좋아하는 자는 이익을 놓고 다투지 않는다.

붓다의 가르침은 '비워냄'이다. 욕망을 비우고 애착과 증오를 비워내야 진정으로 넉넉하고 풍요롭게 된다. 재물도 분에 넘치는 이익보다는 자기 그릇에 맞는 이익으로 마음의 부자가 되어야 한다.

붓다의 제자 사리불은 숲 속에서 붓다의 가르침, 비움을 묵상하다가 이런 의문을 가졌다.

'어떻게 해야 붓다의 가르침이 오래갈 수 있을까?'

숲에서 나와 붓다에게 마음에 품은 의문을 물었다. 붓다가 과거 경험에 비추어 대답했다. "회상해 보니 어떤 가르침은 오래 갔고, 어떤 가르침은 금세 끝났구나. 바로 계율戒律의 있고 없음이 그 차이이다. 오래 존속된 가르침은 반드시 계율을 정해 제자들에게 따르도록 했다. 그런데 가르치는 스승이 죽고 나면 제자들이 각자 자기 성질을 부린다. 예쁜 꽃을 높은 책상에 올려놓고 묶는 끈이 없으면 곧 바람이 불어 다 흩어진다."

이에 사리불이 당장 계율을 정해달라고 청했다.

"사리불아, 더 기다려라. 앞으로 비구들이 이해관계에 빠져 허물을 갖게 된다. 그때 계율을 정해주리라. 아직 찢어지지도 않은 새 옷을 기울 수는 없느니라."

일탈을 막는
최소한의 계율은 필요하다

體行上義 是謂梵志
체 행 상 의 시 위 범 지
법대로 몸소 사는 자를 구도자라 한다.

  과연 붓다의 승단에 얼마 후 큰 사건이 터졌다. 수디나라는 비구가 아이를 가졌다. 재산이 많은 집안 출신인 수디나는 어머니가 꼭 자식을 낳아달라고 간청하여 아내를 데리고 숲 속에 들어가 애욕을 불태웠다.

  이 소식을 듣고 나서 붓다는 최소한의 계율을 만들었다. 살생, 도적질, 음행, 거짓말을 금하는 네 가지를 정했다. 이것이 '살도음망殺盜淫妄 금지'이다.

  붓다가 경험으로 어떤 조직도 공정한 규칙이 없이는 오래가지 못함을 알게 된 것이다. 올바른 규칙은 제자들의 그릇된 행동을 미리 막는다. 그래야 꽃다발을 묶는 끈처럼 계율이 제자들의 청정심을 유지하도록 돕는다.

  "수행자들아 계는 선법善法에 오르는 계단이니 대지가 일체 수목의 근본됨과 같으니라. 내가 멸도한 후에도 마땅히 계율을 흑암에서 빛을 만나고 가난한 이가 보물을 얻은 것같이 존중하라."

  붓다는 어떤 문제가 생길 때마다 그에 맞게 차례로 계율을 세워나갔다. 우리가 훈계 받을 큰 스승은 어떤 사람들의 말이 아니라 오로지 붓다가 세운 계율들이다.

최고의
위대한 스승

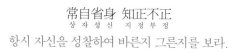

常自省身 知正不正
상 자 성 신　지 정 부 정
항시 자신을 성찰하여 바른지 그른지를 보라.

불교역사상 최고의 바보인 주리판타카도 붓다의 교육으로 최고의 성인이 되었다.

붓다는 주리판타카를 바사익 왕과 만나게 했다. 왕이 주리판타카를 보더니 깜짝 놀라며 어떻게 이토록 현명해질 수 있느냐고 붓다에게 물었다. 붓다는 다음과 같이 대답했다.

"반드시 많이 배운다고 좋은 것은 아닙니다. 행함으로 배우는 것이 으뜸입니다."

존 듀이도 사람은 경험한 만큼만 안다고 말했다. 어느 대기업 오너는 "내가 소중히 여기는 사람은 공인 9단 자격증이 아니라 뒷골목 1단짜리"라고 했다. 착실히 공교육의 혜택을 받고 그럴듯한 간판과 이론을 갖춘 사람보다 시장에서 몸으로 체득한 인재를 원한다는 의미이다.

요즘은 워낙 자신을 홍보하는 시대이다 보니 외화내빈外華內貧을 주의해야 한다. 간판은 그럴듯한데 막상 들여다보니 허당인 경우가 많다.

자본주의하에서는 전문가도 상업적이다. 따라서 전문가의 말을 참고만 할 뿐 믿어서는 위험하다. 자신의 경험만큼 위대한 스승은 없다. 그 경험만큼 내공이 쌓이기 때문이다. 본인이 직접 경험한 것은 더 확실히 알고 간접 경험이라도 온 주의를 기울여 습득하면 이해의 폭을 넓힐 수 있다. 그래서 교육을 받고 영화를 보고 독서를 하는 것이다.

5월 27일

나쁜 경험이 더욱
발전의 원천이 될 수 있다

定意度脫　長離魔道
정 의 도 탈　장 리 마 도
뜻을 정해 해탈한 사람은 악마의 수렁에서도 영원히 벗어난다.

지혜의 보고는 바로 우리 자신의 경험이다. 그러나 아무리 많은 경험을 했어도 그 경험을 내 것으로 만드는 반성적 유추 과정이 없다면 모든 경험은 헛수고에 지나지 않는다.

만일 경험을 발전적 근거로 만들 수 있다면 좋은 경험, 나쁜 경험이 그다지 의미가 없다. 어떤 면에서는 나쁜 경험이 오히려 창조적인 지혜의 창고가 될 수 있다.

난롯불에 두 아이가 화상을 입었다. 한 아이는 이를 토대로 불을 조심히 다룬다. 다른 아이는 화상 이후 불만 보면 도망가 숨는다. 앞의 아이는 아픈 경험을 토대로 불을 잘 다루는 지혜를 습득했다. 뒤의 아이는 지혜로 환원하지 못하고 아픈 경험 그 자체에 얽매여 있다.

이것이 경험을 토대로 승화시켰는지, 그러지 못했는지의 차이이다. 붓다는 긍정경험과 부정경험이 하나의 씨앗으로 우리 속에 뿌려진다고 말했다. 이 씨앗을 어떻게 대하느냐에 따라 발전적 원천이 되게 할 수 있다.

묘협 스님이 지은 《보왕삼매론》에는 다음과 같은 가르침이 있다.

"세상살이에 어려움 없기만을 바라지 말라. 세상살이에 어려움이 없다면 교만해져 사치한 생각이 이느니라. 근심과 곤란을 세상살이의 벗으로 여기고 살아가리."

음과 양의
원리

行住臥安 世世無患
행 주 와 안 세 세 무 환
걷거나 눕거나 늘 편안하니 세세토록 근심이 없다.

어두운 밤이 있으니 새벽이 온다. 썰물이 있으니 밀물도 있다. 음지 없는 양지도 없다.

근심이 있으니 성공도 있고, 곤란하니 이를 극복하려 노력하여 새로운 창조를 한다. 그래서 가슴이 넓은 사람을 희로애락을 함께 담고 삶을 즐기는 사람이라 한다.

세상에 제일 강한 사람이 기쁘고 쓰린 온갖 삶의 길을 겪고도 버티고 서 있는 사람이다. 이처럼 온갖 시련을 겪고 창조적으로 승화시켜 나가는 사람이야말로 인생의 위대한 스승이 될 자격이 있다.

정상적 경험은 사람을 틀에 가두는 경향이 있다. 그러나 아픈 경험은 사람으로 하여금 새로운 길을 볼 눈을 뜨이게 한다. 냉·온방 시설이 잘 되어 있는 연습실에서 편하게 운동한 최고 유단자가 룰도 없이 날뛰는 무리를 헤치고 올라간 뒷골목 유단자를 이길 수 없다. 그래서 모 재벌총수는 인생의 뒤안길에서 쓴맛 단맛 다 본 뒷골목 인생을 조언자로 두고 있다고 했다. 소위 맨바닥에서 산전수전 겪으며 쌓인 내공을 누가 당하랴? 경험의 형태는 직접경험과 간접경험이며, 그 내용에 긍정경험과 부정경험이 있다. 경험의 형태가 무엇이 되었든 경험의 내용이 어떤 것이든 삶의 발전적 원천으로 만들어야 한다.

생각하고
반성하라

觀諸世間 無生不終
관 제 세 간 　 무 생 부 종
세상일을 자세히 관찰하라. 새로운 것도, 낡은 것도 없나니.

긍정경험이든 부정경험이든 어떤 경험이라도 발전적 원천으로 만드는 비법은 딱 하나이다. 바로 경험에 대해 객관화해 장기적이고 비평적으로 사고하는 것이다. 왜 같은 실수를 하고도 어떤 이는 큰 깨달음을 얻어 성공하고, 어떤 이는 더 큰 실패 속으로 들어가는가?

대부분 경험을 통해 지혜를 얻지 못하는 이유는 즉각적 만족을 추구하기 때문이다. 즉각적 만족을 추구하면 과거의 경험을 회고할 여유가 없다. 세상을 환히 비추는 사람은 나쁜 일을 하지 않는 사람이 아니다. 비록 실수로 나쁜 짓을 범해도 곧 뉘우치고 바르게 사는 사람이다. 이런 이를 붓다는 "마치 구름 한 점도 막지 않는 밝은 해"와 같다고 했다.

경험을 지혜의 창고로 만들려면 경험한 것에 대해 스스로에게 이런 질문을 던져보라.

나는 무엇을 경험했는가?

그 경험 중에서 무엇을 앞으로 지속시킬 것인가?

내가 만약 이일을 하지 않고 있다면 다시 이 방식으로 이 일을 할 것인가?

그러면 무엇을 배제하고 무엇을 더해야 하는가?

목표는 길을 잃지 않게 하는
등대와도 같다

常愍好學 正心以行
상 민 호 학   정 심 이 행
항시 사랑하고 배우기를 즐기며 바르게 행한다.

지금 내가 서 있는 곳이 본처本處이고, 지금 내가 하고 있는 일이 본업本業이다. 본처와 본업에 몰입하는 것이 깨달음이고, 성공과 행복의 지름길이다. 이런 몰입이 마음에 일어나기 위해서는 일에 대한 명확한 목표를 자신에게 제시해야 한다. 그 목표는 자신의 능력을 강화해 최대한 발휘할 수 있는 도전적 과제여야 한다.

책을 볼 때도 여백에 본문 내용에 대한 자신의 생각을 메모한다. 소설이야 쭉 보면 되겠지만 정치, 경제, 인문학은 자신의 생각 없이 읽기만 하면 저자의 관점에 세뇌 당한다. 어떤 정보이든 자신의 것으로 소화하려면 새로운 관점으로 피드백해야 한다. 도전이 너무 약하면 일의 흥미를 잃고, 너무 크면 일할 엄두를 못 내게 된다. 도전 목표와 자신의 능력 사이에 균형을 이루는 것이 중요하다.

자기 능력보다 약간 상향의 목표를 정하고 달성되면 다시 더 상위의 목표를 정하면서 점차 도전 수위를 높이는 것이 좋다.

무엇을 하든지 미리 해야 할 일을 생각하고 몰입하면 그 일을 좋아하게 되고, 일을 사랑하게 되면 일에 대한 두려움이 사라진다.

인생은 순간순간이 모인 마라톤이다

實參實悟
실 참 실 오
실제로 구하고 실제로 깨닫는다.

사람들은 각자 자신의 강점인 근기根機를 가지고 있다. 붓다는 제자들마다 특색 있게 갖춘 근기대로 발아하게 해주었다. 긴 생애 동안 들판과 마을, 거리를 고행하며 헤매는 자를 붙들어 주고, 목마른 자에게 마실 물을 주며, 사나운 자를 유순케 했다.

인생은 멀리 바라보고 눈앞의 이익에 급급하지 않는 사람이 끝내 웃는다. 아날로그 시대의 최고 경영자였던 잭 웰치는 7년을 내다보고 전략을 짰다. 그 사례로 피터 드러커가 《넥스트 소사이어티》에서 웰치의 단기적 성과와 장기적 성과의 조화를 들었다. 재무관리 측면은 3년 정도의 단기적 성과를 중시했고, 인재양성 측면에서는 7년의 장기적 관점을 강조했다.

그 기간 동안 웰치는 시간을 그냥 흘려보내지 않았다. 사업의 최전선에서 매일 업무상황을 파악하고 보고서를 보면서 장단기적 대책을 수립했다. 바로 붓다가 말한 일종의 사정단이다. 소문에 흔들리고 무성한 여론에 민감하게 반응하는 것이 아니라, 사람들의 실제 행태를 면밀히 관찰하여 미래의 변화에 대응하는 것이다. 이를 드러커는 '마인드 파워 전략'이라 불렀다.

수행이든, 학업이든, 경영이든 본인이 끈기 있게 자발적으로 노력해야 이룰 수 있다.

법구경

몸은 물항아리처럼 깨지기 쉬우니
마음을 성곽처럼 굳게 하고
지혜의 무기로 악과 싸우고
싸워 얻은 것을 지키면서 계속 정진하라.

– 법구경 제3장 40

법구경

부지런함은 생명의 길이요
게으름은 죽음의 길이다.
부지런한 사람은 죽지 않지만
게으른 사람은 죽은 것과 마찬가지다.

– 법구경 제2장 21

6월

삼라만상은
하나

6월 1일

마음의 독초는
삶을 갉아먹는다

衆人盡樂惡 唯佛淨無穢
중인진락오 유불정무예
세상이 악행을 즐겨도 수행자만큼은 더럽히지 않네.

　절제는 행복의 길이요, 방탕은 죽음으로 가는 길로 인도하는 독초이다. 밝은 지혜로 도리를 지키고 절제하는 삶은 그 자체가 환희이다. 이런 삶을 사는 사람은 이미 지혜의 높은 누각에 올라 절제하지 못해 좌충우돌하는 어리석은 자들을 바라본다. 악행이란 자신의 쾌락을 위해 남의 눈물을 흘리게 하는 것이다. 다른 이가 어찌되든 나만 좋으면 그만이라는 생각이 쾌락을 쫓게 만든다. 이런 생각을 버리지 못할 때 인생 진로가 미로를 헤매게 된다. 따라서 아무리 노력을 기울여도 출구를 찾지 못하는 쥐처럼 부질없는 행동만 반복한다.

　방탕의 독초가 한두 번 마음밭에 뿌려지기 시작하면, 구름이 잔뜩 긴 달처럼 세상을 밝히기는커녕 자신조차도 어둠속에서 헤맨다. 혹 마음에 독초가 있거든 더 자라기 전에 빨리 싹부터 잘라내야 한다. 독초의 싹은 이렇게 분별할 수 있다. 반복을 거듭하는 실수, 어떤 특정 조건만 형성되면 터져 나오는 오버 액션 등을 차분히 분석해보라. 그렇게 분별된 것을 절제하면 된다.

　절제는 행복의 뿌리이다. 먹는 것도, 사람을 만나는 것도, 생각이나 행동도 절제가 있어야 한다.

6월 2일

내면에 좋은 씨앗을
잘 자라게 하라

見福心安
견 복 심 안
스스로 지은 복을 보니 마음이 편하다.

인간에게는 무엇을 '할 수 있는 자유의지'와 무엇을 '하지 않을 의지'가 있다. 이 두 의지 중 인간이 지닌 한계 때문에 '하지 않을 의지'가 더 많다.

붓다는 사정근四正勤이 나태한 마음을 끊고 정진하는 방법이라고 했다.

첫 번째는 율의단律儀斷이다. 아직 내 속에 뿌려지지 않은 악의 씨가 심어지지 않게 한다. 예를 들어 담배나 마약, 도박, 포르노나 사행성 경기처럼 심신을 헤치며 중독성이 강한 것들은 처음부터 그런 상황이 되지 않도록 접하지 않는다.

두 번째는 단단斷斷이다. 이미 의식 속에 뿌려진 악의 씨는 싹이 나지 못하게 끊는다. 매일 자신을 갈고닦아서 부정 증세의 씨앗이 자라지 못하게 하고, 부적절한 환경에 자신을 노출시키지 않는다.

세 번째는 수호단隨護斷이다. 아직 나타나지 않은 선은 마음속에 잘 뿌려서 움트게 한다.

마지막이 수단修斷이다. 자라고 있는 의식 속의 어떤 긍정적 모습이 더 자라나도록 노력한다. 또한 진실한 글을 즐겨 보고 바른 가치관을 지닌 사람을 자주 만난다.

이 네 가지로 수행하면 모든 경험이 우리 인생의 좋은 씨앗으로 승화한다.

좋은 것은 키우고
나쁜 것은 없애라

蓋屋不密 天雨則漏 蓋屋善密 雨則不漏
개 옥 불 밀 천 우 즉 루 개 옥 선 밀 우 즉 불 루
성근 지붕에 빗물이 스며들고, 잘 만든 지붕에 빗물이 스미지 못한다.

"네 의식 속에 의지적으로 선성은 자라게 하고, 악성은 무시하여 저절로 사리지게 하라."

이것이 사정근을 정리한 결론이다. 아직 생기지 않은 악의 씨는 뿌려지지 않도록 미생악령불생未生惡令不生하고, 이미 생긴 악은 소멸되도록 이생악령령단已生惡令永斷한다.

아직 생겨나지 않은 선은 생겨나도록 미생선령생未生善令生하고, 이미 자라고 있는 선은 더 잘 자라도록 이생선령증장已生善令增長한다.

팔정도八正道 중의 정정진正精進에 해당하는 사정단을 수행하면 예지의 힘이 길러진다. 긍정은 키우고, 부정은 다시 부정을 되풀이하지 않기 위해 충분히 관리한다. 이렇게 되면 점차 올바른 전망을 갖게 된다. 사람에게 일어나는 일이 무궁무진한 것 같아도 유형별로 파악하면 어렵지 않게 이해할 수 있다.

사정단을 부지런히, 꾸준히 지속하면 미래를 정확히 예측할 지혜가 축적된다. 사정단은 과거의 실패와 현재의 실수가 반복하여 자라지 않게 하여 미래의 새로운 실패가 탄생하지 않을 지혜를 준다. 사정단을 개인이 수행하면 개인의 아픔이 사라지고, 기쁨이 커진다. 사정단을 기업이 수행하면 기업의 집중도가 높아지고 무리하지 않고 미래를 준비할 수 있다.

모든 괴로움은
무지에서 시작된다

進智習善 行成潔芳
진 지 습 선   행 성 결 방
힘써 지혜와 좋은 것을 익히면 아름답게 행하는 습성이 몸에 밴다.

　사람에게 물질, 의식, 형성意圖, 느낌, 지각의 다섯 가지 집착다발이 있다. 개체는 이 다섯 다발로 이루어졌다. 집착이란 물질, 느낌, 형성, 의식, 지각만을 자아로 여기는 것이다. 붓다는 물질, 느낌, 형성, 지각과 자아를 동등하게 여기지 않도록 가르친다.

　수행을 통해 지각과 느낌을 소멸한 삼매, 즉 해탈에 들면 즐거움, 괴로움, 만족, 불만족 모두 평정된다. 해탈을 향한 수행과 일상의 생활은 분리되지 않는다. 해탈은 아무 노력 없이 어느 날 갑자기 집중적으로 노력한다고 이루어지는 것이 아니다. 매일매일 무지를 씻어 내는 과정을 통해 어느 날 섬광처럼 깨달음의 순간이 온다.

　무지가 불행을 낳는 최초의 씨앗이다. 하지만 이 무지는 본래 없는 것이다. 내 생명의 실체가 곧 청정한 진리임을 망각하는데, 이것이 무지이다. 이 무지로 인해 온갖 괴로움이 인다. 그런 순간에도 우리 속은 지혜의 빛으로 충만해 있다. 이를 깨달은 기쁨에 찬 붓다가 이런 노래를 불렀다.

　"진지한 열과 성을 다하여 사유하던 사람에게 만법의 이치가 깨달아진다. 그때 그는 마치 태양이 어둠을 밝히듯 모든 악과 고통이 멈춘다."

숙명은 없다

神通並妙用　運水及搬柴
신통병묘용　운수급반시
신통묘용이 별거더냐, 물 긷고 땔 나무 나르는 것이지.

붓다는 한 번도 사람이 피하려야 피할 수 없는 숙명대로 산다고 말하지 않았다. 오히려 산중이나 바다에 사당을 두고 영정이나 목신을 둔 사당을 짓고 헛되이 복을 빈다고 꾸짖었다.

이솝은 노예였으나 자유인이 되고 싶은 꿈이 있었다. 곱사등이로 말도 어눌했던 그는 두 주인을 섬기면서도 지혜와 덕성을 스스로 쌓아 결국 자유인이 되었다. 그 후 여러 나라를 돌며 자신의 지혜를 아낌없이 나누어 주었다. 이솝처럼 우리도 결국 자기가 뿌린 씨앗의 열매를 먹게 된다.

물론 인생에 운명처럼 보이는 일도 간혹 있다. 그렇다 해도 '숙명'은 아니다. 자신이 어떻게 선택하고 결정하느냐에 따라 그 방향과 결과를 완전히 바꿔놓을 수도 있다.

그래서 신, 천사, 악마 등은 모두 헛된 이름일 뿐이다. 임제 선사는 수행자들에게 부처마저도 궁극적 경지로 삼아서는 안 된다고 말했다.

부처가 궁극적 목표라면 또다시 내 밖에 내가 섬겨야 할 대상이 생겨버린다. 내 밖의 부처에게 집착하면 나는 영영 부처가 될 수 없다.

자신의 운명을 결정하는 것은
바로 자신

心調體正 何願不至
심 조 체 정　하 원 부 지
마음을 조절하고 몸을 바르게 하면 어떤 소원이든 이룰 수 있다.

부처를 만나면 부처를 죽이라는 선사의 가르침은 내 스스로가 이미 부처임을 알라는 의미다. '내 운명은 내가 만든다.' 이것을 '입명立命'이라 한다.

과거에 이끌려 미래를 보는 것이 아니라 미래로부터 내려와 자기를 성찰하고 자기 행동 방향을 결정한다. 과거는 온갖 흔적들로 자국 나 있지만 미래는 미답의 백지로 남아 있다. 인생이라는 캔버스는 내 결단이라는 도구로 원하는 그림을 그려갈 수 있는 장소이다.

그러면 근시안적 태도를 버리고 원시안적 철학을 지니게 된다. 대사大事뿐 아니라 소사小事도 장기적 관점을 가지고 결단하는 습관을 길러야 한다. 소사라고 해서 즉흥적으로 가볍게 해서는 안 된다. 천 리 길도 한 걸음부터 시작되듯, 인생에서도 소사가 모여 대사가 된다.

붓다의 시대는 인간을 숙명적 존재로 보았다. 태어나면서부터 정해진 계급의 굴레를 벗어날 상상조차 하지 못했다. 숙명처럼 받아들인 이 굴레를 붓다가 벗겨주었다. 물론 수용 여부는 각자에게 달려 있었다. 지금도 주어진 처지를 숙명으로 알고 살 것인지, 벗어던지고 새롭게 살 것인지는 전적으로 본인에게 달려 있다.

운명은 우리의
작은 결정들이 모여 결정된다

爲身第一 常自勉學
위 신 제 일 　 상 자 면 학
자신을 제일로 삼고 항시 배우기에 힘써라.

자신을 제일로 만들고자 하면 항상 스스로 공부에 힘쓰라.

라자가하에서 붓다가 설법을 하자 왕족, 귀족, 천민, 부호, 빈민, 장군, 노예, 상인, 농민, 죄인 등 온갖 부류의 사람이 몰려들었다. 이들 중 붓다의 가르침을 받아들인 이들은 신분의 숙명을 깨끗이 털어내고 붓다를 따랐다.

붓다는 운명을 털어내라고 했다. 어떤 처지라도 자신이 어떻게 하느냐에 따라 변할 수 있다. 힘들 때 '왜 하필 나인가'라며 원망하고 불평하면 모든 관심이 자신의 처지에만 집중되어 새로운 비전을 가질 수 없다. 그러나 힘든 여건을 자신을 도야하고, 성숙시키는 계기로 보면 삶의 의욕과 용기가 생겨 더 바람직한 자신으로 성장하게 된다.

70억 인구가 지문이 모두 다르듯, 같은 도전을 만나도 크게 또는 작게라도 다른 대응을 한다. 인생의 운명은 그런 각기 다른 대응들이 누적되어 결정된다. 우리는 각기 '무소의 뿔처럼 홀로' 가야 한다. 소극적 고립주의를 주장하는 것이 아니라 자기 책임하에 인생을 살라는 것이다. 사회의 좋은 인연을 만들고, 도반道伴을 두어 함께 구도의 길을 걸어야 하지만, 내 발 앞의 지혜의 등불은 내가 밝혀야 한다.

업보는
현재완료형이다

行住臥安 世世無患
행 주 와 안 세 세 무 환
걷거나 눕거나 편안하니 세세토록 근심이 없다.

　사람의 운명을 공식으로 나타내면 다음과 같다. '운명=업보×능력×
마음가짐.'

　여기서 업보는 전생이 아니라 우리가 태어난 후 지나온 삶의 층위層位
이다. 이처럼 운명은 업보와 능력, 그리고 마음가짐에 달려 있다.

　능력은 재능이 본질인데 이 재능을 구체화해주는 것이 열정과 긍정
적 태도이다. 선업을 많이 쌓고 능력이 넘쳐도 일에 집중하는 열정과 긍
정적 태도가 결여되면 좋은 운명을 만들 수 없다. 과거 악연이 겹쳐 능
력이 좀 부족해도 기어이 성취하겠다는 열정과 할 수 있다는 긍정적 태
도를 가지면 운명이 흥성해진다.

　업보는 삶의 자국이다. 따라서 업보는 이미 확정되어버린 현재완료형
에 불과하다. 지금 이 자리에서 최선을 다해 산다면, 지금부터 전개되는
미래에 어떤 업보도, 두려움도, 불행도 발붙일 수 없다. 오랜 세월 나쁜
습관이 배어 있다 해도, 설령 무간지옥에 떨어질 다섯 가지 죄를 지었다
해도 주체성을 잃지 않고 삶의 주인만 된다면 저절로 해탈의 바다에서
노닐게 될 것이다. 따라서 내 의지를 벗어난 일은 처음부터 없다 하여
'본래무사本來無事'라 한다.

기회의 문은
누구에게나 열려 있다

如少見明 當養善意
여 소 견 명 당 양 선 의
작은 밝음이라도 보거든 선한 뜻을 길러라.

1950년 랠프 번치가 흑인으로서 처음으로 노벨평화상을 받았다. 그는 미국 디트로이트의 가난한 집안에서 태어났고, 열두 살 때 어머니가 이혼했다. 얼마 후 어머니마저 잃게 되는데 어머니는 이런 유언을 남겼다.

"랠프야. 엄마가 남겨줄 유산이 없어 미안하구나. 아무리 힘들어도 믿음, 소망, 사랑을 꼭 지니고 살거라."

이후 할머니는 랠프를 기르며 귀에 못이 박히도록 가르쳤다.

"네 권리를 위해 운명과 맞서라. 그러나 마음속에 절대로 분노는 키우지 마라."

20세기 초 미국에서 가난한 흑인으로 살아간다는 것은 여간 힘든 일이 아니었다. 그는 아무리 힘들어도 어머니의 유언대로 믿음, 소망, 사랑을 지키려했고, 구조적 모순과 싸울 때도 할머니의 가르침대로 냉정함을 잃지 않았다.

절대 불변의 운명이란 없다. 인생의 기회는 누구에게나 열려 있다. 물론 태어나면서부터 금수저를 문 사람들도 있지만, 시민 각자가 각성하면 누구에게나 기회가 열린 사회를 만들 수 있다. 그래서 기회의 문을 만들고 선용하는 것이 우리 모두의 자유의지에 달려 있다.

우리 내면의
양면성

萬物如泡 意如野馬
만 물 여 포 의 여 야 마
물거품과 같은 만물, 아지랑이 같은 마음.

니르바나는 긍정 이상의 정신세계이다.《법구경》은 니르바나를 이렇게 설명해준다. "가장 큰 괴로움은 혼미이며, 가장 큰 병은 굶주림이다. 이를 분명히 아는 것이 니르바나의 가장 큰 평화이다. 친구의 제일은 신뢰요, 가장 큰 재산은 만족을 아는 것이다. 그러면 제일의 즐거움은 무엇이냐? 바로 니르바나이다."

사람은 누구든지 부정의 사람이 될 가능성과 긍정의 사람이 될 가능성이 있다. 부정의 힘으로 긍정의 힘을 몰아낼 수는 없지만 즐거움의 힘으로 부정의 그림자를 완전히 걷어낼 수 있다. 앞에서 본 랠프 번치는 누구보다 부정적 환경에 둘러싸여 자랐지만 1948년, 이스라엘 정부 수립 직후 일어난 중동전쟁을 평화 협상으로 종식시켰다. 그의 말이다.

"세상에 전쟁을 원하는 국민은 없다. 전쟁을 즐기는 지도자들이 있을 뿐이다. 나는 언제 끝날지 모르는 협상에서도 희망을 버리지 않았다. 나도 잘 안다. 내가 한없는 낙관주의자라는 것을……'

이와 같은 마음가짐을 가지고 산다면 아무리 가혹한 운명에서도 축복의 꽃다발을 안을 수 있다.

정성이 담겨야
보시다

應無所住 而生其心
응 무 소 주 이 생 기 심
어디에 있어도 집착하지 말고 본디 마음을 내어라.

어느 나라에 일평생 남의 집에서 종살이만 하다가 늙은 노파가 있었다. 자신의 신세가 한스러워 우물 앞에 앉아 서럽게 울고 있는데, 마침 길 가던 카타야나 존자가 보고 다가갔다.

"할머니, 무슨 설움이 많으셔서 그리 우십니까?"

"젊은 주인이 이 늙은이에게 부지런히 물을 길러오지 않는다고 욕하며 야단쳤소. 늙고 의지할 데 없는 내 신세가 서러워 울고 있소."

"할머니 식사는 잘 하십니까?"

"존자님, 그렇지 않습니다. 주인 식구들이 먹고 남은 음식을 조금 주워 먹을 뿐 항상 배가 고프다오."

존자는 문득 홀로 남겨두고 온 어머니 생각에 갑자가 목이 매어왔다.

"할머니, 그 가난을 팔아버리세요."

"아니, 가난도 사고팔 수 있나요?"

"그럼요, 제가 할머니의 가난을 사드릴게요."

"존자님, 제발 가난을 파는 방법을 가르쳐주세요."

"할머니 그러시면 제가 하라는 대로 하셔야 합니다."

할머니가 고개를 끄덕이자 존자가 자상하게 설명해주었다.

"제게 물 한 그릇만 주실 수 있나요?"

"그 정도야 얼마든지 드리죠."

할머니가 항아리에서 물 한 그릇을 떠주자 존자가 마시더니 고맙다고 인사하며 말했다.

"복 짓는 보시는 금, 은, 동의 보배로만 하는 것이 아닙니다. 할머니께서 지금 저에게 물 한 그릇을 주셨듯이 정성을 담아 남에게 베풀면 그보다 값진 보시는 없습니다. 지극한 맘으로 남을 대하는 것이 가난을 파는 일입니다."

그때서야 말뜻을 알아들은 할머니는 존자에게 합장하고 그대로 수행했다. 그리고 할머니의 남은 여생에 점차 평안이 찾아왔고, 임종할 때도 환한 얼굴이었다.

6월 12일

본질을
꿰뚫으라

不住於相
_{부 주 어 상}

눈에 보이는 상에 머물지 마라.

《능엄경》에는 다음과 같은 연야달다演若達多의 이야기가 나온다. 워낙 잘생긴 연야달다는 매일 거울 속 자기 얼굴을 들여다보며 살았다. 어느 날 거울이 사라지자 거울 속 자신의 얼굴은 어디 갔느냐며 자신의 머리를 찾아다녔다. 정신없이 거리를 헤매고 다니는 연야달다에게 한 사람이 일러주었다. "자네 머리는 자네 몸에 잘 붙어 있네." 연야달다는 그제서야 문득 자신의 머리는 늘 자신에게 붙어 있었다는 사실을 알고 안정되어 더 이상 머리를 찾아 헤매지 않았다.

거울 속의 허상을 찾아다니던 연야달다처럼 오늘도 수많은 중생이 세상을 쫓아 바깥으로 달려나가고 있다.

외형을 뚫고 본질을 보아야 사물의 참가치를 알 수 있다. 대상의 본질을 볼 때 자신에게도 덧씌워진 허상이 벗겨지며 참나를 찾는다. 나의 본질을 발견하면 그 시점부터 대상의 본질도 보인다. 언제나 참나는 내 경험보다 내 욕망보다 더 본질적이며 위대하다. 우리의 생각이 자신의 경험과 욕망에 좌우되지 않으면 이처럼 기본적이고 위대한 참나를 문득 자각하게 된다.

자신의
본래 모습을 찾으라

南西北方四維上下虛空 可思量不
남 서 북 방 사 유 상 하 허 공   가 사 량 부
남·서·북과 사방, 아래 위 허공을 헤아릴 수 없다.

하루는 중국 숭산에 머물며 수행하는 남악회양南岳懷讓이 선종 제6조 혜능慧能을 찾아왔다.

"대체 그대는 어디서 왔는고?"

"숭산입니다."

"무엇이 이렇게 왔는고?"

혜능의 이 질문에 수행자는 말문이 막히고 말았다. 지금껏 자신이 무엇인지도 모르고 살아왔던 모습이 드러나자 아무 대답도 못하고 바보처럼 땀만 뻘뻘 흘리다 돌아갔다.

그 후 수행자는 산속으로 더 깊이 들어가 오로지 '이 뭣고(시심마是甚麼)'를 화두로 삼고 수행에 정진했다. 드디어 3년 만에 사자후를 토했다.

"설령 한 물건이라 해도 맞지 않다."

최석두, 김갑동, 조용기 등의 이름이 곧 그 사람의 실체가 될 수 없다. 이름, 문자, 경전에 얽매이면 실체를 직시하지 못한다. 따라서 여래는 걱정하는 것조차 인생을 사는 재미로 받아들인다.

진리는
자신 안에 있다

去離憂患 脫於一切
거 리 우 환 탈 어 일 체
온갖 근심 걱정 버리고 여타 모든 것에서도 벗어나라.

태자 시절 붓다는 높은 자리도 본래의 자기에게 일시적으로 찾아온 것에 불과함을 일찍이 깨달았다. 즉, 태자가 본래의 자기 자리가 아니므로 그런 자리에 집착할 필요가 없음을 알았다. 왕자의 자리에 집착해서 왕이 된다 해도 언젠가는 왕 자리도 내놓고 결국은 본래의 나로 돌아갈 것이다. 이런 회귀의 과정이 길면 길수록 생의 번뇌도 더욱 깊어진다.

인간의 존재 전체가 지금 현존하고 있는 상태가 '타타타'이다.

현존하는 상태 그대로를 간직할 때 욕망이나 증오심 없이 어떤 일을 경험할 수 있다. 두상안두頭上安頭라는 말과 같이 머리 위에 또 머리를 포개어 두는 사람이 많다. 이들은 이미 자신이 부처인데 다른 부처를 찾고, 자신이 기쁨인데 다른 기쁨을 찾아 헤매고 다닌다.

본래 자신의 모습으로 살 때 '명목상의 행복'에 현혹당하지 않는다. 본래의 자신을 찾지 못했기 때문에 행복을 찾아 있지도 않는 귀신이나 도깨비, 전능한 하나님을 쫓아다닌다. 일상을 버리고 당당한 자신을 버리고 밖으로 찾아 헤매는 사람들에 대해 임제 선사는 "모두 염라대왕 앞에 가 뜨거운 쇳덩이를 삼킬 사람들"이라고 일갈했다.

6월 15일

자중자애의
미덕

조선 선비는 '자중자애自重自愛'를 최고의 미덕으로 여겼다. 몸가짐을 삼가고 예의바르게 하는 '자중'이 유교의 영향이라면, '자애'는 삼국 시대부터 조선에 내려온 불교의 영향이다.

자애는 팔리어로 '매따metta'이다. 기독교식 용어로는 자연 은총에 해당한다.

비는 선한 사람과 악한 사람을 가리지 않고 내리고, 태양도 선악을 가리지 않고 모두에게 비춘다. 아무도 차별하지 않고 그저 이 땅 저 땅에 비가 내린다. 그렇듯이 자애란 나를 내 모습 그대로 사랑하고, 내 모든 것을 그대로 감싸 주는 것이다.

내 마음에 드는 부분 또는 다른 사람이 인정해주는 곳만 좋아하는 것이 아니라, 내게 붙어 있는 모든 것, 내가 걸어 온 모든 자취를 가치 판단하지 않고 감싸 안는다. 이렇게 되면 자신을 바라보는 자신의 시각은 극적으로 바뀐다.

내게 좋은 것과 싫은 모든 것보다 더 큰 본래의 나를 발견하고, 그 본래의 나가 희로애락에 얽매인 자신에게 한없는 융통성을 찾아준다. 이때 우리는 나 자신이 예전에 생각했던 것보다 훨씬 자애롭고 깊고 넓으며 좋은 면이 무궁함을 깨닫는다. 이때부터 사물의 겉모습이 아니라 본질을 볼 수 있다.

천상천하유아독존의 참의미

是諸衆生 得如是無量福德
시 제 중 생 　 득 여 시 무 량 복 덕
모든 중생이 이렇게 한없는 복덕을 얻느니라.

붓다는 마야부인의 오른쪽 옆구리에서 태어나면서 "천상천하유아독존天上天下唯我獨尊"이라 외치며 즉행칠보卽行七寶를 했다. 이 탄생설화는 사방천지에 산재한 모든 인간의 존엄성을 회복한다는 의미이다.

아기 붓다가 개인 존재의 절대적 존엄성을 외치며 동서남북상하의 육방六方을 향해 사기 일곱 걸음을 걸었을 때 그 발자국마다 연꽃이 피어났다.

인도에는 네 계급이 있다. 그중 사제계급인 브라만은 신의 입에서, 왕족인 크샤트리아는 신의 옆구리에서, 평민인 바이샤는 신의 입에서, 노예인 수드라는 신의 발바닥에서 탄생한다고 했다. 붓다가 오른쪽 옆구리에서 태어났다는 것은 붓다가 왕족이라는 뜻이다. 그 붓다가 왕족은 물론 평민, 노예들에게까지 이렇게 말했다.

"어서 오라. 나의 벗들이여."

그리고 각계각층의 사람들이 나아오자 노래했다.

"예속되는 모든 것이 고통이니라. 자기 스스로 주인 되는 것이야말로 참즐거움이니라."

붓다의 깨달음과 열반을 노래한《자설경》에 나온 내용이다.

인간과 미물이
똑같이 귀하다

萬法歸一 一歸何處
만 법 귀 일   일 귀 하 처
만 가지가 마침내 하나로 돌아가거늘 하나는 어디로 가고 있는가.

아기 붓다는 태어나자마자 왜 일곱 발자국을 걸었을까? 인도에는 육
도六道사상이 있다. 육도는 지옥, 아귀, 축생, 인간, 수라, 천상이다. 이 육
도의 수레바퀴를 돌고 도는 것이 인생이다. 사람이나 혹 가축으로 태어
나도 육도를 벗어날 수 없다. 붓다는 이 육도에서 한 걸음 더 나아가 칠
보를 걸었다. 육도의 윤회를 끊고 해탈하였다는 뜻이다.

또한 아기 붓다의 천상천하유아독존의 선언은 당시의 계급사회에 대
한 무의미의 선언이요, 모든 인간의 평등선언이다. 인권사상의 효시를
붓다가 연 것이다. 그리고 여기서 더 확장되었다. 그것이 육도의 수레바
퀴이다. 인간의 생명뿐 아니라 삼라만상이 다 평등하다.

이는 지금도 혁명적 발상이다. 신의 창조를 믿는 서구 종교는 인간이
창조물의 영광이라고 한다.

인간을 위해서라면 산도 깎고, 강도 시멘트로 바른다. 이미 인간이라
는 개체는 자연이 감당할 수효를 넘어섰다. 자연은 한 개체가 지나치게
급증하면 그 개체를 절멸시킨다. 인간이 우선적으로 소중하기는 해도
실상은 인간과 미물 하나까지도 동등하게 귀하다. 이것이 바로 육도사
상이다.

나를 사랑하듯
남을 사랑하라

外不取凡聖
외 불 취 범 성

범인과 성인을 차별하지 마라.

　서구에서 탄생한 절대 신은 자기만이 존엄하고 그 밖의 인간들을 피조물로 초라한 죄인이라고 한다. 그 죄인 중 일부를 선택해 구원해준다. 이것이 선민사상이다. 종교 교리 중 선택과 유기遺棄는 가장 사악하다. 여기서 대부분의 종교전쟁이 비롯되었다. 그러나 붓다는 자신과 중생 모두가 원만하고 밝은 지혜를 본래 지니고 있는 존재라고 거듭 일깨우며 중생 모두에게 격려를 보낸다. 붓다가 말한 자기 존중은 사람으로 태어나 본디 깨달음의 가능성을 안고 사는 자신을 존중한 것이다. 참나에 대한 존중은 누가 가르치지 않아도 타인에 대한 진지한 존중으로 이어진다. 자기를 존중할 줄 아는 사람이 타인도 존중할 줄 안다.

　모든 사람 안에는 깨달음의 가능성인 불성佛性이 있다.

　그러나 우리는 본래의 자기로 살기보다는 사회적 신분에 의해 살려고 한다. 무슨 사장, 과장, 팀장, 이사장으로 불리기를 좋아한다. 또 그런 호칭이 필요한 업무관계에서는 어쩔 수 없다 해도 일상생활에서는 계급장을 떼어놓는 만큼 본래 자기 모습에 가까이 갈 수 있다. 자기의 이름도 본래의 자기는 아니다. 이름 뒤에 붙은 사회적 호칭보다는 본래적 자기에 더 가깝다고 할 수 있다. 붓다는 이미 현대 경영학계에서 중시되는 가치경영, 고객 감동을 실현한 분이다.

6월 19일

진정한
존중이란?

我有一卷經 不因紙墨成 展開無一字 常放大光明
아 유 일 권 경　불 인 지 묵 성　전 개 무 일 자　상 방 대 광 명
내게 한 경전이 있으니 종이와 먹으로 쓴 것이 아니라
펴봐야 한 글자도 없지만 항시 온 누리를 환히 밝히네.

　붓다는 자기의 존엄성만큼이나 다른 사람의 존엄성을 인정했고, 모든 사람이 다 부처가 될 수 있고, 또 그들을 부처처럼 대해야 한다고 했다.

　붓다가 지금 비즈니스 강의를 한다면 이렇게 말할 것이다.

　"고객의 니드를 채워주고, 고객의 가치를 창조하며, 고객의 행복을 위해 비즈니스를 해라. 고객이 곧 부처이니라."

　붓다의 이념을 마케팅화시킨다면 고객존중이다.

　그런데 붓다의 고객존중은 고객의 오감이나 욕망을 눈가림식으로 만족시켜 주는 것이 아니라, 고객 그 본래의 모습으로 살도록 조장하고 도와주는 것이다.

　자기 집 뒤뜰에 진금장眞金藏이 묻혀 있는 줄도 모르고 구걸하러 다닌 아낙네가 있었다. 이 아낙네의 시아버지가 한때 높은 벼슬을 지낸 사람으로 모함을 받아 낙향해 살면서 가세가 기울었다. 이 집안의 내력을 잘 아는 한 도인이 아낙네에게 뒤뜰을 파보게 했다. 붓다가 이 예화를 들어 설법했다.

　"그대들 집에 진금장이 묻혀 있거늘 어찌 당당하지 못하고 곤고困苦해하는가?"

6월 20일

연화색녀의
기구한 사연

去住自由
거 주 자 유
떠나가든 머물든 상관없이 자유로워라.

붓다가 살아 있을 때 연화색녀蓮花色女라는 비구니가 있었다. 그녀가 비구니가 된 데는 기구한 사연이 있었다. 그녀는 왕사성의 부잣집 딸로 태어났고 매우 아름다웠다. 결혼하고 딸을 낳고 살던 중 친정아버지가 돌아가시자 친정어머니를 모시고 살았다.

어느 날 남편이 어머니와 정을 나누는 것을 보고 집을 뛰쳐나와 먼 다른 도시로 갔다. 예쁜 연화색녀를 어느 돈 많은 부자가 데려가 아내로 삼았다. 둘은 행복하게 살다가 남편이 먼 도시에 장사를 하러 떠났다.

그러던 어느 날 남편이 돌아와 도둑맞았다며 집의 돈을 챙겨서 떠났다. 남편의 친구가 찾아와 연화색녀에게 권했다.

"당신 남편도 젊은 여자와 바람이 났다. 당신도 나와 즐기자."

연화색녀는 이 남자의 수작을 거절했다. 얼마 후 돌아온 남편에게 사실을 묻자 남편 친구의 말이 사실로 확인되었다.

첫 번째 남편은 친정어머니와 부적절한 관계를 맺더니 두 번째 남편은 집의 돈까지 훔쳐가며 바람을 피웠다. 그래도 연화색녀는 꿋꿋하게 생을 살아나갔다.

거부가 된
연화색녀

入水不朽 入火不燒
입 수 불 후   입 화 불 소
물속에 들어가도 썩지 않고 불속에 들어가도 타지 않는다.

연화색녀는 두 번째 남편이 외지에서 장사하며 첩을 얻었다고 하자 의외의 반응을 보였다. "나 혼자 살기 외로운데 잘 되었다. 그녀를 집에 데려와 같이 살자." 남편이 데려온 젊은 첩을 보더니 동생처럼 대하고 잘 지냈다.

두 사람은 점차 서로 내력을 이야기하다가 깜짝 놀랐다. 새로 들어온 첩이 연화색녀가 첫 번째 남편과 왕사성에서 낳은 딸이었다. 기기 막힌 연화색녀는 아무 말도 남기지 않고 또 집을 나왔다.

지난번에는 어머니와, 이번에는 친딸과 남자를 두고 본의 아니게 연적의 관계가 되고 말았다. 기구한 자신의 운명을 세상 남자들 탓으로 돌리고 세상의 모든 남자에게 복수하겠다고 다짐했다.

연화색녀는 기생이 되었다. 작심한 탓인지 남자들의 애간장을 태우며 다루는 솜씨가 뛰어났다. 왕자, 부자 할 것 없이 연화색녀를 만나러 모여들었다. 만나는 사람마다 아름다운 연화색녀의 교태에 가진 돈을 탕진했다. 머지않아 연화색녀는 유녀가 500명이나 되는 기생집의 주인이 되었고, 큰 부자가 되었다.

6월 22일

붓다마저 유혹하는
연화색녀

瞋斷臥安 恚滅婬憂
진 단 와 안   에 . 멸 음 우
분노를 끊고 편안히 쉬라. 분연히 음욕의 근심을 멸하라.

연화색녀가 천하 최고의 기생집을 경영하는 마을에 붓다가 왔다. 이 교도들은 연화색녀를 시켜 붓다를 유혹하기로 했다. 이교도들에게 유혹의 대가로 거액을 받은 연화색녀는 유녀 500명을 거느리고 성에서 탁발을 마치고 돌아오는 붓다를 길목에서 만났다.

"붓다여, 당신은 일체의 중생을 감복시킨다고 하는데 나도 일체의 남성을 감복시키는 힘이 있소. 사람들을 다스리는 힘이 당신의 해탈에서 나왔다면 나도 해탈했소. 나와 내 제자들로 남자를 다스리지요."

붓다의 눈을 응시하며 말하는 연화색녀를 무심히 바라보며 붓다가 입을 열었다.

"여인이여, 네 본래의 눈을 떠라. 그대는 지금 복수심에 불타고 있다. 수많은 남자를 정복했다고 생각하는데, 수많은 여인에게 그대가 옛날에 당한 고통을 안겨주고 있다. 여인이여, 원한으로 원한을 없앨 수는 없다."

붓다의 말을 들은 연화색녀는 붓다 앞에 무릎을 꿇고 구원해달라고 간청했다. 붓다는 그녀의 출가를 허락했고, 그녀를 따르던 유녀 500명도 동시에 출가했다. 연화색녀는 제자 중 가장 신통이 뛰어난 비구니가 되었다.

좋은 리더의
다섯 가지 조건

有力近兵 無力近軟
유 력 근 병 무 력 근 연
힘이 있으면 거칠어지고 약하면 부드러워진다.

한 사람이 위대해지기 위해서는 여러 사람의 협력이 필요하다. 유능한 리더도 혼자만 잘났다고 되는 것이 아니다. 더불어 일하는 사람들의 장점을 모아야 전체적 균형을 이루며 최고의 성과를 낸다. 그런데도 사람은 누구나 권력이 생기면 달라진다. 권력의 크기는 다른 사람들에게 영향력을 미치는 정도를 말한다.

권력의 크기에 비례해 공감능력과 조망능력이 저하한다. 타인의 감정과 남의 입장에서 세상을 바라보는 능력이 떨어질수록 세상의 흐름과 유리된 행동을 하게 된다. 《장부경전》에 주인이 일꾼들을 잘 다스릴 수 있는 원칙 다섯 가지가 나와 있다.

첫 번째 일꾼들이 감당할 수 있는 일을 맡기고, 두 번째 일꾼들에게 돈과 음식을 주고, 세 번째 아플 때 도와주며 첫째 이익을 함께 나누고, 다섯 번째 적당한 때 독립하도록 보장해준다.

이 다섯 원칙을 이렇게 정리할 수 있다. 좋은 리더는 직원과 공감하며 그 입장에서 바라볼 줄 알고, 충분히 재능을 구현하도록 돕고, 차츰 독립하도록 길을 열어준다.

집착이 강할수록
그것의 노예가 된다

應無所住而生其心
응 무 소 주 이 생 기 심
응당 어디에도 집착하는 곳 없이 그 마음을 내어라.

사람마다 장소, 경험, 음식, 스타일, 취미 등 모든 분야에서 선호하는 취향이 다르다. 우선순위가 높은 것일수록, 즉 애착이 강한 것일수록 그것에 대해 약해진다. 그래서 사랑하는 사람 사이에 항시 더 사랑하는 사람이 약자이다. 자식 이기는 부모 없듯 애지중지 여기는 것 앞에서 약해지지 않는 사람은 없다. 항시 자신이 제일 아끼는 것에 자유를 볼모로 잡힌다. 그래서 법을 배우는 사람은 모든 애착의 종자를 끊고 갈망을 떨쳐낸다.

사람마다 유달리 약한 분야가 있다. 또 자신의 약점을 잘 아는 사람도 있고, 다른 사람은 다 아는데 정작 본인만 본인의 약점을 모르는 사람도 있다. 먼저 자신의 약점이 무엇인지 알아야 한다.

고난이나 시련은 바로 약점을 명징하게 드러내주는 기회이다. 그런 어려움을 몇 번 당해보면 내가 쉽게 시련에 드는 상황을 더 명확히 구분할 수 있게 된다.

혜능 선사는 청년 시절 주막에서 한 과객이 읽은 《금강경》의 "응무소주이생기심"을 듣고 자신의 약점인 분리불안증을 싹둑 잘라내었다.

지금 시작하는 것이
가장 빠른 것이다

意常覺寤 明暮勤學
의 상 각 오 　 명 모 근 학
언제나 뜻을 세우고 꾸준히 익힌다.

모든 사람은 어떤 분야의 가능성을 가지고 있다. 그 가능성을 강점으로 전환하는 것이 학습이며 기회이다.

어릴 적부터 자기 재능을 일찍 깨닫는 사람도 있고, 성인이 된 후에 발견하는 사람도 많다. 롱펠로는 첫 아내는 조산 중 잃고, 둘째 아내는 화재로 잃었으나 평생 인생찬가를 노래했다. 다음은 그의 시 중 '결코 늦지 않다Never Too Late'이다.

"오 인생에 늦은 것이란 없다오. 카토는 여든 나이에 헬라어를 익혔고, 소포클레스도 그 나이에 위대한 명작 오이디푸스를 썼다오…… 괴테는 팔십이 지나 파우스트를 완성했소.

연륜은 젊음 못지않게 또 다른 새 옷으로 갈아입는 기회라네. 황혼이 찬찬히 사라지면 낮에 볼 수 없던 별들로 하늘이 눈부시지. 결코 늦지 않았으니 바로 지금 그 일을 시작하도록."

재능을 일찍 발견하면 더 많은 열매를 맺겠지만, 뒤늦게 발견해도 그만큼 가치가 있다. 다른 분야를 충분히 섭렵하고 다른 인생도 살아보았기에 자신의 재능을 더 현란하게 꽃피울 수 있기 때문이다.

고요한 통찰에서
지혜가 생겨난다

欲常勝者 於言宜默
욕 상 승 자 어 언 의 묵
늘 이기고자 하면 매사에 마땅히 말을 아껴라.

    사람의 승패는 늘 반복된다. 한두 번 졌다고 호들갑을 떨 일이 아니다. 야구 타자가 3할대면 우수선수이다. 그들도 일곱 개는 흘려보내거나 놓친다. 인생도 마찬가지다.

    현대사회는 조직사회이다. 지구촌이라는 국제적 연대 아래 국가라는 조직의 울타리가 있고, 기업, 단체, 각종 학교, 가족들이 있다. 이들 조직들이 헌법과 법, 규범과 전통, 문화 등의 룰을 가지고 있다.

    조직을 떠나 살 수 없는 현대인들에게 필요한 자질은 조직과 조직, 조직과 개인, 개인과 개인의 관계를 잘 조절해가는 것이다. 그런 조율의 능력을 기르기 위해 보리달마菩提達磨는 "조용히 지켜보라. 그래야 모든 현상을 거두어들인다"고 했다.

    사물의 실상, 내면의 흐름을 고요히 지켜보면 내가 보이고 네가 보인다. 지식은 학습에서 오고, 지혜는 '고요한 통찰'에서 온다. 이것이 명상이다. 물론 명상은 남을 분간하려는 목적이 아니고 생각의 흐름을 그냥 지켜보는 것이다. 차츰 번잡한 생각이 다 흘러가고 텅 빈 고요함을 누린다. 바로 여기서 의도하지 않았지만 자신과 상대의 본질을 볼 수 있는 지혜가 나온다.

말의 힘

言善得譽
언 선 득 예
선한 말은 칭찬을 받는다.

붓다는 침묵이 제일이라 하지 않고 뜻을 단속하기 위해 말을 삼가고 그 대신 바다를 채우는 강물과 같이 지혜로운 말을 하라고 했다. 광풍이 이를 날려버리듯 헛된 상념에서 나오는 말들이 평온한 일상을 깨트린다.

권위 있는 사람의 말 한마디는 종교의 경전만큼 힘이 있다. 어떻게 말해주느냐에 따라 사다리가 되어 구름을 뚫고 올라가거나, 유리 천장이 되어 자기 한계를 설정해 포기하게 만든다.

미국에서 태어나 영국 왕실의 화가를 지낸 벤저민 웨스트의 어릴 적 이야기이다. 어머니가 잠시 외출한 사이 누나의 그림물감을 꺼내 누나의 초상화를 그린다며 온 방에 색칠을 해놓았다. 외출에서 돌아온 어머니는 사방 벽은 물론 자기 옷까지 얼룩덜룩 색칠한 벤저민을 보고 크게 놀랐다. 잠시 아무 말도 않던 어머니는 벤저민을 끌어안고 입을 맞췄다.

"우리 아들, 그림 참 잘 그리는구나, 정말 대단하다."

크게 혼날 줄만 알았던 벤저민은 어머니의 따뜻한 말 한 마디에 그때부터 화가가 되겠다고 결심했다.

인간의
성품 유형

身寄娑婆 心寄極樂
신 기 사 바 심 기 극 락
몸은 비록 사바세계에 머무르나 이내 마음은 극락이로다.

　자기 목표를 성취한 사람들은 차근차근 하나씩 제일 중요한 일에 자신의 강점을 집중한다. 사람이 지닌 강점은 기능과 성품 두 측면으로 나눈다. 기능적인 것들은 점차 컴퓨터가 대체해가나 성품은 대체가 불가능하다. 기능적인 강점은 쉽게 판명되기 때문에 성품 측면에서의 강점만 알면 된다. 규범형 vs 성취형, 신중형 vs 추진형, 자기 확신형 vs 직응형, 연구형 vs 학습형이 있다.

　규범적인 강점을 지닌 사람은 예측 가능한 세계를 좋아한다. 예측 불가능한 상황에 불안해하며 집중하지 못한다. 반면, 성취형의 사람은 통제된 상황보다 오직 목적을 향해 자유로운 상황 속에서 일하기를 바란다.

　신중형은 주어진 통제보다는 자신이 계획을 세워 상황을 통제한다. 예측 가능한 상황에서도 세상이란 결코 안전한 곳이 아니라고 생각한다. 자신을 절제하고 조심하면서 돌다리도 두드려보고 건너듯이 매사에 심사숙고한다. 추진형은 행동이 없는 생각은 아무 의미가 없다고 본다. 오직 행동만이 결과를 만든다. 행동하면서 배우고 실수하더라도 행동하면서 목표 지점을 향해 나아간다. 추진형을 돌파형이라고도 한다.

버려야 할
네 가지 허상

有我相人相衆生相壽者相 卽非菩薩
유 아 상 인 상 중 생 상 수 자 상   즉 비 보 살
아상이나 인상, 중생상, 수자상을 가지고 있으면 보살이 아니다.

상相은 우리 내부에 자리 잡고 있는 고정된 이미지이다. 상에는 네 가지가 있다. 먼저 아상我相인데 자만심自慢心이다. 자만심의 근본은 본디 없다. 내가 생각하는 나의 자존감을 건드리면 아무리 친한 사람도 참지 못한다. 두 번째가 인상人相이다. 내가 본 나의 이미지인 아상과 달리 내가 다른 사람에게 갖는 이미지이다. 인종 편견, 지역감정, 신분 차별 등이 여기에 속한다. 자신과 다른 종교나 신념을 가진 이들에 대해 배타적이면서도 자신이 호감을 가지고 있는 대상에 대해 무한 호감을 갖는 이중성이 있다. 세 번째, 중생상衆生相은 나는 죄인이다, 나는 못난이라는 등의 열등의식이다. 나는 가난하다, 스펙이 부족하다, 가문이 안 좋다, 외모가 떨어진다 등의 열등감은 자기가 만든 덫이다. 우리 안에 불성이 있음을 알기만 하면 이 덫은 사라진다. 겉 포장에 상관없이 우리 속은 고스란히 부처이다.

마지막으로 수자상壽者相이다. 사람을 발달단계에 따라 구분하는 것이다. 아동기니 청년기니 성인기니 노년기라 해서 그 특성을 이해하는 것은 좋지만 나이의 범주 안에 묶어두는 것은 피해야 한다. 나이를 지나치게 의식하면 참나를 이해하는 데 큰 장애障碍가 된다.

이 네 가지 상은 당장 버려야 한다.

세상 모든 것에 대해
있는 그대로의 다름을 인정하라

一體賢聖 皆以無爲法 而有差別
일 체 현 성　개 이 무 위 법　이 유 차 별
일체 성인은 무위법으로 차별을 이룬다.

《금강경》에 무위법無爲法이 있다. 무위법으로 차별한다는 의미는 모두를 평등하게 보되, 각자의 자연스러운 강점이 무엇인지 분별은 한다는 것이다.

무위로 사람을 대하면 본질적인 모습 그대로 대한다. 강한 자기 확신을 가진 사람은 언제나 불변하는 자기만의 가치를 가지고 있다. 이들의 성공은 돈이나 명예가 아니라 자기가 확신하는 가치에 따라 행동하며 사는 것이다. 반면 적응형은 가치나 미래가 아니라 현재를 중요시한다. 나름의 가치나 희망을 가지고는 있으나 순간적으로 필요한 일이 발생하면 기꺼이 가치나 희망을 접을 수 있다.

학습형은 배워가는 프로세스를 즐긴다. 새로운 것을 아는 것에 짜릿한 매력을 느낀다. 이들은 업무의 테마가 새롭게 자주 바뀌는 일에 강점이 있다.

연구형은 학습하기보다 자기 속에서 무엇을 끄집어내어 작품을 만들기를 좋아한다. 주변의 온갖 것을 다 수집하여 자신의 아이디어로 연결하고 재배합하여 유용한 상품을 만들어낸다.

50억 인류의 모습이 제각각이듯이 사람의 강점도 제각각이다. 지혜로운 사람은 상대의 강점에 비추어 그에 맞게 대한다.

법구경

게으른 무리 중에서 부지런하고
잠든 사람 가운데 깨어 있는 지혜로운 자는
빨리 뛰는 말이 느린 말을 앞지르듯이
앞으로 나아간다.

– 법구경 제2장 29

7월

중용이 이끄는
아름다운 삶

7월 1일

진실이 결여된 성공은 신기루와 같다

縛結已解 冷而無暖
박 결 이 해　 냉 이 무 난
모든 얽매인 것을 떨쳐버리니 흔들림이 없다.

우리는 "아이디어는 좋은데 현실성이 없다"는 말을 흔히 듣는다. 좋은 아이디어는 분명히 실행 가능성에 있고, 또한 실행과정의 진정성이 아이디어의 생명을 지켜준다.

스페인에 자칭 대가라는 화가가 있었다. 그는 정성을 다해 투우장에서 〈싸우는 소〉의 모습을 그렸다. 보는 사람들이 소가 마치 움직이는 것 같다고 찬탄했다.

화가도 이 그림을 사실적으로 그리기 위해 투우장에 1년가량을 앉아 있었다고 했다. 명성을 떨치며 유명 갤러리에 초대받아 〈싸우는 소〉 그림을 전시했다. 투우사들이 몰려와 관람하더니 모두 손뼉을 치며 웃어댔다.

화가가 달려가 이유를 묻자 투우사 중 한 사람이 대답했다.

"소는 싸울 때 꼬리를 올리지 않습니다. 그런데 여기 그림에 나오는 두 마리 소는 모두 꼬리를 쳐들고 싸우고 있어요. 하하하."

화가가 싸우는 소를 그리려는 아이디어는 참신하다. 그 후에 소가 싸우는 생태를 알아보았어야 한다. 투우 장면을 보지 않고 본 것처럼 그려놓고 유명인사까지 되었으나 투우선수들에게 거짓그림으로 들통 나고 말았다. 진정성이 결여된 성공은 모래 위에 세운 탑과 같다.

7월 2일

진정 큰 것은
보이지 않는다

如大器者 直要不受人惑
여 대 기 자　직 요 불 수 인 혹
그릇이 큰 사람은 다른 사람에게 속지 않는다.

하늘에서 아무리 많은 비가 내려도 각각 제 그릇만큼만 담는다. 정말 큰 그릇은 그 크기를 드러내지 않는다. 그러니 속을 일도 없다.

무심한 바다에 온갖 물이 모여들고 수만 가지 물고기가 논다. 바다의 이름은 간곳없고 고래, 상어 등의 이름만 남는다. 땅도 마찬가지다 온갖 나무가 다 자라지만 땅의 이름은 사라지고 나무의 이름만 남는다.

이것이 중도中道이고, 이보다 더 큰 그릇은 없다. 중도의 큰 그릇은 모든 것을 담고, 그 안에 담겨 있는 각자가 드러난다. 그러나 정작 그 모든 것을 담고 있는 본체는 잠행한다.

생긴 그대로, 쓰임새 그대로 쓰는 것이 무위의 용인술이다. 봄비가 내려 복숭아나무, 살구나무, 민들레가 꽃을 피운다.

봄비는 복숭아꽃이 더 마음에 든다고 비를 많이 내려 주고, 민들레는 마음에 안 든다고 비를 덜 내려 주지 않는다. 봄비는 차별 없이 비를 내린다.

그 비를 맞고 나무와 식물들이 지닌 모양대로 비를 받아 꽃을 피우고 열매를 맺는다. 이것이 붓다가 말하는 강점 중심의 무위의 경영이다.

꿈꾸는 자의 덕은
작은 실행

若萎萎隨隨地 則不得也
약 위 위 수 수 지 즉 부 득 야
아주 시들시들해져 땅에 퍼지듯 하면 아무것도 이룰 수 없다.

덴마크 부흥의 아버지 그룬투비는 제2차 세계대전 후 폐허가 된 동토의 땅에서 망연자실해 있는 국민에게 꿈을 심어주었다.

"한그루씩 나무를 심어 바다로부터 오는 찬바람을 막아 목초지를 만들자."

덴마크인들은 하루 감자 몇 개를 먹고 견디며 부흥의 꿈을 안고 잠자리에 들었다. 그리고 오늘날 세계 최고의 낙농국을 이루었다. 지금 덴마크 국민 93퍼센트 이상이 행복해한다. 사람은 꿈을 꾸는 존재이다. 잠잘 때 꿈을 꾸고 깨어 있을 때 비전을 꿈꾼다. 붓다도 깨달음이라는 꿈을 꾸었고, 포드는 자동차의 대중화라는 꿈을, 빌 게이츠는 모든 사람이 컴퓨터를 활용하는 꿈을 꾸었다.

20세기 최후의 르네상스 인이라 불리는 피터 드러커의 말이다.

"미래가 많이 남은 어린나이에 큰 꿈을 꾸고, 나이가 들며 점차 실현 가능한 꿈으로 구체화해야 한다."

생활의 덕德이 베풂과 인자함이라면, 꿈꾸는 자의 덕은 실행이다. 처음부터 크게 하려 기다리지만 말고 당장 작은 것부터 실행해야 한다.

머뭇거림은 삶에서 도태를
가져다줄 뿐이다

欲得如法 直須是大丈夫兒
욕 득 여 법　직 수 시 대 장 부 아
무엇을 성취하려면 반드시 대장부라야 된다.

대장부는 무모하지 않고 용기가 있다. 무모와 용기는 다르다. 무모한 사람은 나설 자리도 아니고 나설 일도 아닌데 덤벼든다. 용기 있는 대장부는 자신이 해야 할 일과 잘하는 일에 머뭇거림이 없다. 따라서 월권이나 직무유기를 하지 않는다.

철새들이 무더운 여름을 피해 북반구에 날아왔다가 가을이 되자 다시 남쪽 지방으로 떠나가기 시작했다. 철새들 중 한 마리가 아직 남아 있던 먹이에 탐이 났다. 수천 킬로미터를 고공비행하려면 영양 보충을 더 해야 한다며 혼자 남았다. 하루 이틀이 지나고 어느덧 가을이 깊어졌다.

"이제 가볼까, 하루만 더 있다 가자."

"오늘은 가야 되는데, 아직 따스한 햇볕이 좀 남아 있는데 조금만 더 있자."

그러다가 찬바람이 강해지며 첫눈이 내렸다. 더 이상 머물 수 없자 철새가 날개를 퍼덕이며 날고자 했으나 날 수가 없었다. 그동안 너무 잘 먹어 몸이 비대해진 것이다. 결국 철새는 얼어 죽었다.

이는 덴마크 철학자 키르케고르의 예화로, 머뭇거리는 습관을 끝내 고치지 못한 자들의 종말을 비유한 것이다.

정상에서도
더욱 정진하라

見諸相非相 卽見如來
견 제 상 비 상 즉 견 여 래
형상이 아님을 알고서야 곧 진리에 다다를 수 있다.

정당한 노력을 기울이지 않고 일확천금하려는 사람이 많다. 붓다는 결코 그런 허황된 꿈을 품지 않았다. 그가 출가한 직후 유명한 고행자 아라라 칼라마를 찾아갔다.

"당신을 스승으로 모시고 성스러운 생활을 하고 싶습니다."

칼라마는 붓다를 제자로 받아들여 마음의 작용이 정지되는 무상무념의 상태를 가르쳐 주었다. 얼마 되지 않아 붓다가 스승의 경지에 오르자 칼라마가 친구로 인정해 주며 권면했다.

"자네 같은 뛰어난 친구를 두게 되어 기쁘다네. 이미 나와 같은 경지에 이르렀으니 자네가 나를 대신해 내 교단을 이끌어 주게."

이 얼마나 좋은 기회인가. 붓다는 출가한 지 얼마 되지도 않아 당대 최고의 스승인 칼라마의 지위를 차지하고 그 교단의 대표가 될 수 있었다. 그러나 붓다는 그 자리에서 거절했다. 다른 사람이 이루어 놓은 업적에 승차하고 싶지도 않았고, 또한 무상무념의 상태보다 더 완벽한 니르바나에 이르고 싶어서였다. 붓다가 보기에 무상무념은 니르바나에 이르는 출발점에 불과했다. 그래서 정중히 사양하고 홀로 길을 떠났다.

7월 6일

정진에는
끝이 없다

獅子不作野干鳴
사 자 부 작 야 간 명

사자는 여우소리를 내지 않는다.

칼라마를 떠난 붓다는 웃다카 라마푸타를 찾아갔다. 웃다카는 붓다를 보자 즉시 제자로 받아들였다. 여기서 웃다카의 '비상비비상처非想非非想處'의 경지도 터득했다. 이는 사유를 초월해 순수의식만 남는 상태, 다시 말해 지각이 있으면서도 지각이 없음도 아닌 선정의 최고 단계이다. 여기에 붓다가 다다르자 스승이 기뻐하며 부탁했다. "자, 친구여 우리 무리를 이끌어 주게나."

또 거대 종단의 수장 자리를 제안받은 붓다는 이번에도 거절했다. "아직도 가야 할 길이 더 남았나이다."

붓다는 궁극적 비전의 성취를 위해 아직도 더 나아가야 함을 알았다. 그리하여 또 다른 스승을 찾아 길을 나섰다. 붓다는 사바세계를 밀림으로 보면 이곳의 제왕이어서 여우가 될 분이 아니었다.

오랜 인도전승에 사자와 여우이야기가 있다. 태어나자마자 어미를 잃은 사자 새끼 두 마리가 여우의 젖을 먹고 자랐다. 그중 한 마리는 여우를 떠나 밀림의 제왕이 되었고, 한 마리는 끝까지 사자를 여우로 알고 살았다.

7월 7일

작은 실천이 모여
큰 결과물을 만든다

以多羅尼無盡寶 莊嚴法界實寶殿
이 다 라 니 무 진 보   장 엄 법 계 실 보 전
부처의 진언이 온 세상을 보배로운 궁전으로 만드네.

붓다는 두 스승을 만나 그들의 가르침을 충분히 소화한 뒤 더 완전무결한 스승을 찾아 헤맸으나 만나지 못했다. 그러다가 문득 깨달았다.

"최고의 진리는 남에게 배우는 것이 아니라 내 안에서 발견된다."

자신이야말로 자기를 도울 수 있으며, 자기를 완성시키는 유일한 존재임을 자각했다. 우리 내면에 선성과 악성이 함께 있다. 밖에서 진리를 구하러 허덕일수록 내면의 선성은 계속 잠을 잔다. 내 속의 선성에 내가 물을 주고 보살피면 정신의 무릉도원에 이른다.

그 순간 붓다의 모든 것이 새로워졌다. 한없이 새로운 것을 찾아 헤매던 마음이 일시에 고요해지며 안착되었다. 도반道伴의 스승이나 큰 조직의 대표가 될 기회가 두 번씩이나 주어졌지만 안주하지 않았기 때문에 찾아온 선물이었다.

첫 스승에게 감각에 집착하지 않는 법을 배웠고, 두 번째 스승에게 의식에 집착하지 않는 법을 배웠다. 마지막으로 자기를 스승삼아 스스로를 조절하는 법을 터득했다.

붓다처럼 탁월한 인물도 단번에 비전을 이루려하지 않고 하나씩 하나씩 실행 가능한 것부터 완수해 나가며 어느덧 문득 깨달음에 도달한 것이다.

삶에서 중용을 유지하는 것이
성공으로 가는 지름길이다

天天地地何曾轉 水水山山各宛然
천 천 지 지 하 증 전   수 수 산 산 각 완 연
하늘은 하늘이고 땅은 땅이니 어찌 뒤바뀌리.
물은 물이며 산은 산으로 각기 숙연하도다.

붓다의 제자 중 한 사람인 소냐가 밤낮 수행했으나 별 효과가 없었다.
실망한 소냐가 스승을 쫓아왔다. 붓다는 안타깝게 바라보며 물었다.

"소냐야, 거문도를 잘 타느냐?"

"예, 즐겨 탑니다."

"그래 거문고 줄을 너무 조이고 타면 고운 소리가 나더냐?"

"아닙니다."

"그럼 줄을 느슨하게 풀어 놓고 타면?"

"소리가 죽습니다."

"그렇지 소냐야, 수행도 그와 같다. 고행이 너무 심하면 마음이 산란
해진다. 너무 여유로우면 게을러진다. 양극단을 피해야 하고 그 중간을
취하거라."

크게 깨달은 소냐는 드디어 자기 소원을 성취했다. 너무 강하지도 약
하지도 않게 거문고의 줄을 매는 것이 '조현지법調絃之法'이다. 직장이나
가정에서 이 방식이 필요하다. 너무 조이지도 말고, 너무 풀어 놓지도
말고, 중간적 긴장을 유지해야 최상의 성과를 이룰 수 있다.

함께 일할 수 없는
사람의 유형

蚌腹隱明珠 石中藏碧玉
방복은명주 석중장벽옥
조개 속에 숨은 진주가 있고, 돌멩이 속에 푸른 옥이 있다.

진주는 바닷가 조개 속에 있고, 옥은 산속 아래에 있다. 진주를 찾으러 산속으로, 옥을 발견하러 바다로 갈 수는 없다. 세상만사 돌아가는 원리는 같다.

'바른 기획'과 '의욕' 그리고 '실천'이다. 기획이 잘못되어 있으면 산속으로 조개진주를 찾으러 가는 격이다. 우선 계획을 바르게 하고 이를 이루려는 의욕이 불타야 실천할 수 있다.

누구든지 벗은 쉽게 될 수 있으나 어떤 일을 함께할 동역자는 다르다. 바른 기획을 내놓아도 냉소로 일관하는 사람, 의욕이 전무한 사람, 실천은 없이 일이 어려울 때 책임만 전가하는 사람들은 재미로 만날 수는 있지만 함께 일하기는 어렵다.

냉소 일관형, 의욕 전무형, 책임 전가형의 사람들이 조직을 허무는 작은 여우이다.

의욕 전무형인 경우 매사에 흥미가 없기에 누구와 부딪치지도 않고, 또 다른 사람이 아무리 화를 내도 무던하게 넘긴다. 습관적 책임 전가형도 자기 문제마저 구차한 변명으로 다른 사람에게 탓을 돌려 분란을 조장한다. 냉소 일관형은 항시 어두운 면만 본다. 물론 긍정 일관형의 경우도 조직에 해롭다. 또한 적당한 냉소가 조직에 참신함을 주지만, 냉소 일관형은 아예 의욕 상실을 불러온다.

유혹에 넘어가는 것은
내면에 욕망이 도사리기 때문이다

有麝自然香 何必當風立
유 사 자 연 향 하 필 당 풍 립
사향은 저절로 향기롭거늘 하필 바람 앞에 서겠느냐.

히말라야 산기슭에 닭의 나라가 있었다. 닭 왕은 진홍색 벼슬과 새하얀 깃털 옷을 입었다. 닭 왕은 수많은 닭을 모아놓고 항시 타일렀다.

"너희들은 여기를 떠나 멀리 가지 마라. 아랫마을에 사는 사람들이 너희를 잡아먹을 것이다. 또한 맹수들도 너희를 노린다. 스스로 주의하지 않으면 후회해도 소용없다."

당시 아랫마을에 살던 약삭빠른 암고양이 한 마리가 산기슭에 닭나라가 있다는 소문을 들었다. 흑심을 품고 산기슭을 찾아와 큰 나무에 머물던 닭 왕을 만났다.

"닭 왕님. 저는 당신의 아내가 되고 싶사옵니다. 당신은 머리에 타오르는 벼슬이 있고 몸은 우윳빛보다 희옵니다. 저와 결혼해 열락을 즐기옵소서."

닭 왕은 금세 암고양이의 흑심을 간파했다.

"네 작고 노란 눈으로 무엇을 잡아먹을까 노리는 줄을 다 안다. 너 같은 고양이 족속을 아내로 두고 어찌 내 생명을 지킬 수 있겠느냐."

암고양이는 목을 늘어뜨린 채 돌아가야만 했다. 이 우화의 닭 왕은 붓다이고, 고양이는 데바닷타이다. 데바닷타는 교단이 커지자 가로채려고 여러 차례 붓다에게 교단을 맡겨달라고 부탁했으나 거절당했다.

규모에 맞는 규율은
필요하다

夫如斯嘎之器 不堪貯醍醐
부 여 시 사 지 기 　불 감 지 제 호
깨진 그릇에 어찌 좋은 음식을 담을 수 있으리.

음식이 많아질수록 음식의 종류에 맞는 그릇을 다양하게 갖추어야
한다. 그릇은 조직이다. 붓다도 승단이 커가면서 의욕 전무형, 책임 전
가형, 지나친 냉소형의 사람들을 만났다.

데바닷타처럼 사악한 경우에 아예 승단에 접근하는 것 자체를 막았
다. 더불어 승난에 분위기를 해치는 사람들에 대비해 승잔법僧殘法을 만
들었다. 불자는 칠중七衆―비구比丘, 비구니比丘尼, 식차마나니式叉摩那尼,
사미沙彌, 사미니沙彌尼, 우바새優婆塞, 우바이優婆夷―으로 구성된다.

이중 승단의 핵심 인재로 이부중二部衆인 비구, 비구니를 중요하게 여
겼다. 따라서 승단의 미래인 비구와 비구니의 강점을 긍정적으로 활용
하기 위한 사문법沙門法도 제정했다.

사문법은 덕성을 갖추기 위한 법이라 하여 구족계라고도 하며, 비구
250계, 비구니 348계로 되어 있다. 계율 중에 중죄를 다루는 법이 바라
이波羅夷이다. 바라이는 극악極惡, 단두斷頭로 번역한다. 사바리이는 사음
邪淫, 살생殺生, 도盜, 망어妄語이다. 이 법을 위반하면 승단에서 쫓겨나고
승려로서의 자격을 상실한다.

기회를 주는
미덕

大喝一聲 更無別疑
대 갈 일 성 갱 무 별 의
한소리 크게 외치나 별다른 뜻이 없다.

바라이 죄 다음이 승잔僧殘이며, 승가 화합을 깨거나 음욕에 관련된 죄이다. 승잔은 승단에는 남아있되 대중에게 참회하고 허락을 받고 구출될 수 있다. 이 죄를 지은 자가 반성하는 동안 승가 대중은 묵빈대처默賓對處로 일관한다.

이 기간을 마나타摩那, ma-natta라 부른다. 승잔은 바리이 죄와 더불어 대죄에 속한다. 다른 죄는 모두 소죄이다. 승단에서 파벌을 조장하거나 분열을 야기하는 승려들은 책임을 지고 참회하여야 한다. 다른 승려들이 그에게 훈계하고, 화해를 권고한다. 그래도 계속 분열을 야기하면 세 번까지 권고하고, 집단회의를 열어 책임을 묻는다.

만약 당신 회사에 다른 사람들에게 부담을 주고, 분쟁을 야기하고, 파벌을 만들어 분열이 일어난다면 붓다처럼 해보라.

먼저 그 사람을 설득해본다. 개인적으로 상담해보고 지켜보고, 변하지 않으면 또 한 번 조언하고 지켜보고 세 번 때까지 자비롭게 설득한다. 그래도 해결이 안 되면 당장 내쫓는 것만이 최선은 아니다. 원시승단의 승잔법처럼 일단 다른 부서나 팀으로 보내 재기의 기회를 다시 한 번 준다.

편애는
조직을 망치는 화근이다

夫如至理之道 非諍論而求激揚
부 여 지 리 지 도   비 쟁 논 이 구 격 양
지극한 도는 격론을 통해 드러나는 것이 아니다.

사람을 대할 때 '그가 내 마음에 드는가'가 아니라 '무엇이 옳은가'를 기준으로 삼아야 한다. 마음에 들지 않아도 바른 사람이라면 자신의 안목을 넓히는 데 큰 도움이 된다. 바르지 못한데도 마음에 꼭 든다고 가까이하면 옆에 간신을 두는 것이다.

만일 리더가 '누가 내 마음에 드는가'에 따라 조직을 경영하면 마음에 드는 사람은 실수해도 덮어주고 그러지 않은 사람은 성과를 달성해도 어쩌다 이룬 것이라며 무시하게 된다. 이렇게 되면 부하직원들은 일하기보다 과잉충성에 열을 올리고, 해야 할 일을 제쳐놓고 해서는 안 되는 일을 하게 된다.

이런 편애는 인화人和를 깨트린다. 가족 사이에 편애가 있을 때 머지 않아 콩가루 집안이 된다. 친구들 사이에 편애가 있을 때 모임은 조각나게 된다. 그러나 편애 없이 화합하는 공동체는 매우 아름답다. 붓다의 고오싱가 동산이 그런 곳이었다.

"붓다여 먹고 세수하고 화장실에 쓰는 물독이 비어 있을 때 누구라도 보는 즉시 채워둡니다. 혼자 어려울 때 보이는 사람을 불러 함께 준비해둡니다. 자랑하려고 하는 말이 아니라 닷새에 한 번씩 법문法門의 모임을 가지며 화합하는 생활을 하고 있습니다."

7월 14일

공정을 위한
열 가지 원칙

日上無雲 麗天普照
일 상 무 운 려 천 보 조
해가 중천에 있고 구름 한 점 없으니 파란 하늘에 온통 햇빛이다.

　사람을 대할 때 개인감정을 버리고 공평무사하게 대해야 하지만 한계가 있다. 그래서 필요한 것이 게임의 룰이다. 국가에는 헌법, 가족은 가훈이 있다. 붓다는 승단의 규칙을 제정하며 열 가지 원칙을 세웠다.

　첫째, 교단의 문란함을 방지하고 질서를 세우기 위함이다.

　둘째, 대중을 즐겁게 하기 위함이다.

　셋째, 대중을 편안하게 하기 위함이다.

　넷째, 믿음이 없는 자들에게 믿음을 갖게 하기 위함이다.

　다섯째, 믿음이 있는 자의 믿음을 더 굳게 하기 위함이다.

　여섯째, 까다로운 사람을 잘 다스리기 위해서이다.

　일곱째, 잘못을 뉘우치는 자에게 안정을 주기 위함이다.

　여덟째, 현재의 실수를 막기 위해서이다.

　아홉째, 미래의 실수를 막기 위해서이다.

　열째, 붓다의 가르침이 오래가기 위함이다.

　이런 원칙을 원용하면 어느 조직이든 공정한 룰을 만들 수 있다.

조직에서의
군중심리

眼中無翳 空裏無花
안 중 무 예　공 리 무 화
건강한 눈에 공중의 헛꽃이 보일 리 없다.

양들은 풀어놓으면 평소 산만하다. 서로 좌충우돌하다가 우두머리가 선두에서 앞장서 나가기 시작하면 무작정 따라나선다. 우두머리 양이 나무를 뛰어넘을 때 덩달아 뛰어넘는다. 그 후 나무를 치워도 뒤따르는 양들은 맹목적으로 뛰어넘는다.

이런 맹목적 추종이 '양떼심리'이다. 패거리 문화가 만연할수록 이런 양떼심리가 만연한다. 혈연, 학연, 지연 등으로 패거리를 형성해 일정 외부 그룹을 차별하며 우월감을 누리고 부당이득을 당연시하며 취한다.

양떼는 근거 없는 우월감과 불필요한 열등감을 자극한다. 팀이 이 심리에 빠져들게 되면 팀 전체가 시기와 질투의 늪에 빠진다. 누군가를 계속 소외시켜야만 조직이 활력을 유지하기 때문이다. 양떼심리를 조직 내에서 추방하라. 개인이든 팀이든 이런 상황에 빠져들면 본말本末이 전도되는 일을 자랑스럽게 저지른다.

이런 회오리에서 벗어나는 방법이 선정禪定이다. 선정은 마음을 하나로 통일하는 것이다. 고요하게 머물며 집중해 감각적 쾌락을 벗어나 어지러운 마음을 쉬게 한다.

7월 16일

언제나 외부가 아니라
내면에 집중하라

儞但自家看
이 단 자 가 간

그대들이여! 다만 스스로를 보라.

실행 리더십의 상징인 아이아코카도 한때는 인생의 목표를 잃어버리고 증오의 세월을 보낸 적이 있다. 아이아코카가 대학을 졸업하고 바로 입사한 회사가 포드 자동차였다.

그는 포드에서 30년 넘게 일하면서 사장에 올라 포드신화의 주역이 되었다. 그런 기쁨도 잠시 얼마 후 포드의 오너 헨리 포드 2세가 아이아코카를 내몰았다. 그것도 하필이면 아이아코카의 54세 생일날이었다.

아이아코카는 분노에 휩싸여 매일 원망의 나날을 보냈다. 이렇게 인생의 목표를 잃어버리고 엄청난 증오에 휘둘리던 아이아코카를 바로 잡아준 것이 아내였다.

"여보, 그만 화를 삭이고 평정심을 회복하세요. 그리고 다시 승리의 목표지점을 바라보세요."

4개월 뒤 아이아코카는 크라이슬러의 최고경영자가 되어 또 한 번 자동차 산업의 신화를 창조했다.

실패에서 다시 일어나려면 남의 비판이나 모멸을 보지 말고 오로지 자기 방향을 보며 자가간自家看해야 한다.

오직 진리를
따라가라

大德 莫因循過日
대덕 막인순과일
큰 덕을 가진 이여 세월을 그럭저럭 낭비하지 마라.

"어리석은 자여 헛된 명성을 바라지 마라. 수행자들 사이에서 윗자리에 앉으려 하고, 승단 안에서는 권력을 바라고, 남의 집에 가서는 식량과 돈을 바란다. 그러나 대자유를 추구하는 부처의 제자들은 남의 존경을 기뻐하지 말라. 오직 외로운 길에 전념하라."

붓다에게 귀의한 보살들의 목적은 깨달음의 길을 추구하는 데 있었다. 그런 깨달음을 추구하는 사람이 자존심이나 자기과시욕을 못 이겨 엉뚱한 경쟁에 휘말려서는 안 된다. 그래서 참선하는 사람들은 슬픈 생각, 화난 생각 등 온갖 헛된 생각이 날 때마다 '이 뭣고'를 읊조리며 '참나'로 돌아온다. 그러니 백번 욕심이 일어도, 과거의 아픔, 미래의 걱정, 현재의 불만이든 그런 생각이 일 때마다 호흡을 깊이 들이마시고 내쉬며 외쳐라. "이 뭣고."

《보리행경菩提行經》에서 붓다는 먹이를 쫓는 행동으로부터 잡음雜音을 듣지 않는 비유를 든다.

"고양이, 왜가리, 도적은 조용히 그리고 조심스럽게 움직여 자신들이 이루고자 하는 일을 이룬다. 역시 보살도 그와 같이 일한다."

7월 18일

예의는 좋은 업보를
만드는 디딤돌

說亦無盡 各自著力 珍重
설 역 무 진 각 자 착 력 진 중
설명은 끝이 없나니 각자 힘껏 노력하고 편히쉬어라. 예의롭게 쉬어라.

불가에서 만났다 헤어질 때 하는 말이 '진중珍重'이다. '진중하소서'의 뜻은 '예의롭게 인사하오니 편히 쉬소서'이다. 작별하기 전 함께 지냈을 때 예의를 다했으니 헤어질 때 예의롭게 인사하는 것이다. 예의는 좋은 업보를 만드는 행위이다.

명나라 말기 항주 운서사의 주굉袾宏 선사는 여든이 다 될 무렵 대나무 숲에 앉아 달빛을 받으며 붓 가는 대로《죽창수필竹窓隨筆》을 써내려 갔다. 그중 호피虎皮를 뒤집어쓴 사람이야기가 나온다.

칠흑 같은 밤에 한 사람이 호피를 뒤집어쓰고 사람들이 자주 오가는 숲 속 길옆에 숨어서 사람들을 놀래키는 일을 즐겼다. 그러기를 일 년쯤 하는데 하루는 사람들을 혼비백산하게 하고 집에 와 호피를 벗으려하는 데 벗겨지지 않았다. 호피가 몸에 착 달라붙은 것이다.

호피를 벗으려고 백방으로 노력했으나 백약이 무효였다. 끝내 그 호피를 평생 뒤집어쓰고 살아야 했다. 평소의 장난 같은 행위도 무수히 반복되면 그의 인격으로 자리잡는다.

호피 가죽을 쓴 사람이 누구에게 '진중하소서'란 인사를 할 수 있겠는가. 오늘도 우리는 누군가에게 '진중하소서'란 인사말을 나눌 수 있도록 살아야겠다.

나눔에서
참행복이 찾아온다

丈夫自有衝天氣 不向如來行處行
장 부 자 유 충 천 기   불 향 여 래 행 처 행
기세 넘치는 대장부가 붓다가 간 길이라 하여 어찌 무조건 따르겠는가.

변호사인 밀러드 풀러는 20대 후반에 이미 백만장자가 되었고, 거대한 저택과 아름다운 아내도 있었다. 그러던 어느 날 아내가 이혼하자는 편지를 보내왔다.

"자신의 성취욕만을 생각하고 남을 위해 살지 않는 우리의 삶이 무슨 의미가 있어요." 이 편지를 읽은 풀러는 깊은 충격을 받았다. 그는 자기의 전 재산을 사회에 환원하기로 결심하고 아내와 함께 무주택자들에게 집을 지어주는 '해비타트 운동'을 시작했다. 이 운동으로 그의 가정이 회복되었고, 전 세계의 집 없는 가정들을 일으켜 세워주고 있다. 미국의 전 대통령 지미 카터까지 동참하여 해비타트는 전 세계적 봉사단체로 성장하였다.

소유물은 결코 장기간 만족을 주지 못한다. 서구에 처음으로 사랑학을 만든 정신분석학자 에리히 프롬은 세계적 베스트셀러 《소유냐 존재냐》에서 "사람은 소유양식—정복욕, 자기과시—보다 존재양식—공유, 사랑, 주는 행위—에서 참행복을 찾을 수 있다. 더 많이 가진 사람이 될수록 더 비인간적이 된다"고 했다.

자아의 가치는
어디에 있는가?

龍象蹴踏 非驢所堪
용 상 축 담 비 려 소 감
용과 코끼리가 나아가는데 나귀가 어찌 감당하겠느냐.

소유가치로 자아가치를 인정받고자 애쓸수록 더 큰 좌절을 맛본다. 붓다의 사촌 데바닷타는 유달리 야심이 커서 소유욕이 한이 없었다. 그는 붓다의 교단을 이어받고 싶었으나 여의치 않았다. 마침 마가다의 태자 아자타삿투阿闍世가 적극적으로 지원해 주자 그의 야심은 더욱 커져 갔다.

오랜만에 부처가 라자가하의 죽림정사로 돌아왔다. 제자들은 붓다 주위에 둘러앉아 데바닷타의 소문을 아뢰었다.

"붓다여, 아자타삿투 태자가 아침저녁으로 500대 수레의 음식을 데바닷타에게 공양하고 있습니다."

이 말을 들은 붓다가 말했다.

"수행자들이여. 데바닷타가 지금 누리는 명성과 이익을 부러워하지 마라. 그와 같은 호사스런 사치는 데바닷타를 위하는 길이 아니다. 도리어 파멸을 가져다줄 것이다. 마치 파초가 열매를 맺으면 스스로 시들고, 대나무가 열매를 맺으면 시드는 것과 같다. 또한 암당나귀가 새끼를 배고 나서 죽는다고 하지 않더냐."

인격이 뒷받침되지 않은
부와 명성은 독이 된다

彼桓求佛過 佛以彼爲恩
피 항 구 불 파   불 이 피 위 은
상대가 붓다의 허물만 봐도 붓다는 은혜로 대한다.

데바닷타는 태자가 지원해주자 붓다를 누를 기회가 왔다고 보고 새로운 교단을 만들었다. 처음에는 모든 일이 데바닷타의 뜻대로 잘 되어가는 듯했다.

그러나 얼마 지나지 않아 아자타삿투가 왕이 된 후 점차 데바닷타의 실체를 알게 되었다. 데바닷타는 겉만 번지르르한 도금한 물건 같았다. 왕은 붓다에게 미안한 마음이 들어 코끼리 수레를 타고 500여 등불을 밝히고는 찾아와 귀의했다.

이후 데바닷타는 어디를 가나 배척을 당했다. 연화색녀 비구니도 그를 보고 무심히 지나갔다. 화가 난 데바닷타가 연화색녀 비구니의 머리를 때려서 죽였다. 그 후 성공지상주의에 집착했던 데바닷타는 종적을 감추고 말았다. 돈이나 명성이 자기를 지켜주리라고 생각하는 것은 큰 오산이다. 진정한 안전은 자기의 내면에 있다. 소유가치는 데바닷타처럼 자신도 통제할 수 없는 요인에 의해 일순간 잃어버릴 수 있다.

참된 안전은 세상 어느 것도, 그 어느 누구도 앗아갈 수 없는 자아의 가치에서만 발견할 수 있다. 자기성숙이 뒷받침되지 않은 부와 명성은 자아를 파멸하는 독이 될 수 있다. 이를 잘 아는 부처는 자아가치를 공고히 하기 위해 부와 권력을 버렸다.

배움에
마침표는 없다

學人空開得眼 口總動不得
학 인 공 개 득 안 구 총 동 부 득
배웠다고 큰 눈을 뜨고 공허하게 바라볼 뿐 입술조차 들썩이지 못한다.

인생의 배움에는 끝이 없다. 배움은 현재진행이지 과거완료가 아니다. 설령 무학이라도 스스로 배우기를 부지런히 하면 어느 누구보다 지혜로운 사람이 된다. 붓다는 깨우친 이후에도 스스로 꾸준히 배우고 익혔다.

빔밤비사라 왕은 높은 누각 위에 앉아 멀리서 붓다가 고요히 걸어오는 모습을 보고 큰 감명을 받고 붓다를 맞이했다. 그를 자신의 측근으로 둘 수 있다면 더 광활한 제국이 될 수 있을 것이라 여겼다.

"그대가 내 신하가 되어 주면 내 나라의 절반을 주리이다."

왕의 제안에 별 반응을 보이지 않는 붓다에게 왕이 더 간곡히 권했다. 그러자 붓다는 단호히 거절하며 이렇게 대답했다.

"저는 출가하여 구도求道하는 사람입니다. 사람들의 번뇌 망상을 풀어 주려고 나선 사람이 아직 성도成道도 하지 못했습니다. 그런데 구차하게 세속의 권력을 추구하겠습니까? 수행이 덜된 모든 욕망에는 항시 위험이 따릅니다. 나는 아직 수행에 더 정진하고 싶습니다."

붓다의 이 멋있는 거절의 변은 세상의 명성과 재물만을 쫓는 사람들에게 큰 깨우침을 준다.

7월 23일

돈과 명예를
얻으려는 이유는 무엇인가?

不受人惑
불 수 인 혹
유혹에 넘어가지 마라.

우리는 어떤 일을 맡고자 할 때 자신을 먼저 갖추는 것이 중요하다. 그 후에 거기에 합당한 재물과 명성을 채워가야 한다. 이헌조 전 엘지전자 회장은 "품질 중에 사람의 품질이 제일 중요하다"고 밝혔다. 품질 좋은 사람이 질 좋은 일을 할 수 있고, 질 좋은 일을 해야 좋은 품질의 물건이 나온다.

사회적 명성과 부를 얻으려 동분서주하는 일보다 우선 자신의 질을 높여야 한다. 자기 성숙이 안 된 명리名利는 자신을 망친다. 일등을 위한 일등, 성공을 위한 성공처럼 위험한 것은 없다.

《법구경》에서 "건강은 인생 최고의 이익, 만족은 최고의 재산, 신뢰는 가장 귀한 친구, 열반은 최고의 행복"이라고 했다.

왕가에서 태어난 붓다는 권력을 유지하고 누리는 것이야말로 인생 최고의 목적이라고 배웠다. 그러나 붓다는 부와 권력은 하나의 과정이지 목적이 되면 사람을 불행하게 한다는 사실을 깨달았다. 인생의 궁극적 목적은 소유물을 포함한 모든 종류의 속박에서 자유로워지는 해탈이다. 이 목적을 위해 부를 쌓고 그것을 사용할 때 그 삶이 가치가 있다.

7월 24일

고통을 부르는
세 가지 독

得失是非 一時放却
득 실 시 비　일 시 방 각
득과 실, 시와 비를 일시에 놓아버려라.

　나의 기쁨과 슬픔이 내 원하는 것을 얻었느냐 놓쳤느냐에 죄우되면 수시로 원망이 일기 마련이다. '그가 내 것을 가져갔다. 나를 누르고 그가 이겼다. 그가 나를 꾸짖고 비웃었다.' 이렇게 마음에 새기지 않아야 원한이 이내 고요해진다.

　인간을 고통에 빠트리는 세 가지 독이 있다. 탐貪, 진瞋, 치痴가 바로 그것이다. 탐은 자신이 즐기려는 대상을 찾아내 소유하고자 하는 것이며, 진은 내가 싫어하는 대상에 화를 내며 없애고자 하는 것이다. 치는 어리석어서 옳고 그름을 잘 분별하지 못하고 해야 할 일과 해서는 안 될 일을 구분하지 못해 분별없는 행동을 한다. 우리는 이 세 가지 독에 찌들려 살고 있다. 세 가지 독은 서로 깊이 연결되어 있다. 물욕, 명예욕, 권력욕, 성욕 등의 탐욕이 합리성을 잃어버리면, 내 재물과 남의 재물을 구분 못하고, 남에게 돌아가야 할 공로를 가로채고 부당한 권력을 행사하며, 사랑해서는 안 될 엉뚱한 대상을 가로채는 어리석은 행동을 한다. 이 어리석은 행동을 만류하거나 걸림돌이 되는 대상을 증오하게 된다.

　당신은 어느 독을 마시고 있는가? 오늘 그 잔을 놓으라.

세 가지
맹독의 해독제

更無別意
갱 무 별 의
별다른 뜻을 두지 않는다.

얼마나 많은 사람이 삼독—탐, 진, 치에 중독되어 쓰러졌던가. 적당한 탐, 진, 치는 경쟁사회에서 성공의 에너지가 된다. 문제는 지나쳤을 때이다.

탐, 진, 치에서 비롯되는 번뇌가 있으니 인간이다. 번뇌는 어떤 면에서 인간이라는 윤회의 굴레 속에 있는 존재에게는 필수불가결한 에너지원이다. 가난의 번뇌를 줄여보려고 열심히 일한다. 애욕의 번뇌를 줄여보려고 결혼도 한다. 무지의 번뇌를 깨쳐보려고 연구하고 공부한다. 그래도 남아 있는 번뇌들이 자기를 소멸시킬 것 같으면 세속을 떠나보기도 한다.

조계종 법전法傳 종정은 부처님오신 날 법어에서 "무명無明은 도를 이루는 바탕이요, 삼독번뇌는 깨달음을 여는 근본이다"라고 했다.

세 가지 맹독의 해독제는 부처를 명상하고, 부처의 가르침을 깊이 생각하는 것이다. 부처도 보통사람들과 똑같이 세 가지 독의 아픔에 몸부림쳐보았다. 그리고 이를 극복하면서 나온 것이 불경이다.

"세상살이에 아픔 없길 바라지 마라. 그런 곤란이 있으니 사치한 마음이 줄고 겸허해지느니라. 근심과 곤란을 벗삼아 살아가라."

번뇌를 푸는 열쇠는
이타심이다

觀彼怨家 如己父母
관 피 원 가 여 기 부 모
원수를 보더라도 부모처럼 여겨라.

붓다는 살아가면서 늘 평화롭기만을 바라지 말고, 근심과 곤란도 벗으로 삼으라 했다. 이것이 인지상정이다. 곤란한 일을 만나도 지나친 번뇌에만 빠지지 않으면 세상은 살 만하다. 항시 지나친 번민이 문제를 더 문제로 만든다.

건강, 자식, 미래에 관한 지나친 염려가 오히려 문제를 키운다는 말이다. 이런 지나친 번뇌를 막는 안전판이 이타심이다. 지나친 번뇌의 불은 지나친 욕망이다.

수익을 최고의 가치로 삼는 기업들조차 성공한 기업과 위대한 기업을 분리하기 시작했다. 성공한 기업의 생명은 일시적이나 위대한 기업의 생명은 지속적이다.

《좋은 기업을 넘어서 위대한 기업으로》의 저자 짐 콜린스는 CEO의 일반 통념을 깬다. 단순히 좋은 기업에서 위대한 기업으로 도약시킨 리더들의 공통점은 극도의 겸손함, 전문가적 신념과 강한 의지를 가지고 묵묵히 버티는 사람들이라고 했다.

이들의 공통점은 실력뿐 아니라 타인을 배려하고 충분히 이해하는 이타적 덕성을 지니고 있다. 더 성장하려 함은 더 베풀고 더 나누기 위함이다. 이타심은 최초의 번뇌인 욕망의 독을 없애고 깨끗하고 환한 소망을 품고 나아가게 한다.

화는
뿌리는 사람에게 돌아간다

但莫憎愛 洞然明白
단 막 증 애   통 연 명 백
단지 미워하고 좋아하는 것만 없애도 톡 트이게 명백해진다.

붓다가 죽림정사에 머물고 있을 때였다. 한 바라문이 제자가 붓다에게 감화를 받아 출가하자 찾아와서 붓다에게 온갖 욕을 해대며 고래고래 소리를 질렀다. 차마 입에 담기 힘든 욕설을 붓다는 잠자코 듣고 있었다. 얼마큼 바라문의 화가 풀린 듯하자 붓다가 물었다.

"바라문이여 그대 집에도 손님이 찾아오시는가?"

"네, 자주 찾아옵니다."

"식사 때가 되면 그분들에게 음식도 대접하시지요?"

"당연하죠."

"만일 당신이 풍성히 준비한 음식을 손님이 먹지 않는다면 그 음식은 누가 드시게 됩니까?"

"당연히 제가 먹게 되지요."

붓다는 다정한 눈빛으로 이렇게 말했다.

"당신이 오늘 내게 온갖 욕을 다 퍼부었으나 나는 당신에게 욕하지 않았소. 내가 당신에게 같이 욕을 하면 당신과 내가 함께 식사하는 것과 같소. 그러니 당신이 내게 한 욕은 모두 당신 것이 되었소."

바라문은 붓다의 가르침에 큰 깨달음을 얻어 붓다에게 출가하였다.

모나지 않고 둥글면
부딪치지 않는다

佛法麤細不問
불 법 추 세 불 문
불법에 거칠고 세밀한 것이 어디 있겠는가.

만공滿空 선사에게 한 수행자가 "불법佛法이 어디 있습니까?"라고 물었다.

"네 눈앞에 있다."

"그렇다면 왜 제 눈에 보이지 않습니까?"

"너라는 것이 가리고 있기 때문이다."

"선사께서는 보이십니까?"

"너 하나로도 안 보이는데 나까지 있다면 어찌 볼 수 있겠느냐?"

"만일 저도 없고 스님도 없을 땐 볼 수 있습니까?"

"너도 없고 나도 없거늘 누가 보려고 하는가?"

원호는 원융무애圓融无涯해야 본성을 잃지 않으면서도 원만한 조화를 이룬다. 태양도 둥글고 달도 둥글고 지구도 둥글다. 인생도 각을 없애 무던하고 둥근 인생이 좋다. 이는 근본을 지키되 얽매이지 않고 공존하려는 옹골찬 기상이다.

7월 29일

공인의
자격

實相無垢常淸淨 貴賤老幼事如佛
실 상 무 구 상 청 정　귀 천 노 유 사 여 불
실상은 티끌도 없어 항시 청정하니 귀천노유를 똑같이 부처로 대한다.

지나친 분노가 대립을 불러오고 대립이 투쟁을 야기한다. 그렇다고 분노를 무작정 억누른다고 화가 해소되지도 않는다. 화를 불러오는 그 무엇을 소멸해야 한다. 화를 내는 원인은 좋아하고 즐기려는 대상에 집착하는 데 있다.

세상은 식원보다는 팀상에게, 팀장보다는 사장에게, 사장보다는 회장에게, 말단공무원보다 고위공작자나 대통령에게 공공성에 맞는 행위를 요구한다. 높은 직위의 사람은 법적으로 하자가 있는 즐거움을 피해야 하는 것은 물론 사회적 정서에 맞지 않는 즐거움도 피해야 한다. 이것이 공인의 책무이다.

세계은행의 울포위츠 총재도 1945년 세계은행 창설 이래 최초로 임기를 채우지 못하고 물러났다. 여자 친구 샤하 리자에게 승진과 연봉의 특혜를 준 사실이 발각되었다.

만일 붓다가 인간들 속에 타고 있는 번뇌의 불길을 끈다고 나섰으면서도 사사로운 쾌락을 추구하려 했다면 화낼 일이 많아졌을 것이고, 결국 성인의 반열에 오르지 못했을 것이다. 그는 전 인류의 리더가 되기 위해 개인의 욕망을 기꺼이 포기했다. 그래서 붓다는 물론 그를 따르는 사람들까지도 좀처럼 '성 내지 않는 무리'라는 칭송을 듣게 되었다.

원한과 분노는
흘려보내라

深達罪福相
심 달 죄 복 상
깊이 근본에 통달하니 죄도 복도 없는 실상을 깨닫는다.

세상사는 무엇을 하나 얻으면 무엇을 하나 내놓는 것이 이치이다. 자기 자리에 요구되는 자질을 위해 자기 욕구를 어느 정도 포기하며 노력하는 사람이 더 큰 성취를 이룬다.

자신의 것을 조금도 포기하지 않으려는 사람은 조직사회에 적응하기 어렵고, 스스로 화를 못 이겨 제 풀에 주저앉는다.

《법구경》에 화를 다스리는 방법이 잘 나와 있다.

"화는 화를 내지 않음으로 다스린다. 탐욕은 너그러움으로, 거짓은 진실로 다스려야 한다."

붓다는 억울한 일 등 분노할 상황을 만났을 때 사람마다 다른 반응을 보이는 것을 글씨 쓰기에 비유해서 설명했다.

"A는 바위 위에 글을 새겼다. B는 바닷가 백사장에 글을 썼다. C는 흘러가는 물위에 글씨를 썼다. 원한과 분노를 A처럼 평생 가슴에 새겨두고 결코 풀지 않으며 복수할 기회만 노리는 사람이 있다. B는 화를 내기는 했으나 뒤끝이 없어 모래 위 글씨처럼 곧 신경쓰지 않는다. C는 언짢은 말이나 욕을 먹어도 화를 내지도 않고 물위의 글씨처럼 마음에 조금의 자취조차 남기지 않는다."

모든 것은 지나치면
부정적 결과를 부른다

金屑雖貴 落眼成翳
금 설 수 귀　낙 안 성 예
귀중한 금가루도 눈에 들어가면 병이 된다.

무엇이든 지나침이 모자람만 못하다. 과식이 소식보다, 애정 과잉이 무관심보다 못하다.

태양과 지구가 최적의 거리를 유지하여 생명체가 존재하듯, 인간사 모든 것이 지나치지도 않고 너무 모자라지도 않는 것이 최상이다.

어느 날 하북부주河北府主 왕상시王常侍가 임제 선사를 방문해 승당 안 승려들을 둘러보더니 궁금해했다.

"이 분들은 경전을 열심히 읽습니까?"

"잘 보지 않습니다."

"그러면 선禪을 익힙니까?"

"선도 공부하지 않습니다."

"경전도 읽지 않고 선도 익히지 않으면 필경 뭐 하려는 것입니까?"

"모두 부처가 되고, 조사가 되려 하오."

이 말을 들은 왕상시가 잠시 후에 입을 열었다.

"금가루가 귀하다고 하나 눈에 들어가면 어떻게 되지요."

임제 선사가 빙그레 웃으며 자기 무릎을 쳤다.

"내 그대를 이제껏 속한俗漢으로만 알았구료."

임제 선사의 승방에 기거하던 선사들은 좌선은 물론 불경도 익혔다. 하지만 임제 선사는 높은 벼슬아치 왕상시의 안목을 알고 싶었다.

그래서 왕상시가 선사들은 뭘 공부하느냐 물었을 때 일부러 경전도 선도 아닌 곧 바로 부처나 조사가 되고자 한다고 했다.

여기에 왕상시가 금가루란 예화로 대꾸했다. 아무리 귀한 보배라도 눈에 넣으면 병이 되듯, 수행자도 부처, 보리, 열반 등에 집착하며 인위적인 마음을 내는 순간 병이 된다. 이것이 '법집法執의 병'이다.

아무리 금이 귀하다 해도 금으로 쇠사슬을 만들면 속박이 된다. 이 왕상시의 탁월한 안목에 임제 선사가 합격 판정을 내렸다.

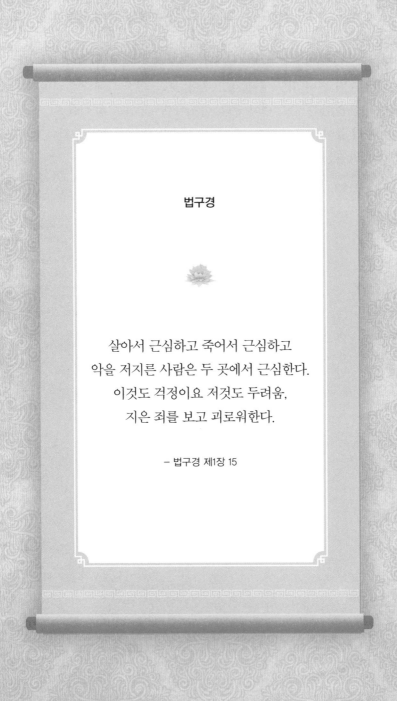

법구경

살아서 근심하고 죽어서 근심하고
악을 저지른 사람은 두 곳에서 근심한다.
이것도 걱정이요 저것도 두려움,
지은 죄를 보고 괴로워한다.

– 법구경 제1장 15

법구경

살아서 기뻐하고 죽어서 기뻐하고
선을 행한 사람은 두 곳에서 기뻐한다.
이것도 기쁨이요 저것도 즐거움,
자기가 지은 공덕을 보고 마음이 편안하다.

– 법구경 제1장 16

8월

삶의 현장이
곧 정토

8월 1일

결과를 헤아리고
행동하라

凡用必豫慮 勿以損所務
범 용 필 예 려 물 이 손 소 무
무엇을 하려거든 미리 생각하여 해야 할 일을 놓치지 마라.

《백유경》에 나오는 이야기이다. 어떤 나라의 왕궁 뜨락에 천하제일의 맛을 내는 큰 과일 나무 한 그루가 서 있었다. 봄이 되자 그 나무에 새하얀 꽃이 무성하게 피었다. 가을이 되면 천하 일미의 과일을 가득히 맺게 될 것이었다.

과일 나무의 꽃과 향기를 유독 좋아하던 왕은 나무 아래를 거닐며 만발한 꽃들의 빛깔과 향기에 취해 마치 탐스런 열매를 맺은 듯한 기분에 잠겼다.

그런데 한 신하가 왕궁 뜨락에 들어오자 과일 꽃에 취한 왕이 말했다.

"이보게, 앞으로 이 커다란 나무에 맛난 열매가 가득 열릴 거야."

"전하, 이 과일나무는 너무 높아 과일을 따 드시기가 쉽지 않을 것 같사옵니다."

왕은 신하의 말에 아무 대답 없이 과일향에 취해 그대로 궁전 안으로 들어갔다. 홀로 남은 신하는 왕이 열매를 쉽게 따도록 한다며 큰 과일나무의 중간을 잘라냈다. 그러자 나무는 열매를 맺기는커녕 꽃과 잎이 시들며 말라 죽었다. 놀란 신하는 다시 나무를 세워 놓았으나 헛수고였다. 어리석은 신하가 천하 일미의 과일나무를 죽였다.

8월 2일

인연의 족쇄를
초월하라

衆行非身 是爲慧見
중 행 비 신   시 위 혜 견
인연으로 지어진 모두가 내 것이 아닌 줄 앎이 지혜이다.

　우리는 자신이나 가족 등 가까운 사람들에게 문제가 발생했을 때 가장 비이성적으로 행동하는 경향이 있다. 한마디로 사랑이 깊을수록 합리적이지 못하거나 감정적으로 대처한다. 그러나 이런 관계일수록 담담한 자세가 필요하다.

　바라나시의 큰 부자에게 야사스耶舍라는 아들이 있었다. 그는 집안의 부와 권세를 믿고 환락으로 세월을 보냈다. 그러다 문득 자기 삶이 무의미함을 깨닫고 이른 새벽에 붓다의 녹야원鹿野苑에 올라 괴로운 심사를 토로하고 있었다.

　마침 새벽 명상을 마친 붓다가 야사스를 불렀다.

　"무엇이 그리 괴롭느냐? 이곳은 안온하여 싫은 것도 괴로운 것도 없느니라. 여기 앉아 내 말을 들으라. 인연으로 지어진 세상은 어떤 것도 끝내 내 것이 아니니라."

　내 기쁨, 내 슬픔, 내 분노가 곧 나의 본질이 아니다. 야사스의 쾌락도 인생의 허무함도 모두 부가물附加物에 불과하다. 조용히 멈춰선 야사스가 붓다의 설법을 듣고 쾌락의 잠에서 깨어나 출가했다. 이 소식을 들은 야사스의 친구 50여 명이 출가를 만류하러 왔다가 붓다에게 감화되어 출가했다.

마음을 맑게 하는
네 가지 지침

不得放過 草裡橫身
부 득 방 과　초 리 횡 신
방심하지 마라. 풀잎에도 넘어지리라.

붓다는 사람들에게 마음을 흐리게 하는 5가지와 맑게 하는 4가지를 전해주었다.

첫째, 지나친 음주 - 재산을 낭비하고 싸우며, 수치심을 잃고 어리석어진다.

둘째, 밤중의 방탕 - 가정에 소홀하고 자기 능력을 계발하지 못한다.

셋째, 잡기를 추구하기 - 노름에 빠져 친구를 잃고 재산을 탕진한다.

넷째, 나쁜 동료와 어울리는 것 - 못된 친구를 따라가 노름, 방탕, 유흥에 빠져 이생을 낭비한다.

다섯째, 게으름 - 매사에 노력하지 않을 핑계거리를 찾는다.

마음을 어지럽히는 다섯 가지를 버리고 4가지를 추구하면 지혜로운 사람이 된다.

첫째, 진실한 사람이 되라.

둘째, 자기감정을 억제하고 자제하는 사람이 되라.

셋째, 역경을 잘 견디는 인내심을 기르라.

넷째, 관대한 사람이 되라.

8월 4일

카르마는
유동적이다

任運騰騰誰與同 歷劫分明若太虛
임 운 등 등 수 여 동   역 겁 분 명 약 태 허
무심히 자유롭거늘 누구와 같다 하리. 오래도록 분명히 큰 허공이로구나.

어떤 부자가 어린 외아들을 장터에서 잃었다. 외아들을 찾고자 30년을 노력했으나 허사였다. 어느 날 걸인이 이 부잣집 대문을 두드리며 구걸을 했다. 자세히 보니 아들이었다. 이미 늙은 아버지는 반가운 마음에 아들을 부르며 안으려 하자 거지는 자신을 잡으려는 줄 알고 도망갔다. 늙은 아버지는 궁리 끝에 하인을 보내 거지를 설득했다. "내 집에 와서 하인으로 일하라."

아버지는 아들을 일단 하인으로 곁에 두고 지난 30년간 몸에 밴 거지 생활과 거지사고를 벗도록 도와주었다. 그리고 어느 날 "너는 내 아들이고 나는 너의 아버지다. 내 모든 소유는 다 네 것이다"고 밝혔다.

붓다는 자신의 교훈을 다음과 같은 한마디로 요약했다. "나의 가르침은 뗏목과 같다."

인생은 흐르는 강물 위에 표표히 떠가는 뗏목이다. 강을 건너 언덕에 이르면 이 뗏목도 버려야 한다. 마찬가지로 자아도 고정된 것이 아니다. 카르마도 역시 강물 위의 뗏목처럼 유동적이다.

선에는 선의 결과가,
악에는 악의 결과가 맺힌다

守本眞心 第一精進
수 본 진 심   제 일 정 진
'참나'를 지키는 것이 으뜸가는 정진이다.

부정행위는 모든 불행의 씨앗이 되고, 긍정행위는 모든 행복의 씨앗이 된다. 사람은 자연스럽게 이익을 추구하게 되어 있다. 이익 추구가 자리이타의 범위여야 사회가 유지되고 발전된다. 사회가 건강하게 발전해야만 개인들에게 더 많은 이익도 돌아간다.

어느 날 코살라(Kosala)국의 파시니디 왕이 붓다를 찾아왔다. 오랜만에 온 왕에게 붓다가 그동안의 일을 물었다.

"붓다여, 왕이란 넓은 영토를 다스리기에 수많은 일로 바쁘답니다."

"대왕이여, 만일 부하가 달려와 지금 동쪽에 지진이 일어나 커다란 바위산이 이쪽으로 무너지고 있으니 어서 피하소서라고 아뢴다 합시다. 이런 경우에 어떻게 하시렵니까?"

"그런 사태에 제가 할 일이 무엇이겠습니까? 다만 살아 있는 동안 공덕을 쌓는 수밖에요." 이에 붓다가 자비롭게 말했다.

"이는 부질없는 비유가 아닙니다. 감히 왕에게 이르노니 늙음이 다가오고 있고 뒤이어 죽음이 무너지는 산처럼 다가오고 있습니다. 다만 선한 일을 하는 것밖에 없습니다."

자신의 일에 최선을 다해
공헌하는 것도 보시다

一衣一食 莫非農夫之血 織女之苦
일 의 일 식 막 비 농 부 지 혈 직 녀 지 고
한 벌 옷과 한 그릇 식사가 농부의 피요, 직녀의 땀이니라.

개인 단위에서의 이기적 행동이 더 큰 사회적 단위에서는 이타적이 되는 경우가 많다. 내가 월급 받기 위해 회사를 다니는데 성과는 사회가 함께 나눈다. 가족을 부양하기 위해 농부가 씨를 뿌려 추수하여도 다른 사람도 그 식량을 먹는다. 아주 흉악한 반사회적 행위 말고는 개인의 성실한 노력이 결과적으로 이타적 행위가 된다. 따라서 자신의 건전한 사회적 활동에 이타적 의미를 부여하는 것이 좋다.

붓다는 새로운 수행자에게 바라밀—열반에 이르는 방법으로 보시를 가르쳤다. 육바라밀 중 첫 번째인 보시 없이 깨달음에 이를 수 없다. 그런데 보시의 기본은 우선 가족에게 먼저 하는 것이다. 가족을 내팽개친 보시는 또 다른 앙금을 남긴다.

보시에는 세 가지가 있다.

자신의 재물을 나누어 주는 재시財施, 자신이 더 배운 지식과 깨달음을 나누어 주는 법시法施, 두려워하는 사람에게 마음의 평화를 안겨주는 무외시無畏施가 있다. 그러므로 꼭 내게 많은 돈이 있어야만 보시하는 것은 아니다. 내게 있는 것으로 보시하면 된다. 물질이 많으면 물질로, 지식이 많으면 지식으로 보시하면 된다.

8월 7일

보시의
세 가지 효과

習善得善 亦如種甜
습 선 득 선   역 여 종 첨
선을 익혀 선을 거두면 씨앗 또한 달콤하리.

누군가 보시를 하면 효과는 세 가지 효과로 나타난다. 첫째는 악업이 소멸되고 선업이 쌓여 더 좋은 일들을 만나게 된다. 사람은 누구나 불완전하기에 알게 모르게 악업을 쌓고 산다. 우리는 살다 보면 억울한 일을 많이 당하지만, 그 못지않게 다른 사람도 아프게 한다. 보시는 이런 잘못에 대한 보속補贖의 효과가 있다.

둘째는 보시하는 사람이 자유로워진다. 사람의 마음속에 있는 불성이 억눌려 있을 때 몸은 자유로워도 마음이 편치 않다. 따라서 상생하는 행위만 해도 마음이 맑고 자유로워진다.

사실 보시받는 사람보다 보시하는 사람에게 혜택이 훨씬 크다. '테레사 임팩트'라는 하버드대의 연구 결과는 보시하는 사람에게 인체에서 가장 유익한 호르몬이 나와 무병장수한다고 밝혔다.

보시하는 사람에게 그 못지않게 유익한 것이 바로 정신적인 자유이다. 물질의 집착, 지식의 집착, 영성의 집착이 사람의 마음을 궁색하게 하고 번민을 안겨준다.

셋째는 남을 자유롭게 한다. 물질과 지식, 영적으로 빈궁한 자에게 나눠주는 물질, 지혜, 마음의 평강은 받는 사람에게 자유를 선사한다.

8월 8일

남을 배려하는
마음이란?

好喜品者 禁人多喜 則無憂患
호 희 품 자 금 인 다 희 즉 무 우 환
진정한 기쁨의 사람은 세속이 얻고자 하는 기쁨을 막으니 우환이 없다.

"시장이 반찬"이라고들 하지만 붓다는 "기쁨이 반찬"이라고 했다. 그래서 아무리 배고파도 자신의 이익을 위해 다른 사람의 즐거움을 침해하지 않았다.

마가다국의 어느 마을에 붓다가 탁발하러 갔는데 마침 그날이 동네의 축제날이었다. 청춘 남녀들이 선물을 나누며 즐기느라 붓다의 탁발을 돌아볼 여유가 없었다. 그날 붓다는 텅 빈 그릇을 들고 돌아가는 데 그 길에 이교도들이 나타나 붓다를 놀렸다.

"빈 그릇으로 돌아가는구나. 다시 마을로 가거라. 내가 공양받도록 해줄게."

하루종일 붓다는 이런 희롱소리를 듣고도 낭랑한 시 한 수로 응했다.

"비록 음식을 얻지 못했어도

보거라. 우리는 즐겁게 사노라.

마치 광음천光音天에 사는 것처럼 우리는 기쁨을 음식삼아 사느니라."

붓다의 어조에 이교도들은 스스로 부끄러워 어둠속으로 몸을 감추었다. 붓다는 축제에 들뜬 젊은이들이 탁발하지 않은 것에 대해 탓하지 않았다. 수행은 자신을 위한 것이니 타인의 생활까지 방해해서는 안 되기에 붓다는 배고픔을 견디며 기뻐했다.

8월 9일

부족한 사람일수록
편견으로 세상을 본다

理雖頓悟 事非頓除
이 수 돈 오 사 비 돈 제
이치는 단번에 깨칠 수 있어도 버릇은 단박에 사라지지 않는다.

사람은 해탈하기 전에는 어느 누구도 결코 편견을 벗어날 수 없다. 수많은 세월을 지나며 형성된 개인의 업이 사람을 공평무사하게 보지 못하게 한다. 편견을 가진 우리는 어떤 사람은 지나치게 높이 평가하고, 어떤 사람은 지나치게 낮게 평가한다. 특히 현상의 유혹에 약한 사람은 그 정도가 더 심하다. 예를 들어 광고에 유명 연예인이 나와 신전하는 물품이 마치 최고인 것처럼 착각한다. 그런 착각들이 우리 생활에서 아무렇지도 않고 공공연하게 너무 자주 일어난다. 붓다는 좋은 리더와 나쁜 리더를 이렇게 구분했다.

"꼭 못난 수행자는 속으로 남을 비웃고 헐뜯는다. 자기가 조금이라도 나은 점이 있으면 그것으로 남을 비하한다. 나는 귀한 가문에 태어나서 속세를 버리고 도를 닦는데, 다른 사람은 빈천한 집 출신이다. 나는 삼매에 쉽게 드는 만큼 성취했는데 다른 사람은 삼매를 못해 심신이 어지럽다. 나는 지혜가 많고 다른 사람은 어리석다. 나는 시주들에게 풍성한 보시를 받는데 다른 사람은 그렇지 못한다. 그러나 잘난 수행자는 스스로 겸손하고 어떤 사람이 되었든 남을 우습게 여기지 않는다."

조건으로 무엇을
단정짓지 말라

是箇木橛
시 개 목 궐
이것은 그저 나무토막에 불과 할 뿐.

현대는 간판 사회이다. 이에 따라 성형 열풍이 일고, 스펙을 갖추려 과도하게 소비하고 있다. 과거의 선사들도 바로 이 간판의식을 조각내는 데 힘을 썼다. 경허 선사가 던진 화두는 "목전에 형상 없이 홀로 뚜렷이 밝은 것은 무엇인가?"이다. 수행자들이 '歷歷孤明역력고명 物形段者물형단자'의 글귀에 정신을 집중하여 찾고자 한 '형상 없이 뚜렷한 그 물건'이 바로 본래면목本來面目이며 '참나'이다.

붓다는 사람을 외모로 취하지 않았다. 그래서 지도자가 사람을 볼 때 가문, 직위, 학력, 재산을 보고 평가하는 것을 사악하다고 했다. 사람의 본질을 보지 못하고 그에게 붙어 있는 간판만 본다는 것이다.

연꽃은 더러운 진흙탕 속에서 핀다. 더러운 물속에서도 자신을 더럽히지 않은 채 아름다운 꽃을 피운다.

사람을 그의 가문이나 사회적 신분, 학벌, 재산으로 단정짓는 사람은 연꽃을 진흙탕에 핀 꽃이라 하여 더러울 것이라고 멀리할 사람이다. 붓다는 사람을 만나면 그의 내면을 보았기에 똥 푸는 사람, 희대의 살인마, 최고의 색녀, 목동에서부터 왕실의 사람까지 제자로 둘 수 있었다.

외로움은
심신을 병들게 한다

不展鋒鋩 如何得勝
부 전 봉 망　여 하 득 승
칼을 뽑지 않고 어떻게 이길까.

　　무리에서 소외된 외로운 개미는 수명이 10분의 1로 줄어든다. 사람도 외로움이 비만보다 더 건강에 해롭다. 외로움이 깊어지면 사람이 아닌 사물에게서라도 공감을 얻으려 한다. 절박한 외로움에 처한 사람의 증세로 인형과 사람 얼굴을 쉽게 구별하지 못하기도 한다. 붓다는 만나는 사람마다 공감을 나누며 소외감을 없애주었다.

　　영취산에 붓다가 오르자 사람들이 몰려들었다. 그들을 말없이 바라보던 붓다가 조용히 연꽃 한 송이를 집어 높이 들었다. 붓다의 감로수甘露水같은 설법을 기대하던 사람들은 영문을 몰라 웅성거렸다. 붓다는 꽃송이를 더 높이 들고 아무 말도 하지 않았다. 사람들도 점차 침묵하면서 붓다가 왜 그러한 행동을 하는지 궁금해했다.

　　모두가 고요한 이때 마하가섭만이 조용히 그리고 환하게 웃었다. 모인 사람들 가운데 오직 마하가섭만이 붓다의 미소에 공감한 것이다. 붓다의 뜻을 알아차린 마하가섭의 미소는 이심전심의 뜻으로 즐겨 사용된다. 한 송이의 꽃과 한 번의 미소가 만나 선禪의 기원이 되었다. 마하가섭의 작은 미소는 붓다를 감동시키며 염화미소拈花微笑라 불린다. 이처럼 공감의 힘은 위대하다.

상대의 마음을 움직이면
그 무엇도 얻을 수 있다

相隨積增 甘心爲之 福應自然
상 수 적 증   감 심 위 지   복 응 자 연
덕이 쌓여 즐거움이 되고 복은 자연히 따른다.

어느 성읍에 나팔을 자주 잘 부는 사람이 있었다. 그가 다른 지방을 여행하다가 높은 산에 올라 나팔을 불었다. 그 지방 사람들은 처음 듣는 아름다운 소리에 산꼭대기까지 찾아왔다.

"우리가 들은 아름다운 소리는 무엇입니까?"

나팔수는 나팔을 가리켰다. "여기서 나왔습니다."

그러자 사람들이 서로 그 나팔을 보여달라고 아우성을 쳤다. 빼앗듯 나팔을 가져간 사람들은 나팔소리를 듣겠다며 어떤 이는 나팔을 발로 차기도 하고, 나팔을 나무 위에 올려놓고 소리를 내라고 외치는 사람도 있었다. 나팔이 망가질까봐 걱정이 된 나팔수는 나팔을 되돌려 받고 힘껏 불었더니 황홀한 소리가 산 아래까지 퍼졌다.

잠시 나팔 불기를 멈춘 나팔수가 모여선 사람들에게 말했다.

"나팔 혼자서는 아무 소리도 내지 못합니다. 제 입술을 대고 바람을 불어야 소리가 납니다."

나팔과 나팔수가 공감해야 최상의 소리가 나온다. 남의 감정, 의견, 주장에 대해 공감할 줄 아는 능력이야말로 인간관계의 핵심이다. 다른 사람의 손발을 움직이려면 먼저 다른 사람의 가슴을 움직여야 한다. 다른 사람의 심정을 헤아리라. 이런 사람 주변에 사람이 끌려온다.

공감은 서로의 마음이
일치하는 것이다

不可向虛空裏釘橛去也
불 가 향 허 공 리 정 궐 거 야
허공에 대못을 박지 마라.

"아니룻다阿那律야, 너희들은 화합하며 살고 있느냐?"

붓다가 고오싱가 숲 동산에 들러 그곳에 기거하던 세 사람을 만나 먼저 화합하고 있는지 알아보았다.

"붓다여, 이런 동행자同行者들과 함께 살 수 있어 행복합니다."

"아니룻다여, 너희들은 서로 수용하는가? 밥 공양은 어렵지 않은가?"

"서로 수용도 잘하고, 밥 공양도 미루지 않아 곤란이 없습니다."

"그러면 너희는 젖과 물처럼 어울리고 돌보며 사는구나."

"붓다여, 우리는 몸은 따로따로이나 마음은 하나입니다. 이는 우리가 겉과 속이 다르지 않고 자비로운 말과 뜻으로 서로 섬기고 있다는 것입니다."

이 세 사람은 일단 각자 다른 몸을 인정하고 자기 고집을 버리고 공감하기 위해 노력했다.

내가 너에게 공감하는 것 못지않게 너도 나에게 공감하도록 해주어야 한다. 그래야 협력해서 뭔가를 이룰 수 있다. 상호공감이 없이 일방적인 공감은 아부에 불과하고, 허공에 못을 박는 것과 같다.

만물은 나름의 용도를
갖고 있다

世間皆無常 佛無我所有
세 간 개 무 상   불 무 아 소 유
세상 모두가 덧없으니 붓다는 어느 것도 내 것이라 집착하지 않네.

우리는 세상 사물을 귀하고 천한 것으로 구분한다. 하지만 귀천은 우리의 단견短見이고, 삼라만상에 모든 사물은 나름대로의 쓸모가 있다.

가난한 나라에 가난하게 사는 두 친구가 이웃 나라에 가서 재산을 모으자고 약속했다. 두 친구가 이웃나라의 인적이 드문 지역을 여행하는데, 길가에 무수한 마麻가 자라고 있었다. 마를 가져가 옷감으로 팔면 큰돈을 벌 수 있었다. 두 사람은 자져갈 수 있을 만큼 최대한 마를 베어 고향으로 향했다. 그런데 돌아오는 길에 많은 양의 은괴銀塊가 널려 있었다. 한 친구는 미련없이 마를 집어던지고 은괴를 가득 등에 짊어졌다. 다른 친구는 잠시 머뭇거리더니 등에 맨 마는 버리고 은괴 몇 개만 주머니에 집어넣었다. 계속 집을 향해 가는데 이번에는 수많은 금괴가 길 위에 흩어져 있었다. 한 친구는 은괴를 버리고 금괴를 짊어지면서 다른 친구에게 권했다.

"그까짓 마는 집어던지고 금괴만 가지고 갈 수 있을 만큼 가지고 가자."

이때 다른 친구가 웃었다.

"이보게 친구. 자넨 생각이 짧구먼. 왜 마를 버렸나. 마를 이렇게 엮어서 여기에 금괴를 담으면 더 많이 가져갈 수 있지."

대승의
마음을 지니라

出言以善 如叩鐘磬
출 언 이 선 여 고 종 경
선한 의도로 말하라. 마치 종소리처럼 울려퍼지리.

붓다가 출가한 지 십여 년이 지나며 점차 대중의 신망이 높아가자 고향 카필라바스투의 사람들이 붓다의 환국을 갈망했다. 그 갈망을 받아들여 붓다가 귀국하자 고향사람들이 환호하며 너도나도 출가하겠다고 나섰다. 그중 붓다의 어린 아들 라훌라도 있었다. 이 아들은 붓다가 출가를 결심할 즈음 태어났다. 그러자 붓다는 "출가에 장애물―라훌라―이 생겼구나"라고 한탄했다. 이 얘기를 들은 사람들이 아이 이름을 라훌라로 지었다.

붓다의 이모인 마하프라자파티까지 출가하려 하자 붓다는 출가 열기를 식히려는 뜻에서 거절했다. 이모가 "누구나 출가 수도하여 최고의 성자가 될 수 있다"고 한 붓다의 평소 말을 상기시키며 출가를 받아들여달라고 간청했다. 결국 붓다의 승낙을 얻어 이모는 최초의 비구니가 되었다.

붓다는 경직된 사람이 아니었다. 여성의 출가를 금지하는 붓다 개인의 원칙도 이모가 붓다의 근본정신을 언급하자 포기했다. 여기 붓다는 개인이 아니다. 한 개인 붓다로 기준이 있으나 이 기준은 인류의 성자로서 붓다의 기준과 부합해야 한다. 붓다는 개인 의견보다 공동체를 이끄는 지도자가 지녀야 할 정신을 더 중시했다.

공감을 얻기 위해서는
먼저 상대를 헤아리라

水滴雖微 漸盈大器
수 적 수 미 점 영 대 기
작은 물방울이 한 방울씩 모여 큰 그릇을 채운다.

공감력이 탁월한 사람은 사람들이 각기 무엇을 어떤 식으로 달리 느끼는지를 잘 안다. 그래서 각자의 감정과 강점을 헤아려 적합한 과업이 무엇인지를 분별해낸다.

붓다와 마하가섭은 꽃 한 송이와 미소 한 번으로 서로 공감했다. 통하는 사람은 이렇게 말하지 않아도 서로 알게 된다. 이런 동행자를 둔 사람은 얼마나 행복한가. 팀을 위해 해야 하는 일은 업무능력과 더불어 공감능력을 동시에 갖추어야 한다. 업무능력은 좋으나 공감능력이 떨어지는 사람은 팀워크에 적합하지 않고 프리랜서로 일하는 것이 낫다.

공감지능은 타고나는 것보다 자신의 노력으로 높일 수 있다. 공감지능을 높이고 싶은가? 이렇게 해보라. 내 가족, 동료, 상사, 직원들 주변 사람의 관심이 무엇인지 생각해보라. 그들을 오직 내가 필요할 때만 이용하려고 했던 것은 아니었던가. 그랬다면 앞으로는 무엇을 필요로 하는지 그들의 마음을 헤아려보는 것만으로도 공감지수가 올라간다.

매순간을
처음처럼 하라

亦各須熟 彼不自代
역 각 수 숙 피 불 자 대
각기 열매를 맺나니 다른 이가 대신할 수 없다.

권력의지가 강할수록 획일화를 원하고, 획일화될수록 마음의 눈이 닫힌다. 이 눈이 열리면 그야말로 눈앞이 수류화개水流花開요, 만목청산滿目靑山이다. 이제 매순간이 새롭고 진리와 더불어 유유자적하게 된다.

다음은 알프레드 수자의 시 〈사랑하라, 한 번도 상처받지 않은 것처럼〉이다.

사랑하라, 한 번도 상처받지 않은 것처럼 Love, like you've never been hurt.

춤추라, 아무도 보지 않는 것처럼 Dance, like nobody is watching you.

노래하라, 아무도 듣지 않고 있는 것처럼 Sing, like nobody is listening you.

일하라, 돈이 필요없는 것처럼 Work, like you don't need money.

살아가라, 오늘이 마지막인 것처럼 Live, like today is the last day to live.

모든 사랑은 첫사랑이다. 연인 간의 사랑도 친구 간의 우정도 처음처럼 새롭다. 쳐다보는 눈을 의식해 부르는 노래에 추는 춤이 어디 내 것인가. 마음의 눈이 열린 사람들에게는 살아가며 사랑, 춤, 일이 모두 매번 첫키스와 같다.

명예욕 없는
명예

無位眞人
무 위 진 인
'참나'는 어디에도 걸림이 없다.

명예로운 삶이란 무엇일까? 자신과 남에게 솔직하고 유익을 주는 삶이다. 겉치레 문화가 지배하는 사회는 남보다 두드러진 사람으로 보이는 것만을 명예로 여긴다. 한국은 대통령의 앞모습과 중앙에 자리잡은 모습만 보도하지만, 미국 등에서는 뒷모습이나 한쪽 구석에 쪼그리고 앉은 대통령의 사진도 보도된다. 명예욕에는 진정성이 없고 연출만 있다.

명예욕은 존경받을 만한 내용도 없으면서 존경받고 싶어 위선으로 자신을 치장하는 경우이다. 명예욕 없이 명예롭게 인생을 산 모범이 붓다이다. 붓다는 권력과 돈, 체면을 일체 고려하지 않고 열반에 들 때까지 직접 탁발을 다녔다.

사람들로부터 공양초대가 없는 날은 직접 발우를 들고 탁발했다. 제자들에게 탁발을 시키거나 돈 많은 지지자에게 푸짐한 공양을 지속적으로 받아도 될 텐데 거절했다. 팔십이 다 되어서도 자신의 먹을 것을 직접 탁발해 스스로 공양했다.

과거 왕정체제와 독재 정권 등 권위주의 시대에는 권력으로 사람들을 움직였다. 상업주의 시대에 와서는 돈이 최고의 동기유발 원천이 되었다. 사회가 더 발전하여 경제적 여유를 가지면서 점차 사람들은 심리적 감흥이 일어나야 동기유발이 되는 방향으로 가고 있다.

자비는
가장 큰 교화력이다

獨處閑靜 樂誦經典
독 처 한 정 낙 송 경 전
가끔은 고요한 곳에서 경전을 암송하라.

사람은 두뇌에 바람직한 생각이 들어 있어야 한다. 매일 포르노사이트만 보는 사람이 음욕을 이길 수 없다. 무엇을 자주 접하느냐, 어떤 것을 암송하느냐에 따라 인격이 다르다.

성인들의 경구 중 특히 불교경전은 자기관리와 대인관계를 맺는 데 탁월하다. 불경을 자주 읽다 보면 외워지는데, 그때부터 불경의 효험을 체험할 수 있다. 불경은 어느 시대에만 유용한 것이 아니라 인류가 존속하는 한 대중의 정서를 늘 대변한다.

권력이 동기유발 요소였던 권위주의 시대에도 대중의 정서를 무시한 일방적 폭압은 거센 반발을 일으켰다. 돈이 주요 동기유발 요인인 자본주의 시대에는 대중 심리를 누가 더 충족시켜 주느냐에 따라 돈이 몰려다닌다.

권력과 돈으로 사람의 마음을 살 수는 없다. 그러나 마음을 얻으면 모든 것을 얻는다. 불경에는 붓다가 배를 타지 않고 강을 건너고, 불속이나 악귀들도 마음대로 지배하는 등 얼마나 불력이 강한지 보여주지만 사람을 다룰 때만큼은 힘보다 자비로 대한 것을 알 수 있다. 이것이 붓다의 교화력이다. 붓다의 교화력은 불력이 아니라 자비에서 나왔고, 그 자비가 온 누리를 덮었다.

자애는
조건 없는 사랑이다

愚人修福不修道 謂言修福而是道
우 인 수 복 불 수 도 위 언 수 복 이 시 도
어리석은 이는 복은 닦고 도는 닦지 않으며, 도를 닦고 있다고 한다.

붓다의 도道는 사람을 사람답게 만든다. 사람이 사람다워야 사람이지 사람이라고 다 사람은 아니다. 사람 같지도 않은 사람이 출세하고 영향력을 행세하면 정글사회가 된다. 도는 복이 자동으로 따라오는 도화선이다. 도가 없는 복은 물고기가 한 마리도 살지 못하고 짠 소금만 가득한 사해와 같다.

붓다의 교훈이 동양을 지배했고, 현대에는 서양까지 감화를 끼치는 이유는 딱 한 가지, '자애사상'이기 때문이다. 자애는 조건을 따지지 않는 사랑이다. 많은 경우 사랑이란 미명하에 집착이 들어가 있다. 집착에 의해 빚어진 사랑은 집착의 대상에 대해 끝없이 갈구하고 소유하려고 한다. 즉, 외적 아름다움에 집착해 아름다운 사람을 사랑한 사람은 그 아름다움이 사랑하는 사람에게서 사라진 순간 또다시 아름다움이라는 추상적 개념을 일시적 신체 위에 포갠 것처럼 보이는 사람을 찾는다. 붓다의 자애사상은 사랑이라는 이름으로 집착하는 추상적 개념이 일체 마음이 만들어낸 허상임을 아는 데서 비롯된다.

무엇보다
자신부터 사랑하라

夫治事之士 能至終成利
부 치 사 지 사 능 지 종 성 리
자기 일을 꾸준히 하는 사람은 능히 이로움에 이른다.

자애慈愛란 항시 자애自愛로부터 시작된다. 자애는 이기주의가 아니다. 이기주의란 욕망에 눈이 먼 경우이고, 자애는 자신을 혹사하지 않는 것이다. 욕망에 눈이 멀면 결국 자신을 망가트린다. 자애는 그래서 불필요한 욕망을 멀리한다. 또한 무리하게 자신을 다루어 몸과 마음이 망가지지 않게 한다. 붓다는 몸이 불편하면 미뭇거림 없이 제자인 사리불에게 대신 설법하라고 시켰다.

"사리불아, 나는 허리가 아파 쉬어야겠다. 네가 비구들에게 설법을 하여라."

사리불은 붓다의 뜻을 받들었다. 붓다는 자기 몸을 학대하지 않았다. 만일 자기 몸을 혹사했더라면 초기 수행자 시절 만났던 스승 바가바를 떠나지 않았을 것이다. 온갖 고행을 자초하던 바가바를 떠나 네란자라 강에서 고행하던 몸을 씻었다.

붓다가 출가한 까닭은 몸을 괴롭게 하기 위함이 아니라 무고안온無苦安穩을 위해서였다. 오랜 고행승 생활로 지친 몸을 씻음으로 고행주의를 버렸다. 내가 먼저 행복해야 남을 행복하게 할 수 있고, 내가 먼저 바르게 되어 있어야 남을 바로잡아줄 수 있다. 자신에 대한 군건한 자애로움이 없으면, 다른 사람의 악의에 이용당하고 끌려다닌다.

자신에게 너그러울 때
남에게도 너그러울 수 있다

慈育人物 悲愍群邪
자 육 인 물 비 민 군 사
자애는 인물을 만들고 키워주며, 그릇된 사람들에게 연민을 갖는 것이다.

《법구경》은 자애를 "항상 스스로 몸을 거두고 남을 해치치 않는 마음이다"라고 했다. 《법구경》이 말하는 자비로움의 요체는 '인물을 만들어 키워주는' 것이다. 처음부터 타고난 인물도 적고, 처음부터 그릇된 인물도 없다. 인간은 누가 어떻게 가르치고 돌보느냐에 따라 달라지게 된다. 자랄 때도 그렇지만 성인이 된 후에도 마찬가지다. 누구와 만나느냐가 중요하다. 여기에 붓다의 사람들이 할 일이 많다. 우선 붓다처럼 깨달은 사람은 인적 환경에 매이지 않고 좋은 영향을 줄 자비로움이 있다. 자비는 모든 허물을 덮고 모든 악을 선으로 돌려놓는 힘이 있다.

붓다는 항시 '착한 벗'이 되라고 가르쳤다. 친구 사이뿐 아니라 부모와 자녀, 스승과 제자, 상사와 부하, 연인끼리도 '선우善友'가 되어야 한다. 붓다의 세계는 누구를 지배하고 누구에게 종속되는 관계가 아닌 각자 존엄성을 보전하고 긍정하며 서로 돕고 서로 가르친다. 붓다의 근본 이념은 '좋은 벗들의 사회'이다. 자비로움은 나로부터 시작해 동심원처럼 세상으로 번져나간다. 자신을 자비롭게 대하니 다른 사람에게도 너그럽게 대하게 되고, 자신에게 너그러운 대우를 받은 사람이 또 너그러운 마음으로 더 많은 이와 더불어 살아간다.

마음이 즐거운 것이
최고의 즐거움

眞正見解 殊勝自至
진 정 견 해　수 승 자 지
바른 견해를 구하면 저절로 탁월해진다.

코살라국 파사나디 왕의 궁전에 다섯 나라 왕들이 모였다. 연회가 벌어지고 왕들이 미녀들과 환락을 즐기는데, 한 왕이 갑자기 궁금해했다. "세상에서 무엇이 제일 즐거울까?" 왕들이 제각기 견해를 밝혔다.

"뭐니 뭐니 해도 색色―온갖 사물―이 최고지."

"무슨 소리, 성聲　온갖 음악―이 더 좋아."

"나는 미味―음식―이 최고야."

"나는 촉觸―남녀간의 사랑―이 최고야."

저마다 의견이 다르자 파사나디 왕이 제안했다.

"이러지들 말고 우리 붓다를 찾아가 물어보세."

붓다는 다섯 왕의 이야기를 쭉 듣더니 명쾌한 답을 내놓았다.

"왕들이여, 그대들의 견해를 잘 들었소. 나는 '알맞은 마음'이 최고의 즐거움이오."

내게 알맞음을 벗어난 음식, 음악 등은 아무리 맛있고 흥겨워도 곧 지겹게 된다. 다섯 왕이 붓다의 지혜 앞에 머리를 숙이고 각기 나라로 돌아가 이전보다 현명한 통치자자 되었다.

남을
존중해야 하는 이유

無不甚深　無不解脫
무 불 심 심　무 불 해 탈
모두가 깊은 경지이니 해탈 아닌 것이 무엇이랴.

어느 날 코살라국 파사나디 왕 부부가 높은 누각에 올랐다. 왕국의 너른 들과 아득히 뻗은 산을 둘러보며 왕이 왕비에게 물었다.

"맛리가여, 이 세상에서 그대보다 더 사랑스러운 사람이 몇이나 있소?"

한참 생각하던 왕비가 입을 열었다.

"이승에서 저보다 사랑스러운 이가 또 있을까요? 마마는 어떠신지요?"

"맛리가여, 나도 그렇다오."

평소 붓다의 가르침을 잘 따르는 두 사람의 생각이 일치했다. 하지만 자신들의 의견이 옳은지 궁금해 함께 붓다를 찾아갔다.

"붓다여, 우리 부부는 세상에서 자신이 제일 사랑스럽다고 했는데 어떠합니까?"

붓다는 고개만 끄덕이다 눈을 지그시 감고 시詩로 화답했다.

"사람은 생각으로 어디든 갈 수 있으나, 어느 곳을 간다한들 자기만큼 사랑스런 이를 찾을 수 있으랴. 또한 생각만으로 어떤 경우라도 상상해 볼 수 있으니, 어느 경우인들 자신만큼 소중할 수 있으랴. 자신이 사랑스럽고 소중한 만큼 남도 사랑스럽고 소중하니 남을 해쳐서는 안 된다."

욕망은 마음이
만들어내는 허상이다

生卽有欲 不生卽無欲
생 즉 유 욕 불 생 즉 무 욕
일으키면 욕망이 있고, 일으키지 않으면 없다.

중국 최초 여황제 측천무후가 당대 10대 선사들을 초청했다. 혜능이 병을 핑계로 오지 않자 "달마 대사가 물려준 가사를 돌려보내라"고 요구했다. 혜능을 제외하고 9명의 고승이 황궁에 왔다. 측천무후가 이들에게 물었다.

"화상들도 욕망이 있습니까?"

이때 지선 선사를 제외하고 모두가 욕망이 없다고 하자 지선 선사에게 측천무후가 다시 물었다.

"화상은 왜 대답이 없소?"

"저는 욕망이 있습니다."

"어찌하여 금욕하는 선사께서 욕망을 지니고 계십니까?"

"욕망을 일으키면 생기고, 일으키지 않으면 사라집니다."

이 말에 측천무후는 크게 고개를 끄덕이며 달마의 가사를 지선 선사에게 내렸다.

욕망이란 무엇일까? 독자적으로 존재하는 객체가 아니다. 마음에 기생하는 의존적 허상이다. 지선을 제외한 선사들이 무후 앞에 욕망이 없다고 말한 것은 욕망 그 자체를 실상으로 보았기 때문이다. 욕망은 마음이 만들어내는 것에 불과하다.

자애도
지나침이 없어야 한다

孰能擇地 捨鑑取天
숙 능 택 지 　 사 감 취 천
누가 대지를 가려내고 한계를 뚫고 하늘을 정복할까.

《화엄경》에서 "사람의 마음이 곧 자비의 그릇이다"라고 했다. 이 그릇만큼 사람이 옹졸하기도 하고, 대범하기도 하다. 붓다의 메타―자애―는 사랑의 전제조건과는 무관하다. 자애는 어떤 집착에도 의존하지 않는다. 자애 그 자체로 존재하는 것이고, 존재들의 연결성에 활기를 준다.

어느 양로원 노인들을 두 그룹으로 나누어 각기 몇 그루의 나무와 토끼 한 마리씩을 주었다. A그룹에게 나무와 토끼를 잘 돌보아야 된다고 했고, B그룹은 토끼와 나무가 잘 자라는지 지켜만 보라고 했다. 3년 동안 이 두 그룹을 비교 관찰해 보니, A그룹 노인들이 B그룹에 비해 훨씬 건강하고 활발하며 생기가 넘쳤고 사교적이었다. 자애는 행하는 사람과 받는 쪽 모두에게 이롭다. 자애는 소극적으로는 해를 끼치지 않으려는 태도이고, 적극적으로는 그의 필요를 채워주려는 태도이다.

그런데 자애에서만큼은 소극적인 태도가 적극적인 태도보다 훨씬 더 중요하다. 자애를 적극적으로 행하기 전에 먼저 그에게 해가되지 않게 하려는 굳건한 심성을 세워야 한다. 왜냐하면 그의 필요를 채워주며 잘해준다는 것이 별 도움이 안 되고 지나쳐서 그에게 더 아픔과 상처만 남기는 경우가 허다하기 때문이다.

자비가
일상이 되게 하라

一心旣無 隨處解脫
일 심 기 무　 수 처 해 탈
그 마음마저 없으니 어디서든 해탈이다.

불교를 자비의 종교라 한다. 자비행을 하면서도 자비행이라는 의식조차 없기를 바란다. 그것이 보살의 삶이다.《화엄경》〈보원행원품〉은 다음과 같이 말한다.

"보살의 삶이 중생수순衆生隨順이다. 중생을 공양함이 부처를 공양함이 되고, 중생을 기쁘게 함이 부처를 기쁘게 함이 된다. 시방세계에 중생이 가지가지 차별을 받으나 보살은 이들을 수순隨順하여 가지가지로 공양하되 부처처럼 받들어라. 길을 잃은 이에게 길을 가리키고, 병든 이에게 어진 의원이 되고, 어두운 이에게 광명이 되고 일체 중생을 평등히 하라. 중생의 번뇌가 다해야 나의 공양도 마치리라. 이 공양을 끊임없이 하되 뜻과 맘과 몸에 지치거나 싫어하지 말지니."

보살은 경전을 깨닫고 애용하며 사는 지극히 평범한 모든 사람이다. 그래서 보살행이 따로 있는 게 아니고 일상의 삶 그자체이다. 만일 보살행이 따로 있고 일상생활이 따로 있다면, 이 또한 붓다가 그토록 질타했던 생의 올무가 되고 만다. 생업生業, 불사佛事, 일상, 보살행이 제각각이 되면 붓다의 가르침을 오도하는 것이다.

붓다가 진정 원하는 보살행은 "일체 중생이 평등한 이익을 누리도록" 노력하는 것이다.

만사에 차별이
아닌 구별을 하라

且要平常 莫作模樣
차 요 평 상 막 작 모 양
평상심을 지니려면 다른 모양을 갖지 말아야지.

경전 《슈타니파타》의 〈위없는 행복〉 편에 나를 찾는 방향이 나온다. 원문을 현대적으로 의역하면 이렇다. "인문학적 지식, 공학적 기술, 기능적 훈련을 사고 그 위에 변재辯才―설득력―를 지니게 하라. 이것이 위없는 행복이다." 자기를 발견한다며 공리공담에 빠져 세월을 낭비해서는 안 된다. 붓다의 진리는 항시 저세상의 추론이 아니라 생활 속에서, 나 자신 속에서 찾는 것이다.

우선 자신의 적성이 무엇인지 알고 진로를 잘 선택해야 한다. 또한 사람을 잘 볼 줄 아는 능력을 길러야 승자가 된다. 인문학과 예술에 소양이 있는지, 과학자의 재질이 있는지를 보고 그런 특별한 재질이 없다면 기술과 기능을 배워두는 것이 인생을 보람 있게 살 수 있는 방편이다. 내가 잘할 수 있는 것에 집중해야지 남들이 좋아하고 박수 치는 일을 추종해서는 안 된다. 먼저 자신의 장점과 단점을 정확히 보라. 그리고 자신의 강점에 집중하고, 다른 동료들도 그들만의 강점에 집중하도록 도와주어야 한다. 유능한 사람은 자신을 포함해 사람들의 장단점을 볼 줄 안다. 그렇게 사람을 구별은 하지만 차별은 하지 않는다.

무엇보다 자신의 강점을 살려 재능을 발휘하며 사는 것이 위없는 행복이다.

인성으로
사람을 평가하라

近道見愛 離道莫親
근 도 견 애 이 도 막 친
도를 가까이하는 자를 좋아하고 도를 떠난 자를 멀리하라.

처음 만나는 사람의 첫인상은 3초 안에 판단된다. 이런 판단이 그 후에도 큰 영향을 끼친다. 그러나 우리는 경험상 첫인상이 매력적이었던 사람이 갈수록 실망스러운 경우도 많고, 첫인상이 별로였지만 지내면서 보니 정말 좋게 느껴지는 사람도 많다는 것을 안다. 그래서 사람을 평가할 때 첫인상에만 의지해서는 안 된다.

그러나 독재적 기질을 가진 사람들은 대개 자기 본능에 의존해 사람을 뽑는다. 이때 본능이란 경험에서 누적된 감정들이다. 즉, 자기가 좋아하고 자기의사를 존중해줄 사람만 뽑는다.

정실주의 인사의 대명사는 미국 전 대통령 부시였다. 인사정책의 한 단면을 보여 주는 사례로 마이클 브라운을 들 수 있다. 국제 아랍말협회 회장을 맡다가 대통령 선거 때 부시를 도와 재난관리에는 전혀 문외한인 브라운은 부시 덕분에 연방 재난관리청의 최고책임자가 되었다.

브라운은 2005년 8월 뉴올리언스에 초대형 허리케인 카트리나가 강타한 지 5시간 후에서야 국토안보부에 지원을 요청했다. 트럭 1대 정도면 충분하다 했다가 후에 카트리나는 천재天災와 더불어 브라운 때문에 인재人災까지 겹쳤다고 비난을 받았다.

온정주의를 따를 때
최대의 피해자는 당사자

學當取要 令至老安
학 당 취 요   영 지 노 안
배울 때 요긴한 것을 취하면 늙어 편안하리.

　사람은 누구나 리더이다. 첫째 자신에게 리더이고, 둘째 관계 속에서 누군가에게는 리더 역할을 하게 되어 있다. 특정 분야의 장이 되려면 꼭 그 분야의 경험을 해야 하는 것은 아니나 부시처럼 자기와 얼마나 친한가만을 기준으로 삼아서는 안 된다. 부시는 사람의 장점을 보고 거기에 맞는 인사를 한 것이 아니라 텍사스 마피아 출신 여부를 따져 인사정책을 펼쳤다. 브라운 외에도 부시는 판사 경험이 없는 여성 헤리엇 마이어스 백악관 법률고문을 대법관 후보로 지명했고, 검사 경험도 없고 거짓 증언 혐의가 드러난 앨버트 곤잘레스를 법무장관으로 임명해서 곤욕을 치렀다.

　부시는 워낙 세계 언론의 주목을 받는 사람이어서 그의 온정주의 인사가 질타를 받았다. 대다수의 리더가 부시처럼 능력에 맞는 인사가 아니라 충성도에 따른 인사정책을 펼치고 있는 것이 현실이다. 정실인사는 능력인사를 펴는 조직에게 추월당할 수밖에 없다. 정실인사의 최대 피해자는 정실인사를 하는 당사자이다. 개인감정에 이끌리면 이런 현상이 발생한다. 좋아하는 사람의 단점은 못 보거나 무시하고, 싫어하는 이의 장점은 건방져 보이고 단점은 크게 부각된다.

모은 규율로
질서를 유지하기 위함이다

斷爲無患
단 위 무 환
억지를 부리지 않으면 우환이 없다.

붓다가 코삼비에 머물 때 한 비구가 계戒를 범했다. 이를 두고 비구들이 두 파로 나뉘었다. 파계한 비구를 추방하자는 쪽과 그렇게 중한 죄가 아니니 용서하고 받아들이자는 쪽이 팽팽히 대립했다. 붓다가 나서서 화합을 당부했으나 갈등은 갈수록 심해져 폭력사태까지 일어났다. 이에 붓다마저 이들에 대한 기대를 접고 사밧티로 거처를 옮겼다.

사태가 이쯤 되자 코삼비의 신도들이 붓다까지 떠나게 한 비구들에게 더 이상 공양할 수 없다며 공양과 보시를 일체 거부했다. 그제서야 당황한 비구들 두 파가 함께 사밧티로 붓다를 찾아가려 했다. 사밧티의 시민들과 신도들은 코삼비의 시비꾼들이 몰려온다는 말을 듣고 두려워 붓다에게 물었다. "저 싸움꾼들이 몰려온다는 데 저희는 어떻게 해야 할까요?"

"두 무리의 말을 우선 들어보고 진리에 맞는 편이 되어주라."

마침내 코삼비의 비구들이 찾아와 붓다 앞에 무릎 꿇고 서로 화해하겠다며 용서를 구했다. 붓다는 대중공론大衆公論을 열어 두 무리의 화해를 선포하고 모인 비구들에게 권했다.

"내가 정한 계율은 교단의 화합과 대중의 안락을 위한 것임을 잊지 말아라. 많은 계율의 핵심은 제외하고 사소한 계율들을 지나치게 고집해 위반 여부로 시비를 일삼지 않도록 하라."

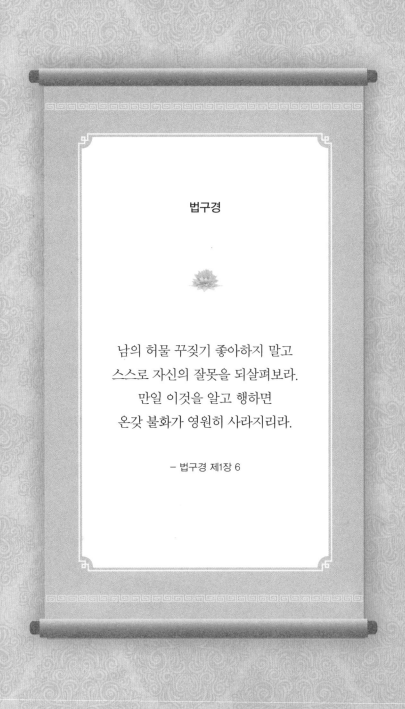

법구경

남의 허물 꾸짖기 좋아하지 말고
스스로 자신의 잘못을 되살펴보라.
만일 이것을 알고 행하면
온갖 불화가 영원히 사라지리라.

– 법구경 제1장 6

9월

번영의 길

청정한 마음에 이르면
누구나 부처가 될 수 있다

心淸淨是佛 心光明是法
심 청 정 시 불   심 광 명 시 법
청정한 마음이 부처요, 광명한 마음이 불법이라.

붓다는 깨달음을 얻은 나이가 35세였다. 코살라국 파사나디는 새로 '젊은 성자'가 나타났다는 소문을 듣고 미심쩍어 직접 붓다를 찾았다.

"붓다여, 그대가 아직도 젊은데 큰 깨달음을 얻었다고 할 수 있습니까?"

"왕이시여, 들으신 대로입니다. 제가 이승에서 최고의 깨달음을 얻었나이다."

"붓다여, 스승이라고 추앙받으며 많은 제자를 거느린 성자는 지금도 많이 있습니다. 그런데도 그 성자들은 깨달았냐고 물으면 누구도 확실하게 대답을 못했습니다. 당신은 그들에 비해 훨씬 어린데도 확실하게 깨달았다고 하니……."

"왕이시여, 나이로 사람을 중하다 가볍다하시다니요. 세상에 젊다고 가벼이 볼 수 없는 네 가지가 있습니다. 왕자가 젊다고, 족자가 조그맣다고, 불꽃을 작다고 어찌 가벼이 보겠습니까? 이와 마찬가지로 비구 역시 젊다하여 가벼이 보아서는 안 됩니다."

붓다는 보리수 아래서 그토록 많은 구도자가 얻고자 했으나 얻지 못한 깨달음을 얻었다. 중생의 윤회, 해탈을 견성見性하고 마침내 대중에게 선포했다.

"나와 함께 가자. 낡은 믿음을 버리고 삶을 노래하며 함께 가는 세상 여정의 길로."

언제나
근원적인 해답을 찾으라

道我解禪解道
도 아 해 선 해 도

도를 알고 선을 이해한다고 큰소리치지 마라.

기원정사의 말룽카 존자가 혼자 생각에 잠겼다. '세계는 영원한가 무상한가. 생명은 육신인가 정신인가. 생명과 몸은 다른 것인가. 붓다의 세계는 영원한가 일시적인가. 만일 영원하다면 계속 수행하겠지만 일시적이라면 붓다를 비난하고 떠나야겠다.'

혼자 이런 결론을 내리고 해질 녘 붓다를 찾아가 자기 생각을 말하며 기탄없이 대답해달라고 부탁했다. 붓다는 모든 제자가 지켜보는 가운데 대답했다.

"어떤 사람이 독화살에 맞았는데 친족들이 독화살을 재빨리 빼내고 의사를 부르려 했다. 그러자 독화살을 맞은 사람이 화살을 지금 뽑아서는 안 됩니다. 나는 먼저 이 화살을 쏜 놈이 누군지, 또 이 화살은 뽕나무로 만들었는지 무슨 나무로 만들었는지 먼저 알아야겠소라고 고집을 부린다면 그는 머지않아 죽고 말 것이다. 말룽카야, 너도 그와 같구나. 망상에 사로잡혀 수행에 힘쓰지 않는다면 아무것도 해결하지 못한다. 그러니 이제 수행에만 힘쓰거라."

말룽카는 크게 기뻐하며 물러갔다. 독화살을 맞았을 때 누가 쏘았는지, 화살의 재질이 무엇인지는 두 번째 일이다. 우선 화살을 뽑고 생명을 살려야 한다. 형식논리에 빠져 있으면 현실을 망각하기 쉽다.

자신의 그릇은
자신의 행동에 의해 결정된다

爲執名句 被他凡聖名礙
위 집 명 구　피 타 범 성 명 애
명성에 집착해 성인이나 범인이냐에 사로잡혀 있다.

　붓다의 아들 라훌라는 출가한 후에도 왕자이며 붓다의 아들이라는
명성에 사로잡혀 방자한 행동을 했다. 그렇다고 크게 법에 어긋난 행동
을 한 게 아니라 왕자로 궁중에 살다가 들판에서 자고 밥을 얻어먹는
생활을 견디기 힘들어 했다. 이러다 보니 사람들이 붓다를 찾으며 "어
디계시냐"고 물으면, 엉뚱한 곳을 가르쳐주어 난처하게 했다. 이 때문에
수행자들의 원성이 높았다. 어느 날 붓다가 라훌라를 찾았다. 당시는 맨
발로 다니던 때여서 어른이 찾아올 때 발 씻을 물을 주는 것이 풍속이
었다. 라훌라도 아버지이며 스승인 붓다가 오자 대야에 물을 떠 주었다.
붓다가 발을 씻더니 라훌라에게 발 씻은 대야물을 주며 "이물을 마시
라"고 했다. 라훌라가 거절하자 "왜 안 마시느냐"고 물었다.
　"더러운 물이어서……."
　"왜 이 물이 더럽느냐?"
　"발 씻은 물이니까요."
　"이물을 버리고 대야만 가지고 오너라."
　라훌라가 그렇게 하자 붓다가 일렀다.
　"본래 깨끗한 물도 더러운 것을 씻으니 더럽혀졌다. 본래 깨끗한 우리
도 마음에 탐내고 성내고 어리석을 때 더러워진다."
　그러고 나서 대야를 보며 말했다.

"이 대야로 네 밥그릇을 삼거라."

라훌라가 거절하자 붓다가 또 깨우침을 주었다.

"그렇다. 더러운 물을 담은 대야를 더럽다고 느끼듯, 거짓말하고 도둑질하고 남을 해치면 우리 몸도 더럽게 여겨져 아무도 가까이하려 하지 않는다."

그러면서 대야를 발로 멀리 차 깨버리자 놀란 표정으로 바라보는 라훌라에게 물었다.

"저 대야를 못 쓰게 될까봐 걱정이냐?"

"아닙니다. 더러워진 대야이고 값싼 물건이라 깨졌어도 상관없습니다."

"네 말처럼 너는 지금 이 대야와 같다. 거짓말하고 안하무인격으로 행동한다. 이를 고치지 않으면 커서도 쓸모없는 사람이 되어 버림받을 것이다."

비로소 라훌라가 크게 깨닫고 변화되어 붓다의 10대 제자가 되었다.

인간만이 할 수 있는
창의성에 집중하라

覓著轉遠 求之轉乖
멱 착 전 원   구 지 전 괴
찾으려 할수록 구하려 할수록 더 멀어진다.

위대한 지도자 중 한 사람인 처칠도 1900년 정치에 입문해 1940년까지 별 쓸모없는 사람으로 여겨졌다. 처칠은 원래 공부도 못했고, 학창시절의 담당교사는 "붉은 얼굴에 키 작은 반에서 가장 멍청한 아이였다"고 회상했다.

평범한 시대에서는 방관자처럼 살던 처칠은 유럽 전역에 위기가 찾아오자 진가를 발휘했다. 처칠의 등장으로 스탈린과 히틀러가 종말을 맞게 되었다. 아무도 평범한 처칠이 그토록 위대한 지도자가 되리라 상상하지 못했다.

이력서나 겉으로 보기에 뭘 많이 아는 것 같은데 현장에 필요한 지식과 실무 능력은 떨어지는 사람이 많다. 이들은 주어진 과제는 수행하지만 새로운 과제를 만들어 풀어나가지를 못한다.

유명 비즈니스 스쿨들도 재무관리, 경영전략 등 하드 스킬에 집중했던 교과과정에 소프트 스킬 향상 프로그램을 강화하고 있다. 제품은 로봇이 만들 수 있고, 재무회계는 컴퓨터가 대신할 수 있다. 그러나 조직 내외의 의사소통, 팀워크, 인성에 맞는 인사정책, 다양한 상황에서의 리더십을 활성화하는 일은 기계가 아닌 사람이 직접 해야 한다.

진정한 리더는
위기에서 빛을 발한다

人以種姓繫 度者爲健雄
인 이 종 성 계　도 자 위 건 웅
종성에 들어 강을 건넌 자가 진정한 영웅이다.

　　종성種姓은 '고뜨라브gotrabhū'인데 니르바나, 즉 성인의 반열에 드는 바로 그 '찰나'를 말한다. 니르바나에 이르는 찰나와 흡사한 경우가 많이 있다. 독서 삼매경도 그렇다. 책 읽는 재미에 깊이 빠져 그 책 속의 세계에 푹 잠긴다.

　　어떤 명언이나 경구를 곱씹으며 누리는 법열法悅도 마찬가지다. 굳이 불경이나 성경처럼 어떤 경전이 아니라 해도 무명의 장삼이사들의 말한마디로 어떤 사건이나 사물을 우연히 만나 각성할 수 있다.

　　신라의 고승 원효는 의상과 함께 당나라로 유학을 가던 중 폭우가 쏟아지자 바위굴로 피신해 하룻밤을 묵는다. 한밤중 목이 말라 마신 물이 아침에 보니 해골물이었다. 그 순간 '일체유심조一切唯心造'를 깨닫고 유학가는 것을 그만두었다. 이 바위굴은 평택 수도사 주변으로 전해진다. 서구의 성자 어거스틴도 방탕하게 살던 시절 골목길에서 놀던 아이들이 부르는 "어둠에서 벗어나라"는 노랫소리를 듣고 깨달았다. 이처럼 종성에 든 자가 영웅이다.

　　그저 말고삐만 잡고 있을 뿐 날뛰는 말을 제어하지 못하면 진정한 마부가 아니다. 질주하는 마차를 멈추게 하듯 솟구치는 탐, 진, 치를 멈추는 자야말로 진정한 영웅이다.

인격자는
선행을 내세우지 않는다

捨惡知識 親近善友
사 악 지 식 친 근 선 우
악한 지식을 버리고 선한 친구와 가까이하라.

코살라국 사위정사에 머물던 붓다에게 잘생긴 청년이 찾아왔다.

"붓다여, 여러 나라를 떠도는 나그네에게 좋은 벗은 어떤 사람입니까?"

"나그네에게 가야 할 길을 친절하게 안내하는 사람이다."

"집에서는 누가 좋은 벗입니까?"

"정숙하고 지혜로운 아내이니라."

"그럼 후세에 좋은 벗은 누구입니까?"

"후세의 좋은 벗은 사람이 아니라 네가 닦은 공덕이니라."

상황, 필요에 따라 채워 주는 사람이 좋은 벗이다. 이런 벗들은 좋은 일을 할 때 생색내지 않고, 왼손이 하는 일을 오른손이 모르게 한다. 이것이 '동체대비同體大悲'이다. 삼라만상이 한 몸인데 자기 몸을 자기가 아끼면서 희생했다고 밖으로 내세우지 않는다.

"너희 고뇌가 내 고뇌이며, 너의 평화가 내 평화이니라."

이것이 붓다의 마음이다.

배움의
의미

踏碓忘却移脚
답 대 망 각 이 각
디딜방아를 밟고 발 떼는 것을 잊어버렸다.

붓다는 내세의 천당으로 안내하는 구원의 길이 아니라 즐겁게 살아
가는 법을 가르치고 과연 제자들이 이를 잘 이해하는지 궁금해했다.

"비구들아, 내게 배우지 않은 자들도 낙수樂受와 고수苦受와 비고비낙
수非苦非樂受도 안다. 그렇다면 내게 배운 자나 배우지 않는 자나 무엇이
다르겠느냐?"

낙수는 상쾌한 감정이고, 고수는 불쾌한 감정이다. 비고비낙수는 즐
거움이나 괴로움을 느끼지 않는 것이다. 이 정도의 분별은 붓다의 가르
침을 듣지 않아도 다 안다. 그러면 붓다의 가르침이 무슨 의미가 있는지
제자들도 궁금해 붓다에게 묻자 붓다가 대답했다.

"가르침을 받지 못한 자들이 고수에 빠져 슬픔이 깊어지면 몸과 마음
을 가누지 못한다. 이는 제1화살을 맞고 뒤이어 제2의 화살을 맞은 것
과 같다. 교훈을 아는 자들은 제1화살인 고수를 받더라도, 지나치게 탄
식하거나 혼비백산하지 않는다. 이는 제2화살을 받지 않기 때문이다.
낙수의 이치도 동일하다."

누구나 꽃을 보고 즐거워한다. 가르침을 받는 자는 거기에 홀리지 않
는다. 누구나 제1화살은 피할 수 없다. 그러나 제2화살은 본인의 뜻에
따라 맞을 수도, 안 맞을 수도 있다.

9월 8일

올바른 선택을
위한 길

識取弄光影底人
식 취 농 광 영 저 인
그림자로 희롱하는 사람을 분별하라.

우리는 매일 의사 결정을 내려야 한다. 매 순간이 결정의 연속이다. 그럴 때 허상에 속지 않아야 바른 판단을 한다. 그럼, 어떤 식으로 의사 결정을 내려야 좋은 결과를 맺을까? 의사 결정 과정에는 전형적인 8단계가 있다.

첫 번째, 의사 결정이 필요한 문제를 확인한다.

두 번째, 의사 결정의 기준을 설정한다.

세 번째, 설정 기준의 중요도를 정한다.

네 번째, 선택 가능한 대안들을 개발한다.

다섯 번째, 그 대안들을 분석한다.

여섯 번째, 대안들 중에서 최적의 대안을 선정한다.

일곱 번째, 실행한다.

마지막으로 실행의 결과에 따라 의사 결정을 평가하고 문제를 다시 확인하는 피드백을 거친다. 우리는 평소 의사 결정 과정을 체득화해 놓을 필요가 있다. 또한 의사 결정의 매 단계마다 객관성, 합리성, 경제성을 충분히 고려하라.

자연은
이치대로 움직인다

總不作 只沒忙
총 부 작　지 몰 망
별다른 일도 없고 바쁘지도 않다.

천곡산 동굴에서 무상 선사는 초의토식草衣土食하며 15년간 수행을 마
치고 스승 처적 선사를 찾아갔다. 스승은 대견해 하며 무엇을 했는지 궁
금해했다.

"천곡산에서 한 일은 별로 없습니다. 그렇다고 바쁘지도 않았죠."

수행을 마친 제자의 현답에 스승이 맞장구를 쳤다 .

"汝與彼忙여여피망 吾亦忙矣오역망의."

이는 "네가 바쁠 때 나도 그와 같이 바쁘다"라는 뜻이다. 스승과 제자
가 깨달음의 경지에서 일심동체가 되었다. 괜히 마음만 분주할 뿐 나태
할 수 있고, 몸은 바쁘나 마음은 여유로울 수 있다. 바람은 늘 여유롭다.
그런 바람을 허허로운 벌판이나 빌딩 가득한 도심이나 어느 곳에서도
움켜쥘 수 없다. 봄에 피는 꽃도, 계곡에 흐르는 물도 전혀 바쁘지 않다.
하늘에서 내리는 빗방울도 바쁠 것이 없다. 바쁜 것은 그냥 그렇게 무
심히 돌고 도는 자연을 바라보며 계산하고 분별하는 사람의 마음일 뿐
이다. 비를 그냥 비로 보고, 어김없이 뜨고 지는 해를 그냥 바라본다. 내
눈이 바쁘면 우주도 바쁘고, 내가 한가로우면 우주도 한가롭다. 내가 눈
을 감으면 자연도 눈을 감고, 내가 눈을 뜨면 자연도 눈을 뜬다.

좋은 말은 귀에 거슬려도
삶에 유익하다

莫祇論說閑話過日
막 지 논 설 한 화 과 일
말다툼으로 세월을 허비하지 마라.

공자는 "良藥苦口利於病양약고구이어병"이라 했다. 양 약은 입에 쓰나 몸에 이롭다. 인류 역사에 간신을 좋아해 망하지 않은 역사가 없고, 쓴소리하는 충신을 가까이해 흥하지 않은 나라가 없다. 무엇 때문에 다른 사람의 의견을 듣고 회의를 하는가.

내 생각과 다르고 내 느낌과 다른 이야기를 듣기 위해서이다. 나와 다른 의견을 충분히 듣고 내 의견이 객관적인지 타당한지를 비교하려는 것이다. 감언이설甘言利說에 현혹되지 말고, 충언역이忠言逆耳이니 듣기 거북해도 바른 소리를 경청해야 한다. 대화를 나누고 덕스러운 관계를 도출하려면 나와 다른 의견이라도 배척하지 말고, 일단 경청하며 바른 의견이 조금이라도 담겨 있는지 살펴본다.

그리고 그 내용으로 대화를 진전해 나가면 공감을 형성한다. 만일 거절해야만 될 때 그 의견을 낸 사람을 거절하는 것이 아님을 분명히 해야 한다. 반대에 부닥친 상대가 자기 존재가 아닌 특정 사안에 대한 거부임을 감성적으로 느낄 수 있어야 한다. 대화가 마무리된 뒤 같은 의견을 낸 사람들만 유별나게 가까이하지 말고 거절당한 견해를 낸 사람과 더 정답게 풀어야 한다.

아부는 멀리,
바른말은 가까이하라

又來這裏拊虎鬚
우 래 저 리 날 호 수
또 와서 이 호랑이의 수염을 뽑아가는구나.

자기만 옳다는 독선과 아집은 소통을 막고 발전을 저해할 뿐이다.

진시황제가 죽자 사방에서 난이 이는 가운데 유방劉邦과 항우項羽가 군사를 일으켰다. 항우보다 유방이 먼저 진나라 도읍인 함양咸陽에 들어가 항복을 받고 아방궁으로 들어갔다. 아리따운 궁녀들이 모여들어 교태를 부리자 유방은 곧바로 아방궁에 머물려고 했는데 용장 번쾌가 반대했다. 그래도 유방이 머뭇거리자 장량이 나섰다.

"당초 진왕이 음락에 빠져 포악한 정치를 했기 때문에 민란이 일어났습니다. 그런데도 전하가 이곳에 머무신다면 하나라 걸왕, 은나라 주왕과 다를 바 없게 됩니다. 본래 충언은 귀에 거슬리나 이롭다고 했으니 부디 번쾌의 충언을 따르소서."

그제서야 제정신이 든 유방이 아방궁을 빠져나왔다. 유방이 충언을 들었기에 한나라의 역사가 세워졌다.

바른말을 들을 때 당장은 기분이 상할 수 있으나 결국은 자신에게 이롭다. 내 뜻에 거슬른 이야기를 한다고 해서 화만 내지 말고 스스로 돌이켜 자기를 성찰해야 한다. 그래야 해답이 다른 데서 나오지 않고 내 안에서 나온다.

경쟁자는
우리를 분발하게 하는 존재

處處游履 唯見空名
처 처 유 리 유 견 공 명
곳곳에 돌아다녀보아도 헛도니 이름뿐이라.

친구와 달리 적은 나를 해칠 수 있기에 적의 속내를 잘 알아야 충분히 대비할 수 있다.

친구보다 적이 내 약점에 대해 더 잘 안다. 적을 무시하거나 증오하지 말고 적과 건전한 경쟁자의 관계로 설정해야 '매사불여튼튼'하다.

경쟁자를 나를 죽이려는 적으로만 보면 인생이 피곤해 우울하다. 경쟁자는 내 발전을 자극하는 촉매제의 역할도 한다. 마라톤을 보라. 라이벌이 견인차 역할을 하며, 라이벌이 있어서 먼 길을 달리는 동안 지루하지 않다.

붓다에게도 경쟁자가 있었다. 그들은 붓다의 승단이 확대되기 전에 이미 상당한 지지자들을 거느리던 우르베라 카사바, 나디 카사바, 가야 카사바의 삼형제였다.

이들은 모두 머리를 틀어 올려 묶고 수행하여 결발외도結髮外道라 불리었다. 각각 500명, 300명, 200명을 거느리고 있었다. 당시 붓다를 따르는 제자는 겨우 60여명 정도였다. 붓다는 이들을 어떻게 대했을까? 자신보다 훨씬 크고 잘나간다고 질투하지도 않았고, 그들보다 작은 자신의 승단이 더 진실하고 위대하다고 강변하지도 않았다.

인격적
신뢰감을 쌓으라

常當惟念道
상 당 유 념 도
언제나 바른길을 깊이 생각한다.

붓다는 카사바의 3형제와 다투는 대신 교화에 나서기로 했다. 혈혈단신으로 카사바 형제의 맏형인 우르베라 카사바를 찾았다. 우르베라 카사바는 이미 100살이 넘은 나이였다.

붓다는 그에게 성화당聖化堂에서 하룻밤 쉬어가고 싶다고 청했다. 카사바는 "저 성화당에는 용왕龍王이 있고, 그 용왕이 부리는 무서운 독사가 있습니다"라고 겁을 주었다. 그래도 붓다는 성화당에 머물겠다고 하여 숙소로 허락받았다. 성화당에 들어간 붓다는 결가부좌를 하고 좌선에 들어갔다. 자기 영역에 들어온 붓다를 보고 화가 난 용이 연기와 불을 내뿜었다. 붓다도 선정 상태에서 연기와 불을 내뿜자 용은 더욱 기승을 부려 더 센 화염을 토했다.

다음 날 불에 타 죽었을 거라는 사람들의 예측과 달리 붓다는 온전한 모습으로 신통력을 상실한 용을 담은 자루를 카사바에게 건넸다. 정령 숭배사상이 있던 당시에 용은 상징으로 인간이 상상할 수 있는 최고의 상서로운 동물이었다. 붓다는 이를 이겨냈다. 이는 붓다가 어떤 유혹이나 두려움에도 조금도 흔들리지 않는다는 것이다.

깜짝 놀란 카사바는 부처가 훌륭한 사문임을 인정은 했지만 자신처럼 성자까지는 못 된다고 여겼다. 일단 붓다는 경쟁자로부터 인격적 신뢰를 획득했다.

언제나 남이 아닌
자기 자신을 넘어서라

自强守正行
자 강 수 정 행
스스로 능력을 길러 바른길로 가자.

인간에게는 누구나 세기적인 역사는 아니더라도 어디서든 뭔가 이정 표를 남기고 싶은 바람이 있다. 이것이 인정認定욕구이다. 이 욕구로 인해 누구와 겨루어 승자가 되려 하고 최고란 평가를 받고자 한다. 인정 욕구는 고유욕보다 더 떨쳐내기 어렵다. 단, 붓다와 같이 타자의 시선이 아닌 오직 자기실현에 집중해야 극복 가능하다.

붓다는 성화당에서 가까운 밀림에 머무르면서 아침마다 카사바에게로 와서 공양을 했다. 어느 날 카사바가 큰 제사를 지내게 되었는데 마음속으로 붓다가 오지 않기를 바랐다. 많은 사람이 모인 가운데 혹 붓다가 신통한 능력을 베풀어 자신의 체면이 손상될까 염려해서였다. 과연 붓다가 그 제사에 오지 않아 카사바가 오지 않은 이유를 묻자 붓다가 답했다.

"그대는 내가 오지 않기를 바라지 않았는가?"

카사바는 또다시 놀랐다.

붓다는 다른 이의 생각을 훤히 꿰뚫는 '타심지통他心知通'의 경지에 올랐던 것이다. 카사바는 내심 붓다의 능력이 이미 자신을 넘어섰음을 알았다. 그러나 '아직 그 정도로는 나의 성자됨에 미치지 못한다'며 붓다를 애써 평가절하했다.

분별은
탐욕의 시작이다

棄猗行止 不復染樂
기 의 행 지　불 부 염 락
제멋대로 하지 말고 다시 쾌락에 빠지지 마라.

어느 날 큰 비가 내려 강물이 범람해서 붓다가 머무는 곳까지 밀려들었다. 카사바가 배를 저어 붓다가 있던 곳을 찾아가 두리번거리며 "어디 계십니까?"라고 외치자 "여기 있노라"라고 붓다의 소리가 들려 쳐다보았다. 그런데 숙소가 물로 가득한데 붓다가 머문 곳만 물이 없었다. 붓다는 이제 때가 되었다고 보고 고요히 서서 카사바에게 말했다.

"카사바여, 그대는 현자도 아니고 성자의 도에도 미치지 못했노라."

카사바는 배에서 내려 붓다 앞에 몸을 숙였다. 결국 카사바 3형제와 추종자들 모두가 붓다를 따르게 되었다. 이들 모두가 비구가 되는 자리에서 유명한 '불의 설법'을 했다.

"세상 모든 것이 불타고 있다. 무슨 뜻인가. 눈이 식별작용으로 불타니 시선이 닿는 곳마다 탐욕의 불, 미혹의 불, 증오의 불, 애욕의 불이 타오르고 있다. 눈의 접촉으로 일어난 감수感受는 좋거나 싫거나 어느 쪽이 아니어도 식별작용에 의해 색체와 형태가 불타고 있다. 생로병사, 번뇌에 의해 불타고 있다."

이 설법을 듣고 삼형제와 추종자들이 모두 해탈하자 붓다는 이들을 데리고 마가다국 라자가하로 향했다.

인간은 누구나
나누어야 할 짐을 지고 있다

勝者能施 至誠勝欺
승 자 능 시 지 성 승 기
베푸는 자가 승자이니 지성으로 거짓을 이겨라.

붓다의 승단이 카사바의 승복으로 60명에서 갑자기 1,000여 명이 넘는 대집단이 되었다. 이뿐 아니라 일약 대중성을 확보했다. 당시 사람들은 카사바는 잘 알고 있었지만, 젊은 붓다는 잘 몰랐고 아는 사람들조차도 유별나다며 의구심을 품고 있었다.

이들에게 카사바가 나서서 붓다야말로 가장 위대한 스승이라고 설득했다. 만약 젊은 붓다가 경쟁상대인 카사바를 대적하고 억누르려고만 했다면 어찌 되었을까. 인류의 4대 성인의 반열에 오르지 못했을 것이다. 카사바가 붓다에게 설복당해 붓다의 도약에 디딤돌이 되어주었다. 붓다의 공동체는 나를 알고 다른 사람을 발견하고 서로 포용하며 화합을 이룬다.

우리는 모두 이 지구상에 내던져졌다. 그래서 함께 살아내야만 하는 '동업중생同業衆生'이다. 퇴근길마다 만나는 무표정한 사람들의 표정 속에 고독이 묻어 있다. 아무리 대단한 지위를 가진 사람이라도 누구도 대신할 수 없는 자신만의 짐이 있다. 이것이 인간임을 우리가 알고 서로 느끼는 것이 '동체의식同體意識'이다. 붓다의 가슴은 동업중생을 행한 동체의식으로 늘 설레었다. 이런 설레는 마음 앞에 카사바도 감동할 수밖에 없었다.

몸을 낮출수록
인격은 높아진다

大器者 直要不受人惑
대 기 자 직 요 불 수 인 혹
큰 사람은 다른 미혹을 받지 않는다.

누가 더 위대한 스승인가. 카사바는 이 관점으로 붓다와 자신을 비교했다. 자신이 붓다보다 나이도 한참 위고, 따르는 사람도 많았고, 대중의 신망도 높았다. 자신의 이런 우월한 지위를 과시하고자 했다. 이런 카사바를 붓다는 어떻게 다루었을까? 카사바와 달리 자기 위력을 드러내지 않았다. 카사바를 찾아갈 때도 60명의 제자들을 놓아두고 홀로 갔다.

붓다의 제자 수가 카사바의 제자 수보다 적어서가 아니다. 붓다의 성품이 몰려다니며 세를 과시하는 것을 좋아하지 않았다. 카사바는 붓다보다 큰 조직을 가지고 있다고 자랑하고 다녔는데, 붓다는 이를 그대로 인정해주었다. 모멸감을 주어 흔들어놓고자 할 때 도리어 무시하고 의연하면 오히려 상대가 크게 흔들린다. 카사바는 두 번이나 붓다를 무시했다.

성화당 안에서 용을 이긴 붓다의 용맹과 지략, 그리고 홍수에도 흔들리지 않는 붓다의 초연함을 무시했다. 이런 가운데에서도 붓다는 자신의 역량을 계속 펼쳐나갔다. 누가 더 큰 사람인가? 자신을 낮추는 사람이다. 부모는 아이의 눈높이로 자신을 낮추어야 한다. 그래야 아이가 부모처럼 성장한다. 스승은 학생 눈높이로 낮춰 가르쳐야 한다. 그래야 학생이 배울 수 있다. 붓다는 카사바의 수준에 맞춰 움직여주어 카사바가 붓다의 품안에 안기게 했다.

참는 자에게
복이 온다

夫忍爲上 宜常忍羸
부 인 위 상   의 상 인 리
대개 참는 것이 제일이니 평소 약한 모양을 잘 견뎌라.

큰 그릇은 작은 그릇에 비해 여유가 있다. 큰 그릇은 작은 그릇을 담아도 작은 그릇은 큰 그릇을 담지 못한다. 카사바가 자기 잘난 맛에 붓다를 놀려도 결국 카사바는 여유 있는 붓다에게 설복되었다. 조직이 크다고 큰 그릇이 아니고, 인기가 높다고 큰 그릇이 아니다. 여유로운 자가 큰 그릇이다.

붓다는 잠시 카사바에게 자신을 내려놓았다. 붓다의 제자나 카사바의 제자들도 이런 붓다가 약해 보였다. 그러나 붓다는 자신이 약해 보이고 카사바가 강해 보이는 것을 참았다. 마침 카사바가 큰 제사를 지내는데 항시 공양을 오던 붓다가 나타나지 않았다. 그 자리는 양식도 풍성할 뿐 아니라 많은 사람 앞에 붓다가 훌륭한 스승인 것을 나타낼 절호의 기회였다. 그래서 카사바는 붓다가 오지 않기를 바랐다. 이를 안 붓다가 나타나지 않자 카사바가 비로소 감동했다.

제사가 끝난 후 카사바는 붓다를 찾아가 무릎을 꿇었다. 카사바를 따르던 1,000명의 무리도 붓다가 자유로운 선택의 기회를 주었음에도 붓다를 따르겠다고 했다. 이 시기부터 붓다의 승단이 비약적으로 발전하게 된다.

불심은
일상에 있다

平常心是道 心得自在
평상심시도 심득자재
일상 그대로가 수행이니 자유로운 마음을 지녀라.

세상에 제일 어려운 일이 무엇일까? 평상심을 유지하는 일이다.

세상에 제일 중요한 것은 무엇일까? 매일 이루어지는 일상생활이다.

따라서 일상에서 평상심을 유지하는 것이 최고의 수행이다. 진리는 먼 곳에 있지 않다.

일상의 모든 삶이 도이고, 일상에서 범부, 성인, 현자처럼 행세하지 않는 것이 보살행이다.

일상을 우습게 여기거나 방종하는 자는 참으로 어리석다. 특별 장소, 특별 행사 등, 특별함에 집착해서는 안 된다. 임제 선사는 "살불살조殺佛殺祖하라"고 했다.

길에서 부처를 만나면 부처를 죽이고 조사를 만나면 조사를 죽일 만큼 특별한 그 무엇에 집착하지 말고 일상에서 자기 자신이 되어야 한다.

내가 아닌 다른 무엇이 되려고 하는 것에서부터 부자유스러워진다. 다른 것이 아닌 나 자신이 되어야 비로소 부처가 될 수 있다. 나 자신을 놓아두고 그 무엇이 되려고 하면 특정한 장소, 특별한 시간 동안만 거룩한 척하게 된다.

본디 우주 공간에 아무 일도 없었다. 이것이 본래무사本來無事의 지점이다. 이 본래무사를 기반으로 하여 평상무사平常無事를 실현하는 것이 불도佛道이다.

어떤 순간에도
평상심을 잃지 말라

依智不依識
의 지 불 의 식
지혜롭되 고정관념에 매이지 마라.

구척장신에 훤칠한 무업 선사를 처음 본 마조 대사가 입을 열었다.
"몸은 거대한 법당인데 부처가 없구나."
"마음이 부처라 하는데 그 뜻을 잘 모르겠습니다."
"잘 모르겠다는 그 마음이 부처이니라. 다른 것은 없다."
"서쪽에서 온 달미 대사가 전해준 심인心印이 무엇이옵니까?"
"정말 말이 많구나. 그만 돌아가고 다음에 오너라."
무업 선사가 나가는데 마조 대사가 등 뒤에서 물었다.
"이것 보게. 이 뭣고?"
이 질문에 무업 선사가 크게 깨달았다. 이것이 무엇이냐라고 질문하는 그 마음, 일상에서 보고 듣고 느끼고 아는 것에 집착하는 것을 자각하는 것이 깨달음이다.
당신도 거룩해지고 싶은가? 마조 대사의 일갈대로 살라.
"無造作 無是非 無取捨 無斷常 無凡無聖무조작 무시비 무취사 무단상 무범무성."
"조작하거나 시비하지 말고, 취사선택하지 말고, 죽으면 끝이라거나 영원하다고 생각하지 말고, 범부도 아니고 성인도 아닌 것이 바로 평상심이다."

큰 성취는
허상을 버리는 순간 시작된다

修行之要 但盡凡情 別無聖解
수 행 지 요 단 진 범 정 별 무 성 해
수행이란 번뇌 망상을 떨어트리는 것일 뿐 특별한 것은 없다.

"여기 두 길이 있다. 하나는 이익을 따르는 길이요, 하나는 대자유에 이르는 길이다. 수행자들이여, 이 이치를 깨달아 남의 존경받기를 즐거워 마라. 오직 홀로이 길 가기에 전념하라."

이처럼 《법구경》은 인간의 단독성單獨性을 깨우쳐준다. 홀로 가야 하는 인생길을 휘적휘적 거침없이 걸어가야 한다.

인생길에 최고의 동반자가 평상심이다. 평상심을 가로막는 장애가 조건적으로 상호 작동하는 마음이 바로 아상我相이다. 아상은 자기 기준에 집착하는 마음이다. 아상에서 시기와 질투가 나오고, 남과 부딪친다.

아상을 버리는 것이 방심放心이다. 아상을 움켜쥐면 다른 사람의 충고도 잔소리로 들리고, 다른 사람을 내 기준에 맞게 뜯어고치고자 한다. 방심하면 기쁨이 일고 학습이 일어나 총명해진다. 방심한다고 하여 자신를 무시하라는 말이 아니다.

불교는 자신이 의지할 대상으로 신도 아니고 타자도 아니고 오직 자신뿐이라 가르친다. 방아상을 버리라는 말은 "아我를 더 총명하게 하기 위해 아에 붙은 상相을 버리라"는 것이다. 아상을 버리면 아가 우주의 중심답게 확장되며 강해진다.

획일화는
창살 없는 감옥

不用捨衆生心 但莫染汚自性
불용사중생심 단막염오자성
중생심을 버릴 것이 없다. 다만 자기 성품을 더럽히지 마라.

우리는 소소한 것에 성취감을 누리고 만족하지 않으려는 경향이 있다. 뭔가 큼직한 것을 챙겨야 성공했다고 믿는다. 이 때문에 '수행'도 일상과 떨어진 특별한 일이라 여긴다. 수행은 일상생활이다. 마조 대사는 수행을 특별하고 어렵게만 생각하는 제자들에게 주의를 주었다.

"수행이란 착의끽반着衣喫飯 아시송뇨屙屎送尿이다."

옷 입고, 밥 먹고, 대소변을 누는 일상 그 자체가 수행이다. 여기서 싸는 행위까지 도라 규정해 청결과 불결의 분별 소지까지 없애버렸다.

원시적 생리기능 앞에선 성인과 범부의 차이가 없다. 범성凡聖의 구분이 무너진 것을 깨치면 부처이고 깨치지 못하면 범부이다. 그런데 세상은 성인의 모양을 정해놓고 그에 맞추라고 한다. 심지어 성품과 스타일은 물론 외모까지 천편일률화 하고자 한다. 사람마다 지문이 다르듯 외모도 다르고, 기호도 다르고, 성격도 다르고, 세계관도 다르다. 이 차이를 없애 획일화하려 할 때 일부러 꾸미고 이러쿵저러쿵 서로 판단하며 사회가 창살 없는 감옥처럼 된다. 따라서 우리는 각기 서 있는 자리에서 각자 다른 성격과 모습, 취미를 긍정하고 살려나가는 사회적 분위기가 조성되도록 노력해야 한다.

상황에 순응하면 부러지지 않는다

明頭來明頭打 暗頭來暗頭打
명 두 래 명 두 타   암 두 래 암 두 타
밝게 오면 밝게 치고 어둡게 오면 어둡게 친다.

선입견, 편견 등을 단견상견短見常見이라 한다.

선입견과 편견을 갖게 되면 세상을 애증의 눈으로 보게 된다. 여기서 세상을 본래 모습대로 보지 못하고 서로 어긋나고 그르치게 본다. 이렇게 오염되고 조작된 마음이 집착심이고 분별심이다. 이러다 보니 형편에 따라 움직일 수가 없다.

도는 지금 이렇게 하다가 멈추기도 하고 저렇게 하다가 다시 시작하는 등 형편에 따라 움직일 수 있는 힘이다. 상황에 따라 유연하게 대처하는 힘, 그 힘이 도이다. 그 힘을 잃으면 세상을 주도할 수도, 적응할 수도 없다.

누구 못지않게 노력은 많이 하는데 열매가 없다면 혹 자신의 편견에 사로잡혀 상황을 무시하고 옹고집을 부리는 것은 아닌지 살펴야 한다. 여름 장마에 태풍이 불어 나무가 뿌리째 뽑혀 날아도 갈대밭은 갈대들의 유연한 춤으로 장관을 이룬다. 융통성 있고 유연한 사람이 자신을 잘 지킨다. 살아남는 생물은 '지능이 높거나 강한 종이 아닌 변화에 적응하는 종'이다. 이미 엎질러진 우유를 보고 후회할 필요도 없고, 일그러진 달을 보고 한탄할 필요도 없다. 바람 불면 바람 부는 대로 비 내리면 비 내리는 대로 놔두면 결국 바람과 비는 그친다.

내면의
불성을 깨우라

道不用修 平常心是道
도 불 용 수 평 상 심 시 도
도는 닦는 것이 아니라 평상심이 곧 도이다.

붓다의 제자 중 '주리반득周利槃得'이라는 사람은 가장 아둔한 자였으나 가장 똑똑한 제자가 되었다. 주리반득의 형은 모든 재산을 남겨두고 출가했다. 얼마 지니지 않아 전 재산을 사기당한 주리반득이 형을 찾아 갔다. 형은 자초지종을 묻지 않고 동생에게 가사를 입도록 했다. 그러나 바보였던 그는 법문을 듣고 아무리 배워도 깨닫지를 못했다. 도저히 출가사문으로 살기 어려울 것 같아 형이 포기하고 고향으로 돌아가라 했다. 믿고 따르던 형에게마저 외면받자 주리반득은 소리 내어 울었다. 사무쳐 울며 집으로 가던 중에 붓다를 만나 멈추어 섰다. 붓다가 물었다 "무엇을 잘할 수 있느냐?"고 묻자 그가 "청소는 잘할 수 있습니다"라고 대답했다.

붓다는 허름한 헝겊 하나를 내주며 제자들에게 주리반득에게 젖소를 맡기도록 부탁했다. 또한 주리반득이 청소할 때마다 옆에서 "먼지를 털고 묵은 때를 닦아내라"는 게송偈頌을 반복해 읊어주라 권했다. 주리반득은 제자들이 읊어주는 게송을 들으며 매일 청소하다가 외우게 되었고, 어느 날 문득 깨달음을 얻었다. 털고 닦는다는 말이 탐진치貪瞋痴를 닦아내라는 뜻인 줄 깨닫고 후에 위대한 고승이 되었다.

큰 일은 작은 일이 쌓여 이루어진다

倘欲得作佛 莫隨萬物
이 욕 득 작 불   막 수 만 물
부처가 되고자 할진대 일체 만물을 따라가지 마라.

붓다는 어떤 사람도 포기하지 않았다. 누구든 변할 수 있고 아무리 아둔한 사람도 충분히 잘해낼 수 있는 일이 분명히 있다. 친형마저 포기한 바보 주리반득도 위대한 성인이 되었다. 붓다는 주리반득에게 바보라 부르는 다른 사람들의 소리보다 먼저 자기 내면의 소리를 듣게 했다. "다른 사람이 너를 뭐라 하더냐"가 아니라 "네가 잘할 수 있는 일이 무엇이냐"고 물었다.

스스로 자기가 잘하는 일을 찾게 했고, 그 일을 잘하도록 배려했다. 한꺼번에 모든 일을 다 잘하려 말고 작은 일이라도 한 가지씩 성취해내면 거기서부터 자신감이 붙어 확대된다. 그렇게 열심히 하는 동안 능력도 신장된다.

천 리 길도 한 걸음부터인 것처럼 작은 일부터 하나하나 자신감을 쌓아 올라가면 정상에 이르게 된다. 자기성찰형의 성취가 쌓여서 현실성 있는 자신감을 갖게 된다. 같은 자신감이라도 자기를 성찰하지 못한 채 우연한 성공을 맛보고 도취되면 나르시즘에 빠진다. 주리반득이 할 수 있는 일이라고는 청소뿐이었다. 바로 그 일을 한결같이 해내며 붓다의 교훈을 사색하다가 성자가 되었다.

외면이 아니라
내면을 갈고닦으라

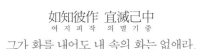

如知彼作 宜滅己中
여 지 피 작   의 멸 기 중
그가 화를 내어도 내 속의 화는 없애라.

　내면 치장보다 외면 치장에 치중하는 시대이다 보니 빚을 내서라도 강남에 살고 최고급 외제차를 타는 사람이 많다. 외화내빈外華內貧은 모래 위에 쌓은 화려한 집과 같다. 한번 바람이 불면 그 무너짐이 심할 것이다.

　어느 고즈넉한 곳에 고행자가 머물며 고행을 계속했다. 무더운 여름날에 산처럼 장작나무를 쌓아놓고 불을 지핀 후 곁에 앉아 땀을 뻘뻘 흘리며 참고 있었다. 마침 그곳을 지나던 붓다가 소리를 질렀다.

　"그대는 불로 단련해야 할 것은 놓아두고 하지 않아야 할 것을 단련하고 있구나."

　"네가 뭘 안다고 내게 가르치려는가. 내 육신을 단련하지 않으면 무엇을 단련한단 말인가?"

　"불에 녹여야 할 것은 당시의 그 노여운 마음이니라. 그 마음을 단련한다면 진정한 수행이라 할 수 있다. 짐을 실은 수레를 끌고 가는 소가 가지 않으면 어찌하는가?"

　"소를 때려 가게 한다."

　"그렇다 소에게 채찍질해야지 수레를 채찍질하면 무슨 소용이 있느냐. 육체는 수레이고 마음이 소이거늘 지금 그대는 마음은 놓아두고 육체만 괴롭히고 있느니라."

진리를
거울로 삼으라

依法不依人 依義不依語
의 법 불 의 인   의 의 불 의 어

법을 지키되 사람을 의지하지 말고, 의로움을 지키되 현란한 말에 기대지 말라.

　동서고금을 통해 성공한 사람들이 망하는 공식이 있다.

　그 첫 번째가 직언을 멀리하고, 두 번째가 서서히 아첨하는 무리들에게 둘러싸여 그들의 박수소리에 취해 현실감각을 잃는 것이다.

　그래서 붓다는 "내 뜻과 다른 사람들을 자기 무리로 삼으라"고 강조했다.

　"남들이 네 뜻대로만 따라주기를 바라지 마라. 그리하면 네가 교만해진다."

　교만은 패망에 이르게 하는 무서운 병이다. 성공하면 누구나 어느 정도는 자아도취가 된다. 이것이 지나쳐 나르시즘에 빠진다. 다른 사람이 쉽게 해내지 못하는 일을 몇 번 성공한 후에 주변의 찬양소리에 묻히며 자신도 모르게 나르시즘에 깊이 빠진다.

　거울을 보아야 자기를 알 듯, 누군가 내 모습을 가감없이 비쳐주어야 하는데 그런 사람은 모두 쫓아낸다. 이를 예방하고 치료하기 위해 단호한 의지로 나의 잘못을 지적하고 나의 교만을 반대하는 이웃을 친구로 삼아야 한다.

동행할 수 없는 사람은
피하라

夫如斯嘎之器 不堪貯醍醐
부 여 사 사 지 기　불 감 저 제 호
깨진 그릇에 좋은 음식을 담을 수 없다.

사람은 다들 같은 사람이지만 인품이 다르고 정서가 다르다. 이 차이를 알고나서부터 달관의 길로 접어든다. 그런데 이 차이가 너무 커 극복하지 못하는 사람들이 있다. 이들이 사이코패스이다.

사이코패스는 타인의 고통을 정서적으로 이해하지 못한다. 원래 죄책감이 없어 고통이 무엇인지 몰라 폭력적이지만 여러 분야에 박식하고 달변가인 경우도 많다. 그래서 이들을 '정장을 차려입은 뱀'이라고도 부른다. 특히 자부심이 강해 자신이 세상의 중심이며 나만 행복하고 나만 구원받고 나만 출세하면 그만이라고 생각한다.

전 세계 인구의 1퍼센트 정도라는 사이코패스는 무한경쟁으로 치닫는 사회의 특성상 그 수가 점차 많아지고 있다. 이들과 얽히지 않는 것이 최선이다. 그래서 붓다는 인생길의 행복이란 "좋은 벗善友을 만나 함께 가는 것"이라 했다.

붓다라면 사람을 죽이고 손가락을 잘라 줄에 꿰어 목에 매달고 다닌 앙굴리말라 같은 사이코패스도 교화시킨다. 그러나 그럴 능력과 인품이 부족한 우리는 처음부터 멀리하고, 혹 어쩌다 관계를 맺고가야 할 입장이라면 일정 거리를 유지할 필요가 있다.

탐욕은
마음의 평화를 흩뜨린다

貪欲無厭　消散人念
탐 욕 무 염　소 산 인 념
탐욕을 싫증내지 않으니 중심이 흩어진다.

어느 날 붓다가 사밧티에 가서 공양을 받은 다음 성 밖의 숲에 난 오솔길을 향해 걷다가 밭일하는 농부들을 만났다. 농부들이 붓다를 보더니 일손을 멈추고 붓다에게 간곡히 부탁했다. "붓다님, 그 길로 가지 마세요, 그 길로 가면 앙굴리말라를 만납니다. 그는 사람을 만나는 대로 잔인하게 죽이는 살인자입니다."

농부들이 거듭 만류했으나 붓다는 대답했다. "제게 두려움이라고는 없습니다." 그 말과 함께 붓다는 홀로 숲 속으로 난 길을 홀연히 걷는데 과연 앙굴리말라가 나타나 쫓아왔다. 그가 붓다에게 거기 서 있으라며 소리 지르고 힘을 다해 뛰는데 이상하게 붓다와의 거리가 좁혀지지 않았다. 희대의 살인범을 돌아본 붓다가 조용히 말했다.

"앙굴리말라여, 나는 여기 이렇게 멈추어 있다. 너는 나를 해치려하지만 여기 이대로 서 있어도 마음이 평온하다. 너는 어리석어 무수한 생명을 해쳤으나 너를 가엽게 여겨 내가 여기에 왔다. 우리는 누구나 자비심을 키워 모든 생명을 보호해야 한다."

다른 사람들은 자기를 보기만 해도 도망치기 바쁜데 붓다는 전혀 그런 기색이 없었다. 앙굴리말라는 그런 붓다의 모습에 깜작 놀라 칼을 내던지고 즉시 붓다의 제자가 되었다.

정진을 통해
욕망의 불을 끄라

邪致之財 爲自侵欺
사 치 지 재 위 자 침 기
그릇되게 재물을 모으니 스스로 속는다.

앙굴리말라가 수행자가 되었다는 소문을 들은 왕이 붓다를 찾아와 항의했다. 왕은 마침 근처에서 수행에 정진하던 사람을 가리키며 "붓다님, 수행자라면 저 정도는 경건해야죠. 살인자가 어떻게 수행을……."

붓다는 미소를 지으며 왕이 가리키는 수행자를 보며 대답했다.

"저 수행자가 바로 앙굴리말라입니다. 그는 완전히 새로운 사람이 되었습니다."

그 후 앙굴리말라가 변했다는 소식을 듣고 그에게 원한이 있던 사람들이 돌과 몽둥이를 들고 몰려와 그를 두들겨팼다. 피투성이가 된 채 기원정사로 돌아온 그가 붓다께 고백했다.

"붓다님, 소나 말은 채찍으로 다스리고 코끼리는 갈고리로 다스립니다. 그런데 붓다님은 흉악한 저를 채찍이나 갈고리도 쓰지 않고 다스려주셨습니다. 저는 오늘 악의 되갚음을 당했으며 참는 마음을 닦았습니다. 다시는 누구와도 다투지 않을 것이며 다만 열반을 사모할 뿐입니다."

열반涅槃은 '갯바닥涅의 쟁반槃'이라는 뜻으로 번뇌, 망상, 욕망의 '불이 꺼진 상태'이다. 앙굴리말라 같은 무지막지한 사람도 열반을 사모하고 깨달음을 향해 정진할 때 새로워진다.

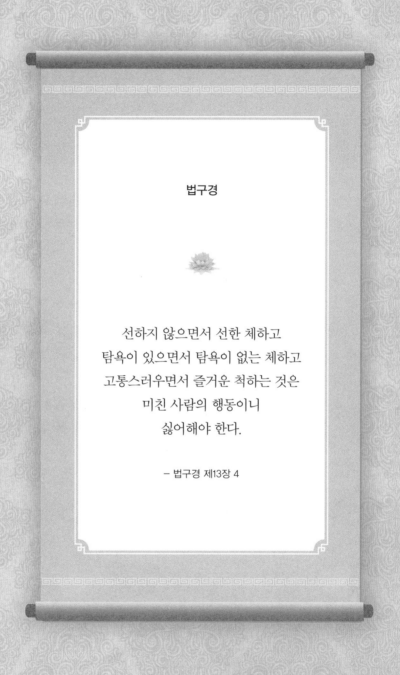

법구경

선하지 않으면서 선한 체하고
탐욕이 있으면서 탐욕이 없는 체하고
고통스러우면서 즐거운 척하는 것은
미친 사람의 행동이니
싫어해야 한다.

– 법구경 제13장 4

10월

이 세상에
무상하지 않은 것은
없다

외부에 흔들리지 않는 의연함을 기르라

摩詞般若波羅蜜多
마 하 반 야 바 라 밀 다
넓고 큰 지혜로 피안의 경지에 이르라.

붓다의 지혜는 시대의 변화와 무관하게 우주공간에 충만하다. 이는 현대물리학인 양자역학과 소립자 물리학 등이 입증하고 있다. 붓다가 곧 마하maha이며 지혜가 반야prajna이다. 즉, 인간은 불성이 있어 누구나 마하반야적 존재가 될 가능성이 있다. 마하는 형태가 없이 모든 존재의 원점인 공空이어서 무엇에도 구애받지 않고 마치 바람처럼 자유롭다.

"그물에 걸리지 않는 바람 같이 살라. 소리에 놀라지 않는 사자처럼 살라. 흙탕물에 더럽혀지지 않는 연꽃 같이 살라."

자수성가한 한 건설회사 사장은 승용차 안에 위의 《슈타니파타》의 글귀를 항시 붙여놓고 다닌다. 그는 대기업을 다니다 그만두고 처남과 조그만 회사를 차렸다 그런데 처남이 자신과 상의 없이 다른 곳에 투자하는 바람에 부도 위기를 맞았다. 아내와 함께 피자가게를 운영하며 자신은 배달을 해야 했다.

잘나가던 회사를 망가뜨린 처남에 대한 원망, 갑자기 추락한 생활로 엄청난 번민 속에 헤매던 중 위의 구절을 접하고 안정을 되찾았다. 마하의 반야, 즉 마하의 으뜸가는 지혜는 초연한 바람과 같은 삶이다.

생각하고 참는 것은
깨달음에 이르기 위한 디딤돌

照見五蘊皆空 度一切苦厄
조 견 오 온 개 공　도 일 체 고 액
오온이 일체 공임을 비추어 안다면 일체의 고액을 건너리라.

　일체가 공하다는 말은 내 속의 신성, 즉 불성을 가리고 있는 상相을 부정하라는 뜻이다. 공이 인간의 본성은 아니다. 그렇지 않으면 모든 사색이 말살된다. 공은 인간의 본래성本來性을 살려내기 위한 수단이다.

　붓다는 어느 날 사위국 기원정사에서 자신을 따르려는 사람들에게 말했다.

　"그대들도 나처럼 정각正覺—깨달음—을 얻고자 할 것이다. 깨달음의 바탕에는 두 가지 힘이 있다. 하나는 사색하는 힘思惟力이요, 또 하나는 참는 힘忍力이다. 만일 내게 이 두 가지 힘이 없었다면 거짓 없이 바르고 참된 깨달음을 이루지 못했을 것이다. 나에게 사색하는 힘과 참는 힘이 있어서 장각도량에 이르렀다. 그대들도 사색하는 힘과 참는 힘을 갈고 닦으라. 그리하면 먼저 거친 탐심이 없어지는 수다원須陀洹의 경지에 이르게 된다. 다음에 의심과 악한 마음이 사라지는 사다함斯多含의 경지에 이른다. 여기서 더 갈고닦아 어리석음과 들뜸과 오만을 벗어나는 아나함阿那含의 경지에 다다르고, 마지막으로 초조와 불안이 끊어져 완전한 깨달음의 경지인 아라한阿羅漢에 이른다. 그리하여 더 이상 남음이 없는 무여의열반無餘依涅槃에 당도하게 되리라."

　이것이 성문사과聲聞四果로, 차례로 탐심과 의심, 오만과 불안이 사라진다.

솔선수범은
최고의 가르침이다

色不異空 空不異色
색 불 이 공   공 불 이 색
물질은 공과 다르지 않고 공은 물질과 다르지 않다.

나무 바구니를 물에 담그면 물이 가득 차나 바구니를 들어내면 물이 그대로 빠진다. 대나무 바구니 밖에 물이 가득할 때 바구니 속에 물도 들어간다. 바구니가 공기 중에 있을 때도 마찬가지다. 바구니에 공기가 차든 물이 차든 안팎으로 어떤 것이 공조하고 있다. 바구니에 담긴 물과 공기처럼 생각이란 붙들 수가 없다. 생각을 붙들었다고 생각하는 순간 신기루 같아 사라진다. 그러나 생각이 실체가 없다 해도 엄연히 일어나고 움직이기 때문에 부인할 수는 없다. 있다고도 할 수 없고, 없다고도 할 수 없는 신기루 같은 생각에 끌려다니지 않고 자신이 주인 노릇을 하는 것이 성문사과聲聞四果이다.

생각의 주인이 되는 깨달음이 얼마나 가치로운가. 이토록 좋은 진리이지만 붓다는 수도자들에게 결코 강요하지 않았다. 억지로 외우게 하여 테스트하고 성적을 매기는 일을 하지 않았다. 그저 자신이 오랫동안 어떤 과정을 겪어 깨달음에 이르렀는지를 일렀다.

수도자에게 사색과 인내가 가장 기초적인 힘이다. 그래도 붓다는 무조건 사색하고 인내하라고 강요하지 않고, 사색과 인내를 하면 어떤 좋은 일이 나타날 것인지를 보여주었다. 사색과 인내의 바탕이 자신을 나무 바구니처럼 바로 보는 것이다.

모든 사물은
순환한다

色卽是空 空卽是色
색 즉 시 공 공 즉 시 색
물질이 공이고 공이 물질이니라.

옛날 어느 농가에 매일 황금 달걀을 하나씩 낳는 거위가 있었다. 황금 알을 팔아 재미를 본 농부는 혼자 생각했다. '거위에게 모이를 두 배로 주면 하루에 황금알 두 개를 낳겠지.' 그날부터 모이를 두배씩 주었으나 거위가 더 이상 먹으려 하지 않았다. 그러자 농부가 거위의 주둥이를 벌리고 억지로 모이를 집어넣었지만 거위는 모두 뱉어냈다. 욕심에 눈이 먼 농부는 아무래도 거위 뱃속에 황금알을 만드는 장치가 있다고 보고 급기야 거위를 잡아 배를 갈랐다. 하지만 가른 거위의 뱃속은 창자만 있을 뿐 아무것도 없었다. 이후 농부는 황금알을 단 한 개도 얻지 못했다.

욕득欲得에 눈이 멀면 이 어리석은 농부처럼 찰나적 충동으로 목적 없이 행동하여 스스로 수습하기 어려워진다. 불교의 색色은 에로티시즘이 아니라 물질적 현상이다. 눈으로 볼 수 있고 형체가 있는 것은 반드시 변하고 또 공이 된다. 여기에 머물면 허무주의에 빠진다. 붓다는 색즉시공의 허무를 공즉시색의 창의적 발상과 연결한다. 모는 현상이 공하나 자포자기하는 것이 아니라 그 빈 곳을 활용해 가치와 뜻을 세우는 것이다.

일체 만물은
양면성을 갖고 있다

不生不滅 不垢不淨 不增不感
불생불멸 불구부정 부증불감
태어나지도 죽지도, 깨끗하지도 더럽지도, 늘지도 줄지도 않는다.

태양 아래 새것은 없다. 태양계를 포함해 우주 전체에 새로운 것은 없다. 모두가 원소로 이루어졌다. 원소들의 융합과 분열이 만물의 현상을 빚어낸다. 우리 눈에 우주가 텅 비어 보인다. 그러나 빛도 일종의 파동이기 때문에 이 빛을 전달해줄 매질媒質이 우주 공간에 있어야 한다. 파도가 생기려면 물이 먼저 있어야 하는 원리와 같다. 우수를 가득 채우고도 빛과 반응하지 않아 육안으로 볼 수 없는 입자가 암흑물질이다. 암흑물질 때문에 별에서 온 빛이 지구로 오면서 굽어지거나 항성과 은하의 운동도 교란된다. 지구뿐 아니라 우주 만물이 서로 연결되어 있다. 어느 한 곳에서 소멸하면 다른 곳에서는 생기한다. 우주 안의 에너지는 소멸되지 않고 그 모양만 달리한다. 얼음이 물로, 물이 수증기로, 수증기가 다시 물로, 그리고 얼음으로 존재양태만 변할 뿐 에너지 총량은 그대로이다.

생과 사, 정과 부정, 증가와 감소는 모두 물질세계의 현상에 불과할 뿐 원래의 공空한세계에는 그런 것이 없다. 인간이기 때문에 공한세계와 물질세계의 접점에서 괴로워한다. 물질세계와 공한세계를 대립적으로 보는 것이 미혹迷惑이다. 삶 속에 죽음이 있고 죽음 속에 삶이 있다고 보는 것이야말로 삶과 죽음에 끌려 다지지 않고 불생불멸하는 생존법이다.

식별의
무정함

空中 無色無受想行識
공 중 무 색 무 수 상 행 식
허공에 물질, 감각, 지각, 의지, 충동, 식별이 없다.

옛 중국에 탄산坦山 선사가 젊은 선승을 데리고 강물을 건너게 되었다. 마침 큰비가 내린 뒤여서 강물에 물이 넘쳐났다. 중간 쯤 건너는데 뒤쪽에서 여자의 비명소리가 들렸다. 돌아보니 웬 처녀가 물을 건너오려다 물살에 휩쓸려 넘어졌다. 탄산이 달려가서 처녀를 덥석 업고 강을 건넜다. 강가에 처녀를 내려주며 보니 처녀가 정신을 앗아갈 만큼 아름다웠다. 처녀는 감사하다고 절을 하고 제 길로 갔다. 두 승려도 아무 일 없다는 듯 한참을 걷는데 뒤따르던 선승이 불쑥 탄산에게 물었다.

"선사는 어찌하여 파계破戒하십니까? 마땅히 색을 경계하고 사음邪淫을 멀리해야 하거늘 처녀를 업다니…… 이러고도 스승이라 할 수 있습니까?"

그러자 탄산이 멈춰 섰다. "아, 아까 그 처녀 말인가? 나는 벌써 등에서 내려놓았는데 자네는 이 먼 길을 걸어오도록 그 처녀를 업고 있다는 말인가?"

탄산은 곤경에 처한 사람을 순수하게 도와주려 등에 업었다. 그러므로 그 사람이 예쁜지 미운지에 대해서 초월했다. 하지만 젊은 선승은 도우려고 손가락 하나 까딱하지 않으면서도 그 여인의 미모에만 집착하고 있었다. 이것이 식별무정識別無情이다.

10월 7일

경전의 본질은
무엇인가?

空中 無眼耳鼻舌身意
공중 무안이비설신의

공의 세계에 시각, 청각, 후각, 미각, 촉각, 뜻이 없다.

우리는 '눈귀코입몸뜻眼耳鼻舌身意'이라는 감각기관으로 바깥세상과 접촉한다. 감각기관으로 받아들이는 것은 현실이지만 그 내용은 영원하지 않고 머지않아 무화無化한다. 그러나 사람들은 이와 반대로 현실이 영원할 것처럼 집착한다.

중국 고진소설《서유기》에 보면 삼장법사가 경전을 구하러 먼 길을 떠난다. 온갖 역경을 물리치고 제자들과 함께 붓다가 머문 영취산에 도착했다. 대망의 경전을 받아들었는데 순간 돌풍이 불어 귀한 경전이 날아가버렸다. 삼장을 모시고간 손오공 등이 당황하여 이리저리 날아다니며 주워 모았다. 간신히 다시 엮은 경전을 펼쳐 보았는데, 글자가 한 자도 없는 무자경전이었다. 화가 난 삼장법사 일행이 붓다에게 따지자 이렇게 대답했다.

"경전은 글자가 있는 것보다 없는 것이 훨씬 좋은 것이다. 세상 사람들은 글자가 잘 쓰여진 경전만을 소중히 여겨 글자 없는 경전을 소홀히 한다. 하지만 내가 이렇게 말해도 믿지 않을 테니 여기 글자가 쓰여진 경전을 가지고 가거라."

아침이면 동녘에 해가 뜨고 저녁이면 서쪽으로 진다. 봄마다 말없이 새순이 돋아 가을에 조용히 흙으로 돌아간다. 문자로 된 경전을 참고하되 대자연의 이치를 참된 경전으로 삼아야 한다.

'나'라는
문을 열고 나서라

空中 無色聲香味觸法
공중 무색성향미촉법
허공에 빛깔, 소리, 냄새, 맛, 감촉, 지각이 없다.

무안이비설신의無眼耳鼻舌身意가 육근六根, 즉 여섯 감각기관이다. 이 육근의 대상이 색성향미촉법色聲香味觸法─빛, 소리, 냄새, 맛, 감촉, 법─인데, 육경六境이라 한다. 육근과 육경을 합쳐 12처處라 한다. 육근과 육경에 육식을 합쳐 18계界라 부른다. 18계라는 뜻은 모조리 경계境界 밖이라는 의미이다.

그 어느 것 하나 고정불변의 실체가 없어 '나'가 아니다. 모조리 인연의 요소이며 내 밖의 경계에 있다.

보이는 어떤 것, 들리는 어떤 것, 향기로운 어떤 것, 맛있는 어떤 것, 느낌 좋은 어떤 것, 옳다고 생각하는 어떤 것에서 벗어나면 새롭고 무한한 세상을 볼 수 있다. 내가 보는 세상은 보이는 그대로가 전부도 아니고 진실도 아니다. 전부도 아니고 진실도 아닌 그것에 집착하니 온갖 고통이 휘몰아친다. 이것만이 절대로 내 것이라는 골방에서 밖으로 나오면 드넓은 광장이 있음을 비로소 알아차린다.

본질의
'무'를 깨달으라

是故空中 無眼界 乃至 無意識界
시 고 공 중 무 안 계 내 지 무 의 식 계
그러므로 '공' 그 자체에는 눈의 세계도, 의식의 세계도 없다.

한 선사가 바람에 펄럭이는 깃발을 보았다.

"깃발이 요동치고 있구나."

다른 선사가 반박했다.

"잘못 보았네. 깃발은 가만히 있으나 바람이 움직이고 있네."

두 선사가 펄럭이는 깃발을 두고 논쟁이 붙었다.

"움직이는 것은 바람일세."

"바람은 눈에 보이지 않고 깃발이 움직이고 있지 않는가."

두 선사가 한참 논쟁을 벌이는데 지나가던 육조 혜능 선사가 한마디 던졌다.

"움직이는 것은 바람도 아니고 깃발도 아니다. 그대들 마음이 움직이고 있다."

움직인 바람과 깃발은 언제 그랬냐는 듯 곧 멈출 것이다.

변화무쌍한 현상의 순간을 포착해 거기에 마음을 머물고 서로 옳다 그르다 다툴 가치가 없다. 그래서 수행의 키워드는 '무'이다. 모든 망상의 번뇌를 낳는 원천이 소유와 관계의 굴레인데 사실상 이 굴레가 바로 '무'임을 《반야심경》은 반복하고 또 반복한다.

번뇌가 없으면
깨달음도 없다

菩提薩埵 依般若波羅蜜多故 心無罣碍
보 리 살 타　의 반 야 바 라 밀 다 고　심 무 가 애
보살은 반야마라밀다에 의지하여 그 마음에 걸림이 없다.

보리菩提는 깨달음覺이며, 살타薩埵는 중생有情이다.

우리말로 '깨달은 중생'이며 간단히 '보살'이라 부른다. 보리는 어떻게 얻어질까?

혜능 선사는 탐욕이 곧 '보리의 씨앗'이라 했다. 무슨 뜻인가. 탐욕을 버리지 말고 화도 내고 어리석은 채로 살라는 말인가?

무슨 소린지 의아해해는 수행자들에게 이 뜻을 설명해 주었다.

"범부와 부처의 차이는 앞 생각과 뒷 생각이다."

"어두운 앞 생각이 그대로 있으면 범부이지만, 뒷 생각으로 깨달으면 부처이다."

고대 그리스 철학자 소크라테스는 시장 구경하기를 좋아했다. 시장을 구경할 때마다 좋은 물건을 사고 싶은 충동구매가 일어나자 이를 방지하기 위한 나름의 방책을 마련했다. 장을 둘러볼 때 갖고 싶은 물건이 무엇인지 얼마나 많은지로 보지 않고, 자신에게 불필요한 물건이 무언인가를 기준으로 보았다. 이후 귀가할 때마다 '역시 세상에 쓸모없는 물건들이 더 많다'고 했다. 시장의 호화로운 물건들이 보통사람들에게 욕망을 불러일으켰으나 소크라테스에게는 절제의 스승노릇을 했다.

깨달음의
방편

無罣礙故 無有恐怖
무 가 애 고   무 유 공 포
마음에 걸림이 없으니 공포가 없다.

한 부자 노인이 있었다. 하루는 이 노인이 외출했다가 돌아오는 중이었다. 멀리 보이는 자기 집 한 귀퉁이에 큰불이 나고 있었다. 놀라서 달려가보니 방 안에 늦게 낳은 어린 자식들이 장난감을 가지고 놀고 있었다. 불이 났다고 소리쳐도 듣지 않았다. 잠시 궁리하던 노인이 달리 소리쳤다.

"얘들아. 너희가 타고 싶어 하는 진기한 수레들을 가져왔다. 지금 문밖에 녹거鹿車, 우거牛車, 양거羊車가 있다. 빨리 나오너라. 너희가 원하던 진기한 수레에 태워주겠다."

이 말에 아이들은 앞다퉈 대문 밖으로 뛰어나왔다. 이 화택火宅의 비유를 든 붓다가 사리불에게 물었다.

"노인이 자식들에게 거짓말한 것일까?"

"아닙니다. 세존이여 자식을 불에서 구하려는 방편이옵니다."

"착하도다. 사리불이여, 그대 말이 맞도다. 중생이 세간의 근심, 걱정에 불타면서도 오히려 장난치고 기뻐하며 벗어나려 하지 않고 그 괴로움도 모른다. 그러므로 붓다가 저 노인이 방편으로 자식들을 구한 것처럼 중생에게 화택에 집착하지 말라 하느니라."

자기 인생의
주인이 되는 법

遠離顚倒夢想 究竟涅槃
원 리 전 도 몽 상   구 경 열 반
남 탓하는 몽상에서 벗어나 구경에 이른다.

어느 날 붓다가 바닷가를 거닐다가 제자들에게 느닷없이 물었다.

"그대들은 저 가없는 바닷물과 아득한 과거의 생애부터 흘린 눈물 중 어느 쪽이 더 많다고 보는가?"

"세존이시여, 당신의 가르침을 통해 우리는 과거 세상으로부터 오늘날까지 애별리고哀別離苦로 흘린 사람들의 눈물이 바닷물보다 더 많다고 깨닫고 있습니다."

"내 가르침을 제대로 받아들였구나. 우리 인류는 오랜 과거 세월을 보내며 수많은 부모의 죽음을 보았고, 그때마다 흘린 눈물의 양이 얼마나 많겠느냐. 또한 자식이 먼저 죽은 부모도 얼마나 많으며, 친한 벗과 애인과 헤어지며 얼마나 많이 울었겠느냐. 그런 눈물의 양이 바닷물의 양에 비해 결코 적지 않으리라."

이 가르침의 바탕은 윤회輪廻이다. 윤회는 시원始原으로부터 지금까지 반복하여 생사를 되풀이하는 것이다. 세상사가 끝없이 생멸을 반복하니 그야말로 인생몽상人生夢想이다. 이 몽상이 내 것인데 남의 탓으로 돌리는 것이 전도顚倒이다. 남에게 탓하기에 앞서 자신을 먼저 경계하고 가다듬어야 자기인생에 주인이 된다.

입보다
귀를 열어두라

雖誦千言 不義何益
수 송 천 언 불 의 하 익
천 마디 말을 해도 불의하면 무슨 이익이랴.

　내 생각과 같은 사람은 세상에 없다. 세상을 살며 많이 경험하고 느끼면서 사고방식이나 비전, 성격이 다른 것을 안다. 그런데도 내 생각만 고집하고 타인의 허물만 들춰내길 좋아하는 사람도 많다. 털어서 먼지 안 나는 사람 없듯 먼저 자신을 돌아보면 남에게 상처주는 많은 말과 행동을 해왔음을 알 수 있다. 현명한 사람은 서로 맞춰 산다. 행동은 크게 하며 말은 적게 하는 대신 남의 말을 잘 골라 듣는다.

　칭기즈 칸은 중국과 세계를 정복하고 대제국을 건설한 비결에 대해 이렇게 정리했다.

　"내 귀가 나를 현명하게 만들었노라."

　천하의 영웅 칭기즈 칸이 왜 자기 의견이 없겠는가. 그가 말을 하면 어느 누구도 입도 뻥긋 못한다. 칭기즈 칸은 입을 여는 대신 귀를 열어두었다. 더 나은 결정을 내리기 위해 새로운 의견을 많이 들었다.

　자신의 의견만 고집하는 사람은 설령 그 의견이 옳다 해도 그 이상 발전하지 못한다. 내 의견은 이미 내가 알고 있는 정보에 기반해 있다. 기존의 정보에 시시각각 발생하는 새로운 정보를 추가해주어야 정확한 판단을 내린다. 붓다는 자기 의견을 제시하기 이전에 항시 귀를 열어두고 전체 의견을 구했다.

부분으로 전체를
판단하지 말라

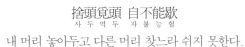

捨頭覓頭 自不能歇
사 두 멱 두 자 불 능 헐
내 머리 놓아두고 다른 머리 찾느라 쉬지 못한다.

붓다가 사밧티에 있을 때였다. 많은 학자와 수행자가 당대의 최고 논쟁거리였던 세계와 사람의 본질에 대해 논쟁을 하고 있었다. 어느 학자가 "세계만이 영원하다. 다른 것은 모두 허망하다"라고 하자 다른 학자가 "세계야말로 유한하다. 오직 깨달은 여래만이 영원하다"라고 반박했다. 그러자 또 다른 사람이 "생명과 신체는 다르다"라고 했고, 그 말을 듣던 한 사람이 화를 내며 "생명과 신체는 똑같다"라고 말했다.

결국 분위기가 점차 험악해지면서 서로 멱살을 잡고 싸우려고 했다. 그래서 사람들이 붓다에게 다가와 중재를 요청했다. 붓다는 비유를 들어 싸움을 중재했다.

"옛날 한 국왕이 전국의 장님을 모두 모이라 명을 내렸다. 장님들이 모인 운동장에 한가운데 코끼리 한 마리를 세워놓고 만져 보게 했다. 그러고는 장님들에게 코끼리가 어떤 모습인지 말해보라 했다. 그러자 코끼리의 다리를 만진 장님은 코끼리는 큰 기둥과 같다 하고, 꼬리를 만진 장님은 빗자루 같다 하고, 귀를 만진 장님은 벼 이삭을 터는 키와 같다고 하는 등 제각각이었다. 그대들이여, 이와 같이 전체를 보지 못하고 단면만 보면 맹목적인 사람이 된다. 그들은 모두 진실의 한 면만 보았다. 그것이 전부인 줄 착각하고 이것이다, 저것이다 라며 싸운다. 오직 자기 견해에만 집착한다."

내면은 갈고닦는 한
늙지 않는다

若見侵欺 端身自調
약 견 침 기　단 신 자 조
속고 멸시당해도 자신을 바르게 지켜라.

어느 날 해질 녘 붓다가 선정에서 일어나 몸을 씻고 자리에 앉았는데 아난다가 왔다. 아난다가 스승의 등을 어루만지며 말했다.

"스승이시여, 아름답고 곱게 빛나던 살결이 주름이 지고 허리가 좀 굽어지셨습니다."

"아난다야, 젊음에는 늙음이, 사람에는 죽음이 오는 것을 누가 면하겠느냐."

붓다는 이처럼 무상하게 변하는 것들에 집착하지 말고 청정한 '나'를 변하지 않게 유지하라고 가르쳤다. 붓다의 가르침은 개인의 자각으로 시작하여 모두가 함께 상승해가는 것이다. 수입을 4등분하여 4분의 2는 재투자하고, 4분의 1은 자기가 쓰고, 나머지 4분의 1은 저축하라고 했다. 세속을 벗어나지 못하는 사람들에게는 정당한 부를 쌓을 필요성을 인정하면서도 붓다 자신은 부를 쌓지 않았다.

붓다는 돈은 물론 인간의 육신도 소멸을 면치 못함을 가르쳤다.

모든 것이 찰나이다. 사랑과 미움, 성공과 실패, 유명과 무명도 다 한 순간이다. 따라서 우리가 할 일은 무엇에도 집착하지 않고 지금 이 순간을 즐기고, 이 순간 주어진 과제에 충실하는 것이다.

10월 16일

만물은 유기적으로
연결되어 있다

虛空無轍迹 沙門無外意
허 공 무 철 적 사 문 무 외 의
허공에 어떤 자취도 없듯, 사문에게도 딴 뜻이 없네.

불가에서는 사견邪見을 금한다. 사견에는 '나는 영원히 존재한다'고 믿는 무한견과 '죽으면 모든 것이 끝난다'고 믿는 단견이 있다.

육체가 죽으면 영혼이 천국이나 지옥으로 가 영생한다는 것도 사견이다. 사람은 누구나 불완전하기에 어느 정도 존재론적 불안이 있다. 사견은 이 불안을 이용한다. 존재론적 불안을 영생으로 해결하려 들수록 현재의 행복은 유보된다. 영생의 삿된 견해는 항시 영생하려면 오늘 희생하고 순교하고 헌금하고 순종하라고 강요한다. 사견과 똑같이 인생을 망가뜨리는 것이 단견이다. 단견에 치우치면 '죽으면 그만인데 되는 대로 살자'고 한다.

인생은 죽어서 영생하는 것도 아니고 죽는다고 다 끝도 아니다. 죽음은 의식의 종말일 뿐 나머지는 원소로 우주와 일체가 된다. 우주의 자비는 특별히 선택받은 어떤 사람들, 민족, 집단, 종교를 향한 것이 아니다. 인간이 창조의 영광이라고 우기는 일부 서구종교에서는 우주적 자비가 자신들만 향한다고 혹세무민한다. 우주적 의지가 인격적인 힘은 아니다. 그저 만물의 작동원리가 그렇다는 것뿐이다. 그렇기 때문에 붓다는 개체의 존엄성을 강조하면서 동시에 그 개체가 전체와 그물망처럼 연결되어 있다고 했다.

고통의 크기는
마음에 달렸다

心生種種法生 心滅種種法滅
심 생 종 종 법 생   심 멸 종 종 법 멸
마음 나면 만물이 나고 마음 놓으면 만물이 사라진다.

　마음은 모두에게 있는 그릇이다. 아무리 귀한 구슬이라도 사람의 마음에 의지해야 보배가 된다. 세상 어떤 귀하고 천한 것도 마음에 의지하는 것이고, 엄연히 존재하는 삼라만상도 내 마음이 없으면 도화지 속 그림만 못하다.

　선한 생각도 사람 마음에서 생거나 자신의 몸을 지킨다. 또한 악도 마음에서 생겨 몸을 망친다. 마치 쇠에 생긴 녹이 쇠의 수명을 단축시키듯, 마음이 생기니 온갖 법도 생기고 마음이 사라지니 갖가지 법이 사라진다.

　마음은 세상을 담는 그릇이다. 마음이 좁으면 세상이 좁아 보인다. 세상은 그대로이나 우리 마음의 크기에 따라 전혀 달리 보인다. 포용하는 마음을 가질 때 못 보던 세계가 보인다.

　세상이 나를 알아주지 않아도 불평하지 말고 내가 세상을 알아주면 된다. 내가 세상을 포용하는 만큼 세상도 나를 포용한다.

　포용성의 산스크리트어는 크샨티kshanti이다. 크샨티를 붓다는 이렇게 설명했다.

　"작은 대접의 물에 소금 한 줌을 넣고 저어 마셔보라. 짜서 마시기 힘겹다. 그러나 흐르는 강물에 던지면, 강물은 전혀 짜지 않아 계속 마실 수 있다."

빈 수레는
요란하다

袈裟披肩 爲惡不損
가 사 피 견 위 악 불 손
어깨에 가사를 걸치고도 악행을 줄이지 않는다.

스님은 승복을 입고, 신부는 신부복을 입으며, 군인이나 일부 회사원들은 제복을 입는다. 요즘은 목사들도 나름대로 성의聖衣를 만들어 입는다.

그만큼 속사람과 관계없이 다른 사람에게 어떻게 보이느냐는 겉모습에 치중하는 것이다. 한 집단 안에 속한 사람들이 공통으로 입는 의복은 그 집단의 가치관을 상징한다. 그런데 겉과 속이 다른 사람이 많다.

이들이 승복이나 성의를 교인을 홀리기 위한 수단으로 이용한다. 그런 일이 비일비재하다 보니 종교의 창시자들까지 비난받는다. 오죽하면 예수나 부처, 마호메트 등이 지구에 태어나지 말았어야 한다는 담론까지 나오고 있다.

실상은 이들이 문제가 아니라 이들의 가르침을 성의를 입고 견강부회하고 곡학아세하는 자들의 책임이다. 사기꾼들일수록 정장차림에 머리에 기름을 바르고 깔끔하다.

포장으로 자신의 콘텐츠를 감추려 말고 있는 모습 그대로 격의 없이 살아야 개선도 할 수 있고 발전도 이룰 수 있다.

10월 19일

마음에 새기는
기념비

如蜂集華 不嬉色香
여 봉 집 화 불 희 색 향
꿀 따는 꿀벌은 꽃과 향기를 해치지 않는다.

"붓다여, 오늘 당신이 지나시는 이 문을 고타마 문이라 칭하고 싶습니다. 또한 당신이 건너시는 이 나무를 고타마의 나무라 부르고 싶습니다."

나이 팔십의 늙은 몸에 법의를 걸친 붓다가 나루에 서 있었다. 손에 든 것이라고는 단 하나의 발우뿐. 주변에 모인 사람들은 아무것도 가진 것 없는 허허로운 이 늙은 붓다에게 진심으로 고개를 조아리고 있었다.

강 건너편 언덕을 말없이 바라보는 한 노인, 그 뒤에 한없이 존경하고 흠모하는 무리가 끓어오르는 정을 겨우 억제하며 조심스럽게 간청했다.

"당신이 지나온 곳마다 당신의 이름으로 불러 영원히 기념하겠습니다."

그러나 붓다는 아무 대답도 하지 않아 반대의 뜻을 보였다. 자신이 지나온 자취에 기념비를 세우고 기념거리를 만드는 이 모든 것이 부질없는 일임을 알았기 때문이다.

그것보다 뭇 사람의 심비心碑에 새겨진 흔적이 훨씬 가치 있고 소중했기 때문이기도 하다.

소중하고 귀할수록 환호소리에 취해 쏟아내면 빈 들녘처럼 허전해지므로 마음속에 은밀히 각인되어 씨앗이 되게 하라.

인간의
사명

日照於晝 月照於夜
일 조 어 주　월 조 어 야
낮에 해가 빛나고 밤에 달이 빛난다.

　자연의 섭리란 신적 의지가 아니라 그냥 인과관계因果關係이다. 소립자들이 억겁의 세월을 거치며 결합하여 생명이 나왔다.

　생명을 비롯한 모든 물질은 분자의 집합체이다. 물질을 계속 쪼개 나가다보면 소립자들이 나타난다. 이 소립자들이 억겁의 세월을 거치며 결합하여 삼라만상이 생겨났다. 그러니 삼라만상이 모두 그물코처럼 서로 연결되고 결합되어 생성된다. 이것으로 인因해 저것이 나온다緣. 이런 인연으로 생겨난 생물은 먹이사슬로 연결되어 있다. 인간은 이 먹이사슬의 정점에 서 있을 뿐 지구의 주인은 아니다.

　무변광대한 우주 속의 작은 한 요소로 여타 생명체들과 다른 사물들과 은혜를 주고받는 존재이다. 낮에 해는 왜 저리 빛나는가, 밤에 달은 왜 그리 고요히 비추는가. 소립자들이 천변만화하며 해와 달이 되었고, 똑같은 소립자들이 햇빛과 달빛을 사색하는 인간으로 진화했다. 그렇다면 우리는 낮에 해처럼, 밤에 달처럼 그렇게 온 누리에 광명을 비추며 살아갈 일이다. 그것이 우리의 유일한 명이다.

10월 21일

받는 것도
도를 넘어서는 안 된다

但取味去 仁入聚然
단 취 미 거   인 입 취 연
단지 그 맛만 취하고 가듯이 어진 사람도 그렇게 걸식한다.

생태계의 먹이사슬 구조는 원인에 따라 결과가 생성되는 자연 조건
이다. 이 자연스러운 구조에 억지로 개입하려 하거나 변화시키려 하면
부작용이 생긴다. 먹이사슬은 먹이그물처럼 서로 얽혀 있다.

먹이그물은 한 가지 생물이 여러 생물을 먹고 여러 생물에게 먹힌다.
먹이사슬에서는 생산자, 소비자, 분해자로 서로가 얽혀 있다. 붓다는 이
생태계의 순환구조를 그대로 놓아두라며 꿀벌을 본받으라고 했다.

꿀벌을 보자. 어떤 꿀벌도 꽃에 와 단맛만 취하고 향기와 꽃 빛깔을
그대로 두고 다른 곳으로 날아간다. 어진 사람도 그렇게 걸식한다. 그러
나 붓다 당시에 일부 수행자들이 마을에 들어가 냉대하면 금세 떠나고,
환대하면 눌러 앉아 무위도식하려 했다.

수행은 고마움을 알고 남에게 피해를 주지 않는 것이다. 특히 수행한
다면서 좀 잘 대해준다고 하여 그 이상의 무엇을 요구하고 부담을 안기
는 사람들이 있다. 이런 행위가 수행공동체를 깨는 일이다. 수행은 수행
으로, 걸식은 걸식으로, 가르침은 가르침으로 끝내는 것이 수행의 원칙
이다.

역경에서도 교훈을 얻으면
고상한 인격을 이룬다

四方八面來旋風打 虛空來連架打
사 방 팔 면 래 선 풍 타 허 공 래 연 가 타
사방으로 오면 회오리바람으로 치고, 허공으로 오면 도리깨질로 친다.

어린 형제 조리早離와 즉리卽離는 부모를 잃고 날마다 울고 있었는데, 한 사나이가 다가와 부모를 만나게 해주겠다며 유혹했다. 그 말에 속아 어린 형제는 작은 배를 타고 이름도 없는 작은 섬에 닿았다. 사나이는 두 아이만 내려놓고 돌아가버렸다. 형제는 온 섬을 뛰어다니며 부모를 찾았으나 결국 찾지 못하고 굶주림으로 죽게 되었다. 동생 즉리가 한탄했다.

"우리 형제는 왜 이리 박복한가?"

안쓰럽게 듣고 있던 형 조리가 동생을 다독이며 타일렀다.

"아우야, 나도 처음에 세상을 저주하고 내 운명을 원망했으나 뭍에서 멀리 떨어진 이 작고 외로운 섬에서 달리 어찌 해볼 도리가 없지 않느냐. 우리가 혹 다시 태어난다면 이 고뇌의 체험은 인연으로 하여 슬픈 운명에 빠져 우는 사람들을 구제해주자. 우리가 어머니께 다른 이를 위로하는 일이 곧 나를 위로하는 일이라고 배우지 않았느냐."

형의 말에 감화받은 동생이 맑은 미소를 띠며 형을 감싸 안았고 형제는 서로 얼싸안은 채 숨을 거두었다. 형 조리는 관세음觀世音 보살이 되었고, 동생 즉리는 대세지大勢至 보살이 되었다. 이 고도의 섬이 보타락산補陀落山이다.

《화엄경》에 나오는 이 아름답고 슬픈 전설은 현대 어른들에게도 많은 깨달음을 안겨준다.

인간의 진정한 가치는
밖이 아니라 안에 있다

無樂小樂 小辯小慧
무 락 소 락   소 변 소 혜
잡스런 즐거움, 잡스런 말소리, 잡스런 지혜를 좋아 마라.

워낙 외모가 볼품없던 중국 진晉나라 도안道安 선사는 늘 대중들에게 경멸당했다. 이런 도안을 스승 불도징佛圖澄은 매우 아꼈다. 사신이 강론할 때도 도안이 다시금 되풀이해 해석하도록 했다. 이렇게 감싸자 대중은 "도안이 얼마나 지혜가 뛰어난지는 알 수 없으나 몰골이 너무 추하다"고 불평하며 급기야 도안을 궁지에 몰아 죽이기로 했다.

불도징이 강의를 마치고 도안이 해강解講하려 강단에 서는데 청중들이 여기저기서 골탕 먹이려고 날카로운 질문을 쏟아냈다.

그러나 도안은 흔들림 없이 이해하기 쉽게 모두 대답했다. 대중은 드디어 도안의 추한 몰골 속에 진리에 빛나는 정신을 인정하고 이구동성으로 말했다. "얼굴은 새까만 도안이 온 세상을 미몽에서 깨우는구나."

스승 불도징이 입적한 후 노장老莊사상을 빌려 불교를 해석해온 격의불교格義佛教가 끝나고 도안에 의해 경전을 이해하여 따르는 중국 불교가 시작되었다.

우리 모두는
하늘 아래 대등한 존재다

棄慢無餘橋 蓮華水生淨
기 만 무 여 교　연 화 수 생 정
교만을 버리고 연꽃처럼 청정하게 피어나라.

　　세상과 사람을 겉모습으로 평가하는 것이 교만이다. 교만이 극에 달할수록 위선이 판치고 사기를 쳐야만 성공한다. 외모 지상주의의 경종을 울린 사람이 추한 몰골로 세상이 놀란 원대한 식견을 펼친 도안이다.
　　거기에 이르기까지 도안의 숨은 노력이 컸다. 세 살부터 책을 가까이 했으며 입곱 살부터 한번 본 책 내용을 외울 만큼 총명했다. 열두 살에 출가해 스승이 준 경전을 그대로 암기했으나 외모가 볼품없다며 인정받지 못해도 전혀 흔들림 없이 여러 지방을 돌며 고승들을 만나 경전을 익히는 가운데 불도징을 만났다. 비로소 진리를 설할 수 있게 된 도안은 대중이 알아듣기 쉽게 설법했고 사방에서 사람들이 몰려왔다. 그들 중 사대부이며 용모가 출중한 습작치習鑿齒는 자신을 '사해四海에 최고 유학자'라고 소개했다.
　　이때 도안은 '저는 미천彌天 석도안釋道安입니다'라고 하였다. 성姓을 석釋이라 함은 석가모니를 따른다는 것이고, 미천은 하늘에 가득하다는 뜻이다. 이리하여 자기 신분을 중시하는 유교에 비해 불경은 천하 미물이나 사대부나 하늘 아래 대등한 존재로 본다는 것을 드러냈다. 이로써 승려들은 도안을 따라 세상에서 어떤 혈통이든 상관없이 성씨를 석釋으로 썼다.

생각도 고이면
썩기 마련이다

我自爲我 計無有我 故當損我 調乃爲賢
아 자 위 아　계 무 유 아　고 당 손 아　조 내 위 현
내가 생각하는 내가 정확히 나는 아니니,
마땅히 나를 없애며 다스려야 현명한 사람이다.

불교 나라 고려 왕실은 궁궐 안에 관청인 '다방茶房'을 두었다. 이 풍습이 조선 시대까지 이어졌다. 고려와 조선의 천 년 왕조 시절 궁궐마다 다방을 둔 이유는 '술대신 차를 마시며 차로 청렴을 기르기' 위해서였다.

일반인늘은 차 마시는 '다시茶時'를 따로 정해 두었고, 사헌부는 판결을 내리기 전 '다시'를 가져 마음의 때를 벗겨내고자 했다. 이처럼 차는 마음을 다스려 도道를 이루는 과정이기에 불가에서는 다선일미茶禪一味라 하고, 도가는 다도일여茶道一如라 한다. 차를 도구 삼아 생각을 닦는 수행을 한다. 생각은 바람 가득한 풍선과 같다. 부풀어오른 풍선은 내용이 바람이라 그 자체가 허공이다. 풍선 속의 바람이 풍선에 가려 보이지는 않지만 밖으로 뛰쳐나오려 하듯, 인간의 내면 깊숙이 감춰진 욕망도 표출되려고 끊임없이 요동친다.

풍선 속의 실존은 바람이듯, 무의식을 포함한 의식의 실존은 생각이다. 물이 고이면 썩듯이 생각도 고이면 번뇌망상煩惱妄想이 된다. 나는 내 생각의 주인이니 그러므로 마땅히 내 생각을 다루어야 한다. 주인이 되면 옛것에 묶이지 않는다. 옛것에 묶일 때 미움이 일고, 미움받는 자보다 미워하는 자가 더 불행한 법이다.

사람은 신분이 아니라
행동이 중요하다

觀行忍第一
관 행 인 제 일
잘 보라, 참고 행동하는 것이 제일이라.

붓다가 깊은 명상에 잠겨 있는데 지나던 브라만이 붓다에게 "신분이 무엇이냐"고 물었다.

"나는 브라만도, 왕자도, 노예도 아닙니다. 존재를 이해하려는 수행자입니다. 카스트가 무엇인지 묻는 당신의 물음이 적절하지 않습니다."

"당신은 현자로 보입니다. 이 떡을 시주하고 싶은데, 어떤 시주가 복이 되는지 가르쳐주십시오."

"잘 들으세요. 깨달음을 얻으시려면 카스트 계급이나 빈부를 묻지 말고 대신 무엇을 하는지 행동을 물어보세요. 불꽃이 어디서 일어납니까? 나무입니다. 그 나무가 어떤 것이냐는 중요하지 않습니다. 이처럼 카스트와 관계없이 누구나 자제력과 진리 인식으로 현자가 될 수 있습니다."

비로소 자신의 무지를 깨달은 브라만이 붓다에게 떡을 주었다. "부디 이 떡을 받아주소서." 그러나 붓다는 이 떡을 물리쳤다.

"나는 게송偈頌을 읊었다 하여 시주를 받지 않소. 이는 깨달은 자가 할 일이 아니오. 그러므로 브라만이여 나보다 더 위대한 성인을 찾아가 시주하세요. 그러면 시주의 공덕이 있을 것이오."

전체를 보는 눈은
개별도 파악한다

憎然不知以何答
몽 연 부 지 이 하 답
이치를 모르니 어찌 답할지 모른다.

"吾道一以貫之오도일이관지" 공자는 자신의 도를 그렇게 설명했다.

목걸이에 구슬이 주렁주렁 많이 달렸어도 꿰매는 줄은 하나이다. 세상의 끝없는 희로애락을 관통하는 줄이 바로 '이치理致'이다. 개별 사안에 밝아도 이치를 모르면 전체를 못 본다.

붓다가 수행자들에게 처음으로 비파소리를 들은 왕에 대해 이야기해주었다.

한 왕이 신하에게 '이 아름다운 소리'를 가져오라고 했다. 신하가 비파를 가져오자 '이 물건은 가져가고 그 소리를 가져오라'고 다시 분부했다. 그러나 어찌 신하들이 비파소리를 가져올 수 있으랴. 화가 난 왕은 비파를 짓밟아 부수었다. "이 요물은 사람을 미혹시키기만 할 뿐 제 스스로 아무것도 못하는구나."

비파소리는 비파가 아니다. 비파와 악사의 연주가 합쳐서 나는 소리이다. 이 소리는 존속하지 못하고 비파와 악사가 연주하는 동안만 존재한다.

붓다는 이야기의 결말을 이렇게 맺었다.

"비구들이여, 부분이 아닌 전체를 보라. 비파소리가 비파나 악사가 합쳐서 내는 소리이지만 어느 곳에도 속해 있지 않다. 그대들과 나도 어느 부분에만 속해 있지 않음을 깨달으라."

10월 28일

기본을 망각하는
어리석음

少食捨身貪 有行幽隱處
소 식 사 신 탐　유 행 유 은 처
적게 먹으며 육체의 탐욕을 버리고 조용한 곳에서 사색하라.

옛날 한 마을에 큰 부자가 있었다. 그러나 대단히 어리석었다. 어느 날 다른 부자로 사는 사람의 집을 가보니 3층 누각이었다. 그 동네에서 제일 웅장하고 사방이 탁 트였고 다 내려다보였다. 이 부자는 자기도 그 사람 못지않은 재산을 가지고 있는데 왜 저 사람이 나보다 크고 좋은 누각에 사는가 싶어 질투가 생겼다. 집에 돌아와 바로 목수를 불렀다.

"저 부잣집 3층 누각은 누가 지었는가?"

"제가 지은 것입니다."

"그래, 그럼 나도 저만큼 웅장한 누각을 지어주게."

목수는 즉시 땅을 고르고 기둥을 세우고 벽돌을 쌓아 누각을 짓기 시작했다. 부자는 공사 현장을 보고는 물었다.

"이봐 목수, 누각을 어떻게 지을 요량인가?"

"예, 1층을 짓고 다음 2층, 그리고 마지막으로 3층을 지을 것입니다."

어리석고 성급한 부자는 기발한 주문을 했다.

"아래 두 층은 필요 없네. 내가 원하는 것은 맨 위층인 3층이네, 3층만 지어주게나."

"예? 어떻게 1층을 짓지 않고 2층을 지을 수 있으며, 2층을 짓지 않고 3층을 지을 수 있습니까?"

그래도 부자는 고집을 부리며 말했다.

"내겐 아래 두 층은 필요 없네, 당장 맨 꼭대기 3층만 지어주게나."

사람들이 둘 사이의 대화를 듣고는 비웃으며 소곤거렸다.

"세상에, 아래층을 안 짓고 어떻게 윗층만 짓는단 말인가. 정말 어리석기 짝이 없는 부자로구나."

10월 29일

본성을 가두면
진정한 삶을 누리지 못한다

須是箇活鱍鱍漢 始得句句相投 機機相應
수시개활발발한 시득구구상투 기기상응
활달해야 말이 이루어지고, 상황마다 서로 부합될 수 있다.

어느 날 새벽 붓다는 연기의 법칙을 깨닫고 이렇게 설파했다.

"원인이 일어나면 결과가 일어난다. 원인이 있을 때에 결과의 때가 있다. 원인이 없으면 결과도 없다. 원인이 소멸하면 결과도 소멸한다."

오늘의 행위가 내일의 조건이 된다. 우리가 할 일은 이 조건지어지는 행위를 유의하는 것이다. 오늘의 조건 형성 없이 내일의 완성을 바라면 어리석은 사람이다.

어느 마을에 독나무 한 그루가 자라고 있었다. 마을 젊은이들이 베어버리려 하자 원로들이 모여 그냥 놓아두라고 하면서 그 대신 독나무 주위에 울타리를 치라고 했다.

그 나무는 점차 커져 무더운 여름이면 마을 전체에 푸른 경치를 드리웠다. 야생동물도 우리에 가두면 야성이 약해진다. 만일 자연으로 돌려보내려면 특별 적응기간을 가져야 한다. 벽돌을 찍어내듯 규격화된 교육, 정치, 종교는 사람을 활달하지 못하게 만든다.

이를 탈피하고자 많은 기업이 격식과 직급을 깬 업무 분위기를 만들고 있다. 활달해야 여러 상황에 맞게 대응할 수 있다. 자연주의 교육학자 루소가 이들을 자연 속에 그대로 뛰어놀게 놓아두라면서 한 가지만 당부했다. 그들이 뛰어놀 장소의 유리조각만 치워두라.

의식주가 해결되어야
미덕도 생겨난다

不嬈亦不惱
불 뇨 역 불 뇌
남에 대해 수군거리며 괴롭히지 마라.

붓다가 고개를 들어 하늘을 바라보았다.

'음식을 주어야 힘을 주는 것이요, 옷을 주어야 고운 얼굴을 주는 것이다. 마차를 주면 안락을 주는 것이요, 등불을 주어야 눈을 주는 것이다. 집을 주는 것은 모든 것을 주는 것이요, 진리를 가르치는 자는 영생永生을 주느니라.'

인간 존재의 기본은 의식주이다. 이것 없는 진리는 허무맹랑한 소리이다. 배고픈 사람에게 천국이 무슨 소용이며, 헐벗은 사람에게 신앙이 무슨 소용인가.

붓다는 열반을 강조하기 전 의식주를 주라고 했다. 태어난 생명 모두에게 우선 먹을 것이 필요하다. 충분히 먹도록 해주고 용기를 내라고 해야 한다. 먹고살기 어려운 여건을 놓아두고 "아프니까 청춘"이라는 위로의 말은 공허하다 못해 분노까지 치민다.

붓다는 용기를 가지라고 부추기기 전에 먼저 음식을 주라고 했다. 예뻐지라고 하기 전에 먼저 옷을 주고, 분별력을 지니라고 하기 전에 먼저 세상을 볼 수 있는 지식을 주라고 했다. 의식주에 대한 기본을 해결해주면서 용기와 아름다움, 사랑을 말하라는 것이다.

이 세상 모든 것은
무상하다

千千爲敵 一夫勝之 未若自勝
천 천 위 적 일 부 승 지 미 약 자 승
백만의 적을 물리치는 것보다 자기를 이기는 것이 더 값지다.

구시나가라에서 붓다는 대장장이 춘다의 버섯요리 공양을 받았는데, 식중독으로 세상과 작별하게 되었다.

복통으로 누워 임종을 맞이하는 붓다 앞에 춘다가 가책으로 괴로워 어쩔 줄을 몰라했다. 이런 춘다를 붓다는 따스하게 위로했다.

"누구나 나만큼은 이 세상에 오래 머물러야 된다고 고집해서는 안 된다. 태어난 것은 모두 다 사라진다. 무상하지 않은 것이 무엇이냐. 아무리 장수한다 해도 언젠가는 수명을 다하리라. 이 세상은 모두가 무상하니 유상한 것에서 즐거움을 찾을 필요가 없느니라."

생자필멸生者必滅의 대섭리 앞에서 무상을 무상으로 깨닫는 것이야말로 영생의 희망을 보는 것이다.

무상을 무상으로 깨닫지 못하고, 영생과 부활을 욕심내봐야 이 또한 제행무상諸行無常의 하나에 불과하다.

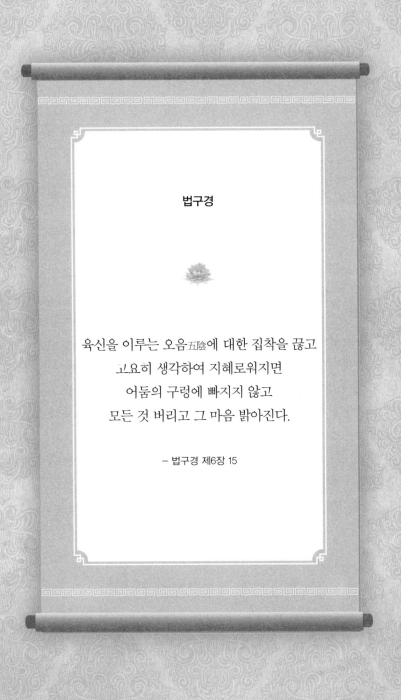

법구경

육신을 이루는 오음五陰에 대한 집착을 끊고
고요히 생각하여 지혜로워지면
어둠의 구렁에 빠지지 않고
모든 것 버리고 그 마음 밝아진다.

– 법구경 제6장 15

법구경

부처님의 가르침을
마음으로 깨달아 환히 알고
마음을 관찰하여 스스로 귀의하면
그 깨끗함은 물보다 맑으리라.

– 법구경 제26장 10

11월

마음 닦기

11월 1일

모든 것이
자신의 탓이다

自淨其意 是諸佛敎
자 정 기 의 시 제 불 교
스스로 그 뜻을 깨끗이 하는 것이 붓다의 가르침이다.

붓다는 평범한 사람들 중의 하나이며, 스스로 그렇게 행동했다. 무결점의 성자로서 남의 죄를 씻어주는 붓다가 아니다. 자신도 똑같이 허물과 죄를 짓고 살기에 대중 앞에 참회하고, 혹 자신도 모르게 지은 죄를 대중이 발견했거든 지적해주기를 바랐다. 이것이 대중이 붓다를 친근하게 여기고 좋아할 수밖에 없는 이유이다.

하루는 붓다가 먼저 사부 대중 앞에 나오더니 무릎을 꿇고 합장한 손을 높이 들었다.

"대중이여 들으소서. 나를 불쌍히 여겨 내 잘못이 있거나 내게 의심이 있거든 지적해주오. 그리하면 마땅히 고치리이다."

이것이 불가의 자자自恣─자기참회─이다. 이 얼마나 아름다운 광경인가. 인류 4대 성인인 붓다가 자신을 불쌍히 여겨 허물이 있거든 지적해 달라고 참회하고 있다. 붓다가 이렇게 한 뒤 하안거夏安居 마지막을 포살布薩일로 정했다.

포살이란 대중이 모여 계율을 낭송하고 각자 반성과 참회를 하는 것이다. 이때 웃어른부터 대중 앞에 차례로 나와 붓다처럼 무릎을 꿇고 두 손을 들어 자자의 말을 외운다.

"나를 불쌍히 여겨 내 허물을 지적해주오. 마땅히 고치리이다."

11월 2일

공은 남에게,
죄는 자신에게 돌리라

不作一喝用
부 작 일 할 용
소리 없고 형태 없는 할喝.

현대사회는 '계약사회'이다. 민법에서도 사인私人들 간의 '계약 자유의 원칙'을 존중해준다. 계약은 상호 신뢰에 근거한다. 그런데 자꾸 이 신뢰가 무너져 불신사회不信社會가 되고 있다. 무전 유죄가 어느 곳이나 횡행하고 있다. 자본주의 사회는 돈이 돈을 버는 속도가 노동을 해서 버는 속도보다 빠르다. 큰돈을 모으면 거의 신神처럼 자유로이 살 수 있다.

그러다 보니 돈을 벌기 위해 법에 저촉되지 않도록 교묘하게 피하며 패륜적 행위도 마다하지 않는다. 위선이 통하려면 달콤한 말로 잘 속여야 한다.

불가에서는 이것을 '망어妄語'라 하는데, 가장 무거운 죄인 바라이波羅夷로 규정한다. 만일 비구나 비구니가 바라이죄를 범하면 승단을 떠나야 한다. 큰 거짓말인 망어는 대접받기 위해 거짓말하는 것이다.

"자기를 칭찬하더라도, 남을 비방하지는 말아라. 자기를 높이려고 남을 비난하거나 남을 시켜 자기를 높이고, 남을 시켜 다른 이를 헐뜯지 마라. 보살은 모든 중생을 대신해 비방과 욕을 달게 받느니라. 좋은 일은 남에게 돌리고 나쁜 일은 자신에게 돌려라. 자기 공덕만 드러내고 남의 잘한 일은 감춰 비방을 받게 한다면 이것이 바라이죄이니라."

영원한
행복

捨罪作沙門 無嬈害於彼
사 죄 작 사 문 무 요 해 어 피
죄를 버려 사문이 되었으니 남을 해롭게 말라.

어떤 기쁨이 최상의 기쁨일까. 제일 좋은 소유는 무엇일까. 어디서나 즐거운 사람이 가능할까. 이런 질문의 핵심은 일시적 행복을 넘어 일생 동안 행복할 수 있느냐이다. 붓다의 대답은 이렇다.

"가장 귀한 소유는 신뢰이며, 최상의 기쁨은 도를 따르는 것이며, 지속적인 즐거움은 통찰력을 지니는 것이니라."

억만금을 소유해도 사람들에게 불신을 받는 사람이 행복할 리 없다. 도를 버린 기쁨도 비정상이다. 인생을 멀리, 전체로 보는 통찰력 없는 즐거움도 일시적이다. 이를 위한 가이드라인이 5계五戒와 10선계十善戒이다. 이는 사문뿐만 아니라 참으로 행복하기를 원하는 사람이라면 지켜야 할 5가지 기본 계율과 10가지 선한 행위이다.

5계는 불살생不殺生, 불투도不偸盜, 불사음不邪淫, 불망어不忘語, 불음주不飮酒이며, 십선은 생명을 존중하고, 남의 것을 탐내지 말고, 정절을 지키고, 진실을 말하고, 현란스러운 말을 하지 말고, 험담하지 말고, 이간질하지 말고, 욕심내지 말고, 화내지 말고, 그릇된 견해를 갖지 말라이다. 5계 10선의 정신은 남을 괴롭히거나 해치지 말라는 것이다.

살생하지
말라

善來惡來
선 래 악 래
제대로 왔는가, 잘못 왔는가?

붓다는 새로 제자가 되겠다고 찾아오면 항시 두 팔을 벌리고 "어서 오게. 비구여!"라며 맞이했다. 인도 초기 불교교단에서도 이를 그대로 전승했다. 비구는 출가한 승려이다. 그런데 붓다는 아직 입문도 하지 않은 낯선 이를 향해 미리 '비구'라 불러주었다. 그가 속세에서 무슨 짓을 하고, 어떤 사람이었든 붓다에게는 중요하지 않았다. 속세의 발걸음을 돌려 붓다의 도를 알고자 바른 방향으로 왔기에 이미 비구가 될 자격이 있다고 보았다. 붓다의 영원한 규범은 '아힘사Ahimsā'이다. 아힘사를 옮긴 말이 '불살생不殺生'이다.

간디가 '아힘사' 정신으로 인도 독립운동을 전개했다. 아힘사의 기본은 '해치치 않는다不害'이다. 모든 가치관은 불상생의 계율을 기초로 해서 전개된다.

"억압을 두려워하는 모든 생명에 대해 폭력을 거두어라. 산 것을 몸소 죽이지 말고 남을 시키지도 마라."

왜 붓다는 생물에 대한 폭력을 그만두라고 말했을까? 그는 이렇게 말했다.

"사람은 생각으로 무엇이든 할 수 있으나, 끝내 생각하는 자기보다 더 현실적이고 소중한 것은 없느니라. 그러기에 자기의 소중함을 알게 되고 그와 같이 남을 해쳐서도 안 된다."

11월 5일

도둑질하지
말라

苟生無恥 如鳥長喙
구 생 무 치　여 조 장 훼
구차히 살며 수치를 모르니, 부리를 쭉 내민 새 같구나.

붓다의 첫 번째 계율인 불살생은 두 번째 계율인 불투도不偸盜에 의해
더 구체화된다.

"남이 주지 않는 것을 갖지 말라."

남의 것을 도둑질하지 말라는 뜻이다. 꼭 물질뿐 아니라 연인, 자식,
형제, 친구 등도 마찬가지다. 사람들은 일반적으로 자기 것이 최고인 줄
모르고 남의 것만 부러워한다. 그러다 내 것을 잃고 나서야 비로소 후회
한다. 막상 남의 것을 탐하다가 내 것을 놓쳐 보내고 나서야 내 것의 진
가를 발견한다.

타인의 평가에 연연하는 것이 수치스러운 일이다.

우리는 타인의 욕망을 욕망하며 보여주는 삶을 살고 있다. 서로가 서
로의 관음증觀淫症을 부추기고 있다. 너보다는 좋은 옷, 좋은 차, 더 좋은
집에 살아야 안도한다. 비교우위에 서고자 애쓸수록 수단 방법을 가리
지 않고 사람들이 부러워하는 무엇을 가지고자 한다. 걸리지만 않는다
면 불법행위도 서슴지 않는다. 여기에 붓다는 제동을 건다.

"동네에 있거나 들에 있거나 어디에 있든지 남의 것을 보고 남을 시
켜 가지거나, 그런 짓을 볼 때 묵인하지 마라. 무엇이든지 주지 않는 것
을 훔쳐가서는 안 된다."

음행을
하지 말라

自淨其心性本鄕
자 정 기 심 성 본 향
티 없이 정갈한 곳이 심성의 본향

생명을 중시하고 남의 것을 부러워하지 말라는 계율은 세 번째로 성의 청정淸淨으로 이어진다. '삿된 음행'을 금지했는데 남녀 사이가 너무 문란해져서는 안 되기 때문이며 성이 문란해질 때 승단의 근본이 무너진다. '삿된 음행'은 부부나 연인 사이의 사랑까지 반대하지는 않는다. 오히려 붓다는 사랑 안의 성을 적극적으로 지지했다. 부부나 연인이라 하더라도 성적 자기결정권을 존중한다. 강한 욕망인 성욕이 타인과의 합의 없는 일방적 해소를 추구하면 폭력이다. 이는 먹고 싶고, 소유하고 싶다고 남의 음식이나 물건을 훔치는 행위와 같다.

세 번째 계율의 정신은 함께해야 할 어떤 일을 결정할 때 일방적인가, 합의할 줄 아는가이다.

사랑하는 연인 사이에도 성적교감을 나누고 싶지 않은 시간은 있다. 그런 시간을 존중해주면서 사랑이 더 깊어간다. 불사음의 계율은 첫째 가장을 지키고 사랑하는 연인을 온전히 지켜준다. 두 번째 성자체가 목적인 성이 아닌 사랑 안에서 그 사랑을 더 풍요롭게 만드는 수단으로 성을 지키는 안전장치이다.

"음행淫行을 피하라. 이는 슬기로운 사람이 마땅히 행할 일이니 타오르는 불구덩이를 피하듯 피하라."

11월 7일

방종하지
말라

學正念淸明
학 정 념 청 명
바르게 배우니 생각도 맑고 맑다.

정신을 흐리게 하는 '세 가지三業'가 있는데, 신업身業과 구업口業, 의업意業이다. 몸과 입과 뜻으로 짓는 행위를 신구의삼업身口意三業이라 한다.

흔히 "삼업을 짓지 말라"고 한다. 이는 몸놀림과 혀놀림과 헛된 뜻을 삼가라는 것이다. 뜻을 올바로 세우고 몸가짐을 단정히 하며 바른말만 할 수 있다면 흠 잡힐 일이 없다.

이 세 가지 중 제일 쉽게 풍파를 일으키는 것이 구업口業이다. 세 치 혀를 잘 놀려 출세한 사람도 있고, 이 혀를 잘못 놀려 인생이 파탄 난 사람도 많다.

DNA의 이중나선구조를 밝혀 1962년 노벨 생리의학상을 받은 제임스 왓슨이 최근 메달을 경매에 내놓아야 했다. 그는 노벨상 수상 후 한참 상승세를 타던 중 2007년 영국 〈선데이타임스〉와 인터뷰하면서 "흑인 지능이 우리보다 낮아 아프리카 전망에 회의적"이라는 인종차별적 발언을 했다. 이후 미국과 영국 등지에서 큰 반발이 일며 연구소에서도 쫓겨나고 기업이사회에서도 축출되었다. 그해 12월 왓슨의 조상 가운데 아프리카인이 있다는 사실이 밝혀졌다. 최근 왓슨은 "내가 어리석었다"고 후회했다.

"어느 곳에서든 거짓말해서는 안 된다. 남에게 거짓을 시키거나 거짓 증언하는 사람을 천하게 알라."

부끄러운 행동을
하지 말라

以慈能與衆生之樂 以悲能拔有情誌苦
이 자 능 여 중 생 지 락   이 비 능 발 유 정 지 고
자애로 중생과 즐거워하며 가여워함으로 중생의 괴로움을 건진다.

미움이 괴로움이다. 그래서 미워하는 대상이 생기면 마음의 평화를
지키려 그 대상에 무관심해지려고 한다. 무관심의 대상이 많아지는 만
큼 고독한 섬이 된다. 중생과 어울려 살아야만 하는 우리는 즐거운 삶을
위해서도 자애로워야 한다. 자애의 주요 특성이 번뇌 망상에 시달리는
중생을 가여워할 줄 아는 심정이다.

앞의 네 가지 계율인 살도음망殺盜淫妄은 근본사계根本四戒, 또는 사바
라이四波羅夷라 하는데, 바라이는 내보내야 한다는 뜻이다.

다음으로 차죄遮罪라 하여 음주를 꼽는다. 음주 그 자체가 죄악은 아
니지만, 그로 인해 다른 죄악을 유발하게 되므로 금하고 있다. 동서고금
에 음주 자체를 범죄행위라고 하지 않지만 불음주를 권하는 것은 음주
로 인해 일어나는 허물과 혼란을 막기 위해서이다. 불경이 지적하는 술
의 허물이 35가지 정도인데 간추리면 여러 병의 원인이 되고, 재물을
없애며, 어리석게 만든다.

특히 부끄러워할 줄 모르고 염치가 사라져 적절치 못한 행동을 하게
된다. 이는 열반과는 점차 거리가 멀게 되고 결국 어리석은 인연을 심게
된다.

쓸모 있는 말과
쓸모 없는 말

不綺語
불 기 어
번지르르 입에 발린 말만 하지 마라.

"말 한마디로 천 냥 빚을 갚는다." 이는 진심 어린 말이 사람을 감동시키는 것인데, 말만 진실처럼 하고 행동은 달리하는 사람이 많다.

심술은 남이 잘되는 것을 시기하는 마음이다. 화자話者의 이득을 취하기 위해 진심은 없이 꿀이 뚝뚝 떨어지는 말만 골라 청자聽者를 속인다.

신구의身口意 삼업三業의 확충인 십선계十善戒 중에서 4가지가 말과 관련되어 있다. 십선계는 살생계殺生戒, 도계盜戒, 사음계邪淫戒, 양설계兩舌戒, 망어계妄語戒, 악구계惡口戒. 기어계綺語戒, 탐계貪戒, 진계瞋戒, 사견계邪見戒이다. 말과 관련된 4가지 계율은 거짓말을 금하는 망어계, 험한 말을 금하는 악구계, 가식적인 말을 금하는 기어계이다. 그중 불기어不綺語, 즉 기어계가 핵심이다.

기綺는 아름다운 비단이다. 비단결처럼 곱고 멋진말 같은데 알맹이가 없는 말이 난무한다. 실속 없는 칭찬, 과장된 구호, 들을 때 그럴듯한데 듣고 나면 허전한 달콤한 말 등. 이런 쓸모없는 기어綺語가 생각을 혼란스럽게 한다. 과장된 칭찬이나 교묘한 변론을 버리고 긴장을 해소하는 편한 조크, 진실성 있는 긍정적 언급, 애정 어린 교훈 등이 쓸모 있는 말이다.

집단 분열로 이어지는
악한 말

不惡口 不兩舌
불 악 구 불 양 설
험담과 이간질을 하지 말라.

불악구不惡口, 즉 악구계惡口戒는 입에서 악한 말을 내지 말라는 것이다. 구체적으로 악한 말이란 무엇일까?

"사부대중의 허물을 여기저기 퍼트리고 다니거나, 시기하는 말을 하지 마라. 만약 악한 사람이 거짓말을 하고 다니거든 교화하라. 그리하여 대승大乘에 신심을 내게 하라."

악한 말은 험한 말이며, 험한 말은 작은 허물이라도 잡히면 이를 꼬투리로 대죄인양 몰아가는 말투이다. 이러한 불악구가 집단으로 번지면 집단불화가 일어난다.

조선 시대에도 고을 사이에 갈등이 생겨 혼인과 왕래조차 끊긴 경우가 많았다. 이런 갈등의 시작은 사소한 데서 비롯되나 점차 걷잡을 수 없이 고착화된다. 상대 지역이 아무리 잘해도 미워하고 내 지역은 잘못해도 감싸준다. 이로써 분열된 대중은 증오심에 휩싸여 패거리 문화를 형성하게 되고, 서로에게 흠집 내는 데 열중하게 된다. 이 모든 것이 험담과 이간질에서 비롯된다.

진실은 이간질이 없는 속에서 고요히 빛난다. 특히 지도자일수록 불악구에 앞장서지 말고 '대승에 신심을 내게' 해야 한다. 이는 대중의 화합을 도모하도록 하라는 말이다.

화를
철저히 다스리라

不貪慾 不瞋恚
불 탐 욕   부 진 에
욕망을 억누르고 성냄을 그치라.

"성내지 마라. 남을 성내게 하지도 마라. 욕망을 청정히 하고 입을 정하게 하며 성내는 말을 하지 마라."

화나도 성내지 말고, 남도 화나게 하지도 말아야 하는데, 이는 욕망을 줄이고 입을 청결하게 하며, 화내는 말을 줄여야 한다.

이성에 의해 욕망을 다스려야지 욕망이 이성을 좌우하도록 방치해서는 안 된다. 인간의 탐욕은 한번 부리기 시작하면 한이 없어 결코 만족될 수 없다. 그래서 분노가 일어난다. 분노 그 자체를 없애려 하기보다 분노의 원인인 탐욕을 적절하게 제어해야 한다. 자신의 분수를 알고 맞추어야 탐욕을 절제할 수 있다.

내가 할 수 있는 일이 있고 안 되는 일이 있다. 음치인데 가수가, 난독증인데 편집자나 책을 많이 보아야 하는 학자가 되려 할 때 좌절의 늪으로 빠진다. 과욕을 부려 일이 안 될 때 마음이 혼탁해지며, 성질을 부리다가 오래 쌓아 놓은 명성도 일순간 무너지고 만다.

미래를 꿈꾸고 바라보되 너무 몰두하지 말고, 과거를 참작하되 얽매이지 말라. 미래는 아직 오지 않았고 과거는 더 이상 존재하지 않는다.

11월 12일

편견은
허상을 만든다

不邪見
불 사 견

그릇된 견해를 멀리하라.

인상파 화가 모네는 "사물의 고유한 색감은 뇌가 만든 기억과 관습의 편견"이라고 보았다. 같은 물체라도 계절과 날씨, 시간마다 비추는 빛의 순간적 상태에 따라 대상의 이미지가 달라진다. 편견과 억견 등이 그릇된 견해를 짓는다.

우리 모두는 자기 처지에서 자기 식으로 세상을 보고 판단한다. 누가 무슨 말을 해도 자기가 듣고 싶은 말만 골라 듣는다.

이를 플라톤은 '동굴의 우상'이라 했다. "우리 사회는 큰일이야. 왜 이 모양이지." 이 말도 일부분만 맞다. 하지만 그렇게만 보는 사람도 큰일이다. 내 관점을 비약시킬 필요가 없다. 자신은 항상 책임이 없고 자신과 다른 견해를 가진 사회가 책임이 있다는 식은 전체를 열등의식으로 몰아넣는 일이다.

붓다는 "니르바나의 기쁨에 이르려면 관념에서 벗어나 사물의 이치를 알라"고 했다. 관념과 기대에 바탕한 집착, 대상을 실체로 여기고 그곳에 머무르는 의식을 버려야 마음의 평정을 얻는다. 세상은 모두 양면성을 넘어 다면성이 있다. 먼저 내 견해와 다른 견해를 동일선상에 놓고 비교 분석하는 일이 바른 견해를 갖는 길이다.

인격은 무엇을 지향하는가에
달려 있다

強顏耐辱 名曰穢生
강안내욕 명왈예생
두꺼운 낯 속으로 치욕을 감추는 것이 추한 삶이다.

사람은 나이가 들면 피부가 까칠해지고 낯도 두꺼워진다. 이런 피부야 성형하면 좋아지겠지만, 인격이 까칠해지고 이중성을 띠면 고치기 어렵다.

그런 삶을 《법구경》에서 "더러운 삶"이라 한다. 이들의 모습은 여조장훼如鳥長喙(긴 부리를 내민 새)처럼, 구생무치苟生無恥(구차하게 삶)한다.

'무엇을 믿고 바라고 있는가. 거기에 인격이 있다.'

체격은 음식과 운동으로, 인격은 신념과 습관으로 결정된다. 자비의 씨앗이 끊겨 살생이 일고, 청정심이 사라져 음행이 일고, 복덕의 종자가 끊겨 도둑질을 하며, 진실의 종자를 잃고 거짓말을 한다. 생명을 사랑하는 아힘사가 자비, 청정심, 복덕, 진리의 씨앗이다. 진리가 힘이다. 이 진리에 매달리고 진리를 찾으려는 노력이 '사티아(진리) 그라하(파악, 주장)'이다. 노력은 행동이며, 행동의 반복은 습관이고, 습관이 인격을, 인격이 운명을 만든다.

'사티아 그라하'는 전염성이 강력하다. 3·1 운동으로 상해 임시정부가 태어났고, 중국과 인도로 비폭력저항 운동이 번져갔다. 인도에서 간디가 '사티아 그라하'를 내세워 제국주의와 싸웠다. 붓다도 이 정신으로 하리잔 계급의 어린이, 부녀자, 노인들까지 귀한 사람으로 대접했다.

11월 14일

불의에 대한 침묵은
곧 악이다

所謂仁明 非口不言
소 위 인 명 비 구 불 언
소위 성인은 침묵만 하지는 않는다.

해야 될 말이 있고, 해서는 안 될 말이 있다. 다른 이의 열등감을 조장하지 않고 상쾌한 웃음을 주는 농담, 감사와 인정, 애정 어린 충고와 교훈 등은 해야 될 말들이다.

분위기를 파악해 적재적소에 맞는 말은 보석보다 아름답다. 이런 말을 하지 않는다면 인생은 사막이 되며, 부드러운 관계를 맺기 어렵다. 말을 나눠야 할 사람과 말없이 함께 앉아 있는 것처럼 어색한 일이 없다.

"악마는 필요한 말을 하지 않는 침묵을 열반이라 한다."

악마는 아무 말도 없이 쥐 죽은 듯 있는 것이 열반에 드는 것과 같다고 여긴다. 그러나 이 세상의 현실을 버리고 침묵하는 것이 열반일 수 없다. 불의한 현실에 침묵을 지키는 보신주의補身主義자는 성자가 아니다. 강자의 불의를 보고도 침묵을 지킨다면 성자가 아니라 기회주의자이다.

보통 열반이라 할 때 고요한 침묵이 지속된다고 생각한다. 그러나 붓다는 중생에게 해야 될 말, 필요한 말을 해야 참 열반이라고 했다.

어떤 원한도
생명보다 작다

謂捨罪福 淨修梵行
위 사 죄 복 정 수 범 행
세상 모든 죄도 복도 버리고 깨끗이 살라.

로히니 강을 사이에 두고 샤카족과 코올리족이 살았다. 두 부족은 평소 사이좋게 지냈다. 그런데 어느 해 여름 가뭄이 심하게 들자 강물이 줄어들며 강 양쪽에 농사짓던 두 농부가 강물을 서로 먼저 쓰겠다고 다투면서 두 나라 간의 불화가 시작되었다. 마을사람들까지 몰려나와 패싸움을 벌였고, 결국 나라간 전쟁으로 확대되었다. 급기야 두 나라 왕들이 군대를 거느리고 나와 진을 쳤다. 마침 이 강을 건너려던 붓다가 두 왕에게 물었다.

"두 분은 무엇을 위해 싸우려하는가?"

"물 때문입니다."

"물과 사람의 생명 중 무엇이 더 귀중하오?"

마침내 두 왕은 원한을 내려놓고 화해했다. 두 나라 백성도 함께 춤추며 어울렸다. 어떤 원한도 생명보다 작다. 생명이 있으니 원한도 있다. 이 원한을 풀지 않고 쌓아가면 생명이 상하고 소멸된다. 그래서 붓다는 원한을 내려놓으라 했다.

"원한을 지닌 무리 속에 살더라도 너는 그 원한을 버리고 즐겁게 살라. 오랫동안 기쁨을 누리고자 하느냐. 세상의 죄는 물론 복도 버리고 누구를 대하든 관대하고 선을 행하는 데 온 마음을 기울이라."

절약을
생활화하라

不貪致歡喜 不貪則不死
불 탐 치 환 희 　 불 탐 즉 불 사

욕심이 과하지 않으니 환희에 이르고, 죽음에 이르지 아니한다.

괴로움은 본래의 모습과 멀어지는 틈 사이로 찾아온다. 더 많이 먹고, 더 많이 소유하고, 더 많이 즐기려할수록 본래와는 멀어진다. 모가바간이 붓다를 찾아왔다.

"위대한 스승이시여, 저는 늘 죽음이 무섭습니다. 어찌해야 죽음의 왕을 만나지 않을 수 있을까요?"

"세상을 공空으로 보거라. 네 자신마저도 본체가 아니니라. 그렇게 세상을 보아야 죽음의 왕이 결코 너를 보지 못하고 지나치리라."

세상을 공으로 보는 사람, 그래서 죽음이 별거 아닌 사람들이 도리어 무엇이든 절약한다. 돈과 음식, 심지어 물이나 그 무엇이든 아낀다. 이 모든 것이 본질상 주인은 없고 가고 오는 세대가 돌아가며 사용할 것들이기 때문이다. 예부터 물은 공기만큼 흔했고, 늘 공짜였다. 이처럼 흔한 물도 붓다는 아껴 쓰라 했다. 기원정사에 붓다가 머물 때 부유한 500여 재가 신도들이 찾아와 번뇌를 없애는 법을 가르쳐달라고 했다.

"누가 번뇌를 없애는 사람인가? 물을 아껴 쓰는 이들이다. 물을 아끼는 집에서 연못이나 강둑을 잘 관리하는 것처럼 수행자도 지혜의 물이 새지 않도록 한다."

공생은 더 풍요로운 사회를 만든다

知者成人 度苦致喜
지 자 성 인   도 고 치 희
지혜 있는 성인은 다른 이를 괴로움을 건너 즐겁게 한다.

"사람들마다 소박한 신념이 있습니다. 그 신념이 서로 다를 때 논쟁하고 서로 바보라 비웃습니다. 이처럼 모두 자기주장만 하는데, 무엇이 옳은 길입니까?"

"서로 의견이 틀리다고 어리석다 하면 서로가 자기관점에만 매여 있는 바보이다."

어떤 관점에 매여 다른 사람을 바보라 부르게 한다면, 그 관점은 진리가 되지 못한다. 진리는 한 사람의 소유물이 될 수 없기 때문이다.

그러나 경쟁사회는 선발과 배제의 원리로 작동한다. 매 단계마다 테스트 과정을 두어 필요한 사람을 선발하고 나머지는 배제해버린다. 살벌한 사회일수록 세 가지 특징이 있다. 하나는 정상이 몇 개 없다. 정치와 사업의 정상 등을 제외하고 다른 것은 하찮게 본다. 또한 한번 배제된 사람은 다시 올라갈 사다리를 치워버린다. 그리고 정상에 올라선 사람이 부와 권력, 명예 등 거의 모든 것을 독식한다. 바라문이 붓다 앞에 귀의하며 고백했다.

"놀랍습니다, 붓다여! 넘어진 자를 일으키고, 눌린 자를 벗겨주고, 길 잃은 자에게 길을 가리켜 주시는 이여."

"너희도 각자 부처가 되어 그렇게 살아라."

고정관념이 깨져야
진리에 다가갈 수 있다

凡所有相 皆是虛妄 苦見諸相非相 卽見如來
범 소 유 상 개 시 허 망 고 약 견 제 상 비 상 즉 견 여 래
무릇 형상 있는 것이 다 허망한 줄 알면 즉시 여래를 보리라.

중국 당송오대의 승려 운문雲門 선사를 찾아온 수행승이 물었다.
"무엇이 부처요?"
"마른 똥막대기다."
금칠한 거대 불상이나 대형사찰에 안치된 불상 정도의 대답을 기대
했던 수행승은 부처를 '똥막대기'에 비유하자 혼비백산했다. 속으로 '감
히 부처를 똥막대기에 비유하다니'라고 생각하다가 순간 자신의 고정관
념이 무너지는 것을 느꼈다. 금막대기는 귀중하니 부처와 비유할 수 있
고, 똥막대기는 천하니 악에 비유한다는 이런 관념이 깨졌다.
이로써 수행승의 명색名色을 추앙하는 허물이 바로잡혔다. 성자나 금
덩어리뿐 아니라 똥막대기까지도 부처라고 볼 때 세상에 귀천이 사
라지고, 어느 작은 미물하나라도 부처 아닌 것이 없게 되었다.
부처나 똥막대기, 성직자나 강도, 사장이나 직원 모두 그 공空한 바탕
은 아무 차이가 없다. 이래야 운문 선사처럼 "날마다 좋은 날日日是好日"
이라 할 수 있다.

수단은 목적으로 가기 위한
방법일 뿐이다

十方國土中 唯有一乘法 無二亦無三
시방국토중 유유일승법 무이역무삼
천상천하에서 일승법만 유일하고 이승도 없고 삼승도 없다.

승乘은 타고 가는 것으로 깨달음을 향해 실어 나르는 가르침이다. 일승은 '종국적 부처의 세계', '완전한 진리의 세계'이다. 이승, 삼승은 일승의 세계로 이르는 실천법이다.

일승의 세계가 유일한 전체세계全體世界이다. 극락이나 지옥이 죽은 후에 다른 세계에 있는 것이 이나라 현 세계에 있다.

"천당, 지옥이 어디 있나, 죽으면 그만이지." 이 말은 맞다. 단 그렇기 때문에 '자포자기하자', '되는 대로 살자'가 아니라 내 생활 속에 지옥을 없애고 천당을 만들고자 해야 한다. 천국이든 지옥이든 오늘 나와 내 마음의 관계, 나와 사람들과의 관계 속에 스스로 만들어가는 자업자득이다. 살다 보면 누구나 한 번쯤은 지옥 같은 처지에 봉착할 수 있다.

붓다의 가르침은 이런 처지에서 근본적으로 벗어나게 해준다. 동굴 속 어둠에 갇혀도 들어온 길로 다시 찾아 나가면 된다. 지나간 내가 오늘의 내가 아니며, 오늘의 내가 지나간 나는 아니다. 그러니 흘러간 세월들을 물어 무엇에 쓰랴. 지난 일들은 자취가 없고, 다가올 세월은 아직 실체가 없다. 과거에 연유한 성냄도, 미래에 기댄 탐욕도 벗어 놓은 지금 이곳이야말로 천국이다.

신이 아니라 각자가
자신을 책임질 수 있다

莫將佛爲究竟 無佛可得
막 장 불 위 구 경   무 불 가 득
부처를 최고의 경지라고 여기지 마라. 부처에게도 얻을 것이 없다.

세상에 10만 개의 종교가 있고, 신은 이보다 더 많은 100만이 있다. 각 종교마다 나름대로의 예배, 찬송, 기도 등 제의祭儀가 있다. 붓다는 이런 제의가 무의미하다고 했다.

"어린 짐승을 죽이기보다 자기 욕망을 죽여라. 사악한 욕구를 버리면 제단에서 수소를 잡아 바치는 행위가 무의미한 것을 알게 되리라. 제단의 피로 어찌 죄를 씻을 수 있겠느냐. 사악한 짓을 포기해야 마음이 회복된다. 신을 경배하는 것보다 선한 길로 걷는 것이 더 나으니라."

인류 최고의 스승인 붓다는 이렇게 말했다.

"벗들이여, 그대들에게 내가 스승노릇을 하고 있고, 그대들도 말로는 니르바나에 이르는 길이 있다고 한다. 그러나 그대들 중 니르바나에 이르기도 하고 전혀 다다르지 못하기도 한다. 이를 내가 어찌할 수 없다. 나는 오직 길을 가르키는 자일 뿐이니라."

무조건 믿어야 구원을 얻는 다는 말은 다 거짓이다. 어느 경우든 구원의 주인은 바로 나 자신, 당신 자신, 우리 자신이다.

천지는 한 뿌리에서
생겨났다

道流! 莫將佛爲究竟 我見猶如厠孔
도류   막장불위구경   아견유여측공
벗들이여! 부처를 지존이라 하지 마라. 화장실 변기와 다르지 않다.

성스럽다고 하는 모습과 명칭을 이용하는 사람들이 있고, 여기 휘둘리는 사람이 많다. 그렇게 되면 부처라는 이름도 박인저물縛人底物, 즉 사람을 속박하는 도구에 불과하다. 이 부처가 좋다하면 이리 몰려가고, 저 부처가 영험하다 소문나면 그리 몰려간다.

그렇게 부처를 찾으면 그 순간 부처를 잃는다. 붓다도 이를 경계했다.

"코끼리 다리 만지지 말고 잠에서 깨어 눈을 떠라. 직접 그대 눈으로 보라."

이익에 눈먼 보살나한菩薩羅漢에 속박되면 눈감고 코끼리 다리를 만지며 궁궐기둥이다, 가죽 옷이다며 다툰다.

"신은 무엇이고 사탄은 무엇이냐?", "영혼은 무엇이고 어떻게 구원받느냐?", "내세가 무엇이냐?" 등의 상념자체가 병적이다. 이런 질문에 정답은 없다.

한번 이런 질문에 휘말리면 '무조건 믿어야 한다'며 독단적 유신론자들이 벌떼처럼 덤벼든다. 만일 믿지 않으면 이단처럼 대한다. 이러한 병적 상념에 빠진 헛된 망상이 서로 의지해 살아가는 일체 만물을 분열시킨다.

도움이 지나치면
유해하다

佛不教彼 讚己自稱
불 불 교 피   찬 기 자 칭
부처도 자화자찬하는 사람은 가르치지 않는다.

그리스 신화의 최고 미남인 나르시스는 숲 속 연못에 비친 자기 모습에 반해 물속으로 몸을 던졌다. 자아에 깊이 도취될수록 주위에 대한 배려는 점차 사라지고, 남의 말을 일체 듣지 않는다. 다른 사람을 배려하지 않기 때문에 사랑이 무엇인지 전혀 알지 못하고 제멋대로 행동한다. 그러면서도 남에게 기댄다. 자신의 노력 없이 무임승차하면서도 고마운 줄 모르고 당연하게 여긴다.

나르시스트의 속성을 잘 알고 붓다는 이들에게 억지로 강요하지 않고 우선 그대로 놓아두고, 그대로 바라본다. 자아도취가 강한 나르시스트일수록 설득형 교육으로만 해결되지 않는다. 오직 경험을 통해 스스로 깨달아야 한다.

자애로워야 한다고 하여 무조건 도와주고, 무조건 칭찬하고, 무조건 감싸주는 것은 어리석은 짓이다. 조금 안쓰러워 보여도 스스로 하도록 지켜보고, 최선을 다해도 조금 힘에 벅찰 경우 살짝 도와주는 것이 현명하다. 힘겹게 자기 일을 풀려는 상대를 조금 더 지켜보지 못하는 사람은 성급한 자신의 성격에 집착한 것이다.

부를 쌓는 데는
과정과 용도가 중요하다

雨寶益生滿虛空　衆生隨器得利益
우 보 익 생 만 허 공 　중 생 수 기 득 이 익
하늘에서 보배로운 비가 내리니 각기 그릇에 따라 담아간다.

"작은 이익으로 부자가 되라."

붓다는 사람들이 부자로 사는 것을 반대하지 않았다. 단, 그 부가 분에 넘쳐 어리석게 되지 않도록 주의를 주었다.

부는 집착의 대상이 아니라 보시하기 위한 여러 수단 중 하나이다. 붓다가 부와 권력을 버리고 진리를 취해 대중에게 헌신적 보시를 했듯이, 수행자들도 그리해야 한다.

그러나 많은 수행자가 재물로만 보시해야 한다는 명분으로 자신의 탐욕을 정당화한다. 청정한 수행자들은 세인들의 귀감이 되어, 그 모습 그 자체로 부를 이룬 세인들이 물질로 보시하도록 교화한다.

세상에서 붓다의 가르침을 따라 살며 큰 부를 이룬 사람이 많다. 이런 부는 복된 것이지만, 붓다의 가르침과 반대로 악업을 쌓으며 이룬 부는 결국 독이 된다.

허영심에 빠져 일확천금을 노리거나 요행수를 바라면 안 된다. 투기, 경마, 도박 등을 멀리하고 단번에 큰 이익을 내려말고 작은 이익으로 시작해 눈덩이 굴리듯 굴려가야 한다. 부는 항시 이루는 과정도 중요하고, 다 이룬 다음에 어떻게 쓰느냐도 중요하다.

직장을 정토로 만드는
경영의 법칙

變諍小致大 積惡入火焰
변 쟁 소 치 대　적 악 입 화 염
소소한 다툼이 번지지 않게 하여 적폐를 불꽃 속에 던져버린다.

　직장은 정토를 일구어야 할 현장으로 제2의 가정이다. 직장을 정토로 만들 일차적 책임은 경영자에게 있다. 붓다는 '경영자 오사五事'를 말했다. 첫째, 그들의 능력에 맞는 일을 맡긴다. 둘째, 넉넉한 급여를 준다. 셋째, 아플 때 치료해 준다. 넷째, 좋은 것이 있을 때 함께 나눈다. 다섯째, 적당한 휴식을 준다.

　2000년 전 신분사회에서 내놓은 5가지 고용원칙은 현대사회에서 본받을 만한 직원 복지의 이념으로 가득하다. 세계적 기업인 구글이 붓다식 경영 오사를 참조해 운영되고 있다. 직원들을 위해 불교의 명상 과정인 '마음챙김 과정'이 개설되어 있다.

　구글 회장 에릭 슈미트에게 한 여사장이 굳은 얼굴로 찾아왔다. 어떤 프로젝트를 하다가 수십억의 적자를 냈다. 너무 큰 손실이라 직접 회장에게 보고하러 왔고 해고당할 각오를 하고 있었다. 여사장으로부터 자초지종을 다 보고받은 슈미트 회장은 뜻밖의 말을 했다.

　"감사합니다. 구글에는 당신 같은 모험정신을 가진 사람이 필요합니다. 당신은 뭔가 잘 해보려고 도전하다가 안 된 것이니 의기소침할 필요가 없습니다. 다른 사장들은 새로운 뭔가를 시도하지 않고 현실에 안주하려고 합니다. 당신께 감사합니다."

직장을 정토로 만드는
근로자의 법칙

能善行禮節 常敬長老者
능 선 행 예 절   상 경 장 로 자
늘 예의를 잘 지키고 장로를 존경한다.

인류 역사상 유례없이 세계는 급변하고 있다. 이런 때는 통제를 최소한으로 줄이고 적극적으로 위험 부담을 안으면서 리스크 관리를 하는 방향으로 가야 한다. 가능하면 조직도 각자 자율성을 보장하기 위해 수평형태로 전환하고, 계층간 단계도 최소화한다.

리더가 엄격히 직원을 통제해야만 성공한다는 전통적 개념으로는 변화 리스크를 결코 감당할 수 없다. 따라서 누가 강제하지 않아도 현대의 리더들은 직원들에게 권한 위임과 자율성을 줄 수밖에 없다. 이렇기에 더더욱 직장을 정토로 일구어야 할 책임이 경영자뿐 아니라 직원에게도 있다. 경영자가 경영오사로 직원을 대하듯, 직원도 근로오사로 경영자에게 봉사해야 한다. 붓다가 장자長子의 아들 싱갈라에게 말했다.

"싱갈라야, 근로자는 주인에게 다섯 가지 일로 보답해야 하느니라. 첫째, 주인보다 일찍 일어난다. 둘째, 주인보다 늦게 잠자리에 든다. 셋째, 어떤 일이든 정직하게 한다. 넷째, 맡은 일을 끝까지 마무리한다. 다섯째, 주인의 명예를 드높인다."

앞에서 경영자가 직원에게 존경과 애정을 가지고 대하듯, 직원도 경영자를 그렇게 대해야 한다. 회사일을 자기 일처럼 정직하고 끝까지 마무리한다. 그런 직장이 정토이다.

좋은 친구와
나쁜 친구

怒不報怒 勝彼鬪負
노 불 보 노　승 피 투 부
분노를 분노로 대하지 않고 상대와 다툼에서 이긴다.

　우리는 누구나 사회생활을 하고 그 사회의 인간관계 중 핵심이 친구 관계이다. 친구란 친하게 지내는 사이이다. 하지만 친구를 잘못 두어 배신당하고 심지어 망신당하기도 한다. 어떤 친구가 좋은 친구인가?

　첫째, 서로 도움이 되는 친구이다.

　둘째, 변함없는 친구이다.

　셋째, 겉과 속이 같은 친구이다.

　넷째, 진심으로 잘되기를 바라는 친구이다.

　나쁜 친구의 특징은 다음과 같다.

　첫째, 자신의 이익만 추구한다.

　둘째, 뭐든 말로만 하는 자이다.

　셋째, 겉으로 아부하고 뒤에서 욕한다.

　넷째, 술이나 도박, 유흥가 등 나쁜 장소에 빠져 지내는 자이다.

　결론적으로 좋은 친구의 기준은 오래된 만남에서 진실로 선연善緣을 맺고 결코 돈거래는 하지 않는 것이다.

좋은 습관이
건강을 지킨다

老如秋葉 行穢鑑錄
노 여 추 엽 　 행 예 감 록
늙어도 가을 낙엽처럼 거친 행위가 기록되어 있다.

세상에 건강보다 중요한 것이 무엇이 있을까? 건강이 있고 나서야 재물도, 권력도, 명예도 있다. 붓다는 천수를 누리지 못하고 비명횡사하는 이유 9가지를 들었다.

첫째, 먹어서는 안 될 음식을 먹는다. 상한 음식, 불에 탄 고기, 오래된 기름에 튀겨낸 고기, 중금속이 함유된 식품 등을 먹으면서 건강하기 바란다면 이율배반이다.

둘째, 너무 많이 먹거나 너무 적게 먹는다. 영양과잉과 실조 모두 건강을 상하게 하는 것이며, 어떤 특정영양소를 과잉 섭취하면 다른 영양소는 결핍되어 건강에 이상이 생긴다.

셋째, 계절, 시간, 장소를 고려하지 않고 닥치는 대로 먹는다.

넷째, 식재료와 조리방법이 소화하는 데 부담을 준다.

다섯째, 배설이나 수면을 인위적으로 참으며 독소를 몸에 쌓는다.

여섯째, 계율을 지키지 않고 원한을 쌓는다.

일곱째, 나쁜 친구를 두어 판단력을 흐리다.

여덟째, 적당하지 않는 시간에 부적당한 곳에 간다.

아홉째, 피해야 할 것을 피하지 않고 돌진한다.

치우치지 않는
중도를 걸으라

學未至於道 衒耀見門
학 미 지 어 도   현 요 견 문
공부가 도에 미치지 못하니 돌아다니며 자기 자랑만 한다.

"하늘이여, 마음껏 비를 내리게나."

이 말은 붓다의 10대 제자 중 한 사람인 무쟁제일無諍第一 수부티須菩提
가 자주 했다. 본디 조용하고 온화한 성품인 수부티가 이토록 사자후를
토할 만큼 당당해진 이유가 있다. 어느 날 붓다가 수부티에게 교훈했다.

"수부티야, 자비를 행할 때 특정 대상에 집착해서는 안 된다. 그 또한
편견에 치우친 편애이니라. 말에 의존하지도 말라. 말 또한 단순한 상징
에 불과하다. 특정 대상이나 말에 집착하지 않고 자비를 실천한다면 거
기서 오는 복락은 이루 헤아릴 수 없다. 네가 동쪽 공간을 헤아릴 수 있
느냐?"

"서쪽, 남쪽, 북쪽은 물론이고 위와 아래와 공간도 어찌 헤아릴 수 있
겠습니까?"

"그렇다 수부티야. 네가 자비행을 할 때 어떤 개념에 붙잡히지 않는다
면 그 결과 누리는 복락은 공간처럼 헤아릴 수 없으리라."

도의 경지에 오른 증거는 세상 변화에 흔들리지 않음이요, 도에 미치
지 못한 증거는 자기 자랑에 바쁜 것이다.

바람직한 믿음을
마음속에 품으라

念佛者 在口曰誦 在心曰念
염 불 자 재 구 왈 송 재 심 왈 념
염불을 입으로 하면 송불이요, 마음으로 해야 염불이다.

사람은 염念을 따라 움직인다. 염은 어떤 대상을 마음속에 떠올리고, 또 떠오르는 것을 말한다. 어떤 염의 강도가 낮으면 영향을 적게 받고, 염이 강하면 큰 영향을 받는다. 염도 습관을 들이기 나름이다. 그래서 좋은 염을 떠올리는 습관을 들이는 것이 바람직하다.

수부티가 삿다信, Saddha라는 신참 비구를 데리고 부처를 찾았다.

"세존이시여, 이 비구의 이름은 삿다이며, 재가 신도의 아들로 신심이 매우 두텁습니다."

"그러냐. 그러면 도대체 믿음이란 무엇이냐? 어떤 경우에 믿음이 두텁다고 하느냐?"

수부티가 정확히 대답을 못하고 붓다에게 믿음에 대해 가르쳐 달라고 부탁했다.

"우선 계戒를 존중하고 환희심으로 지키는 것이다. 또한 승가의 도반들과 잘 지내고, 훈계를 순수하게 수용하며 열심히 정진해야 한다."

"세존이여, 이 비구가 방금 말씀하신 믿음의 특징을 모두 지니고 있습니다."

"훌륭하구나 수비티야. 너는 이 비구와 함께 머물고 앞으로 나를 만나고자 할 때는 언제나 이 비구와 동행하거라."

붓다는 아름다운 염을 함께 간직한 두 사람을 동주同住하도록 했다.

입이 아니라
마음으로 염원하라

徒誦失念 於道無益
도 송 실 념   어 도 무 익
입으로만 염불하고 맘으로 하지 않으면 이익이 없다.

염불念佛한다는 것은 붓다처럼 깨닫기를 바란다는 것이다. 그래서 "나무아미타불관세음보살"이라 암송한다. 선禪이 자력수행이라면 염불은 아미타불이나 관세음보살을 의지하여 성불하려는 하나의 수행 방법이다. 두 수행 방법이 결국은 하나이다.

자력수행이나 타력수행이나 불가의 수행관은 자타불이自他不二이다.

아미타불阿彌陀佛은 서방정토인 극락을 관장하는 부처이다. 관세음보살觀世音菩薩은 대자대비의 마음으로 세상의 모든 소리를 살펴보는 보살이다.

나무아미타불관세음보살은 피안의 극락을 바라고, 속세에서 대자대비大慈大悲로 살기를 간절히 바란다는 뜻이다. 입으로 염불하면서 엉뚱한 짓을 하는 사람들이 있다. 서산 대사도 이를 지적했다.

"마음으로 하면 염불念佛이고, 입으로 하면 송불誦佛이다."

염불한 만큼 삶이 자비로워야 한다. 입으로 떠드는 염불보다 일상의 고요한 염불이 더 귀하다. 마음 없이 입으로만 떠드는 염불이 연출이라면 마음을 다한 침묵의 염불은 커다란 신념이다. 신념은 인생의 씨앗이 되고, 고행은 나리는 빗줄기가 되며, 지혜는 인생 밭을 가는 호미와 괭이이다.

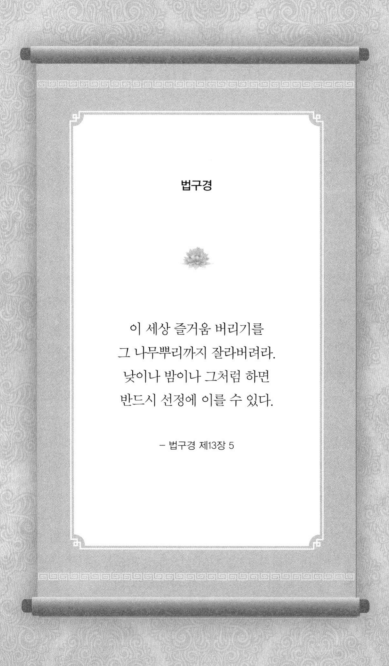

법구경

이 세상 즐거움 버리기를
그 나무뿌리까지 잘라버려라.
낮이나 밤이나 그처럼 하면
반드시 선정에 이를 수 있다.

– 법구경 제13장 5

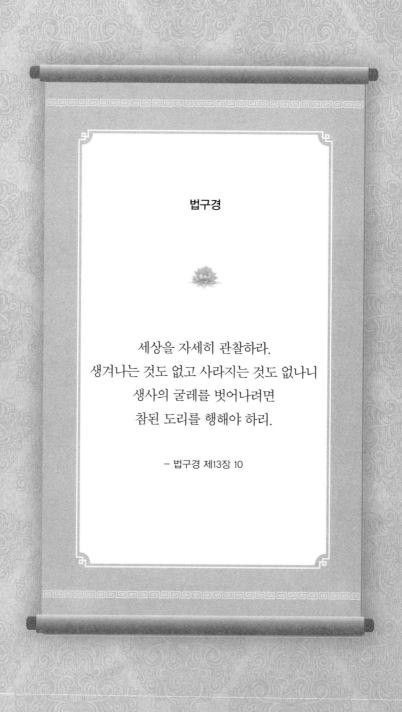

법구경

세상을 자세히 관찰하라.
생겨나는 것도 없고 사라지는 것도 없나니
생사의 굴레를 벗어나려면
참된 도리를 행해야 하리.

– 법구경 제13장 10

12월

작은
등불이 되리

건강한 육체에
건강한 정신이 깃든다

因筌求魚 得魚忘筌
인 전 구 어　득 어 망 전
통발로 인해 고기를 잡음에 고기를 잡고 나면 통발은 잊어버린다.

인간의 몸은 그 자체로 하나의 소우주이다. 캘리포니아 대뇌 연구소의 노먼 커즌스 교수는 《웃음의 치유력》에서 인간의 전체 질병은 자연 완치 비율이 가장 크다고 했다.

고도로 발달한 현대의학이 포기한 불치병도 자연 치유되는 경우가 종종 있다. 이런 일은 자기 몸에 대해 감사할 때 일어난다. 내 몸에게 말해 보라. "내 몸이 되어 주어서 고맙다."

육신이 아프면 마음도 해를 입는다. 붓다는 자학적 수행을 금지했다. 고기와 생선을 멀리하고, 넝마 같은 옷을 입고, 머리를 풀어헤치고 다닌다 해도 마음의 미혹이 사라지지 않는다.

"진정 너의 의무는 자신의 몸을 건강하게 하는 것이다. 필요한 일상생활에 만족하여라. 자신에 대한 집착을 버리고 몸을 위해 적당히 먹고 마셔라. 이것이 중도이니라."

자기 몸에 귀 기울이고 자기 몸을 잘 관리하는 것이 모든 감사에 선행한다. 지나친 단식이나 과식, 과로는 모두 자기에게 감사할 줄 모르는 행위이다. 지나친 욕심은 단기적 성과를 위해 장기적 성과를 포기하는 어리석은 행동이다. 이것저것 많은 유혹을 뿌리치지 못해서 스트레스가 쌓이면 결국 탈진하게 된다.

12월 2일

사소한 시비와 원망은
균열을 낳는 작은 틈이다

不吞鎔銅 自惱憔形
불 탄 용 동　자 뇌 초 형
끓는 구리물을 입에 담지 말라. 몸이 타고 스스로 괴로울 뿐.

어디에서 이기주의가 왔을까? 불교 경전《장아함경》은 "세상과 나를 분리된 객체로 인식하는 데 원인이 있다"고 가르친다.

선과 행복의 증진을 위해 노력하면 세상과 내가 더 이상 분리된 객체로 머물지 않는다. 반대로 악과 불행을 퍼트리면 세상과 나는 더욱 분리된다. 서로 트집 잡고, 냉소적인 사람들의 모임은 앞으로 나아가기 어렵다. 화목하고, 서로 격려하면 어떤 난관도 극복할 수 있다. 작은 가시가 온몸을 아프게 하듯이 사소한 시비와 원망이 인화를 깬다.

오랫동안 수행한 비구가 파계했다는 혐의가 일어 비구들이 성토하며 추방했다. 이 비구가 억울하다고 호소하자 양쪽으로 나뉘어 크게 다투었다. 이 소식을 들은 붓다는 비구를 쫓아낸 무리를 찾아갔다.

"오랫동안 수행해 도에 밝은 비구를 눈앞의 작은 허물만 보고 미워하는 마음에 쫓아내니 잘못이다. 이는 교단의 화합을 깨트리는 어리석은 일이다."

명백한 증거 없이 심증만으로 단죄하고 불신하는 행위가 분쟁의 씨앗이다.

인생사는
마음먹기 나름이다

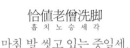

恰値老僧洗脚
흡 치 노 승 세 각
마침 발 씻고 있는 중일세.

붓다의 제자 중 마하가섭이 사람을 감화하는 데 가장 탁월한 재주를 지녔다. 그가 서쪽 지방에 교화하러 가겠다고 자청하자 붓다가 물었다.

"만일 사람들이 모멸하고 욕하면 어떻게 하겠는가?"

"저는 그들이 단지 욕만 한다면 선하게 볼 것입니다. 그들은 나를 때릴 수도 있는데 때리지 않았으니까요. 그들은 착한 사람이지요."

"그래, 그렇다면 두 번째 묻겠다. 그들이 때린다면 어떻게 대하겠는가?"

"그들이 때린다 해도 그들을 선한 사람으로 대하겠습니다. 나를 죽일 수도 있는데 죽이지 않았으니까요."

"좋다, 그럼 세 번째 질문을 하겠다. 만일 그들이 그대를 정말 죽인다면 죽어가는 순간에 어떻게 그들을 대하겠는가?"

"그들에게 감사할 것입니다. 그들이 나를 번뇌가 많은 세상에서 자유롭게 만들어 주었기 때문입니다. 따라서 그들에게 감사할 것입니다."

붓다가 말했다.

"그대는 원하는 어느 곳이나 가도 좋다. 그대가 어디를 가더라도 그곳이 그대의 극락이로다. 그대에게는 어떤 문제도 문제가 되지 않을 것이다."

어떤 상황에서도
긍정적인 마음가짐을 유지하라

因言得意 得意忘言
인 언 득 의 　 득 의 망 언
말로 뜻을 얻으나 얻고 나면 말은 잊는다.

　같은 말도 어떻게 하느냐에 따라 듣는 사람이 달리 듣고, 같은 말도 어떻게 듣느냐에 따라 다른 감정이 인다. 이것이 행동주의 심리학자 프레드릭 허츠버그가 언급한 '업무 동기 이론'이다. 이 이론은 '인프라'와 '소프트'를 나눈다.

　인프라는 업무 환경, 직무 안정성, 보수 수준, 복지 수준, 사규, 동료와의 관계로 일터에 대한 만족도를 높여준다. 그러나 업무의 동기부여는 인프라만으로 충분치 않고 리더의 태도에 달려 있다. 리더의 태도 중 핵심이 언어이다. 언어 속에 공감이 있느냐, 아니면 리더의 욕망만 가득하느냐가 중요하다. 리더는 일의 시작과 마무리, 일의 책임 한계를 분명히 해주어서 팀원이 성취감을 맛보게 해주어야 하며, 또한 팀원을 인정하며 일 자체에 대한 의미 부여를 해주어야 한다.

　마하가섭은 9만 9,000명을 교화했다. 그가 단지 언변만 좋았더라면 그런 성과를 올리지 못했을 것이다. 그는 상대가 어떻게 나오든 잘 소화할 줄 알았다. 마하가섭은 스스로 외부에서 가해지는 자극을 저 멀리 벗어던졌다. 그것이 그가 수많은 사람을 감화한 비결이다. 마하가섭은 무소의 뿔처럼 변명하지 않고 사당私黨을 만들어 대항하지 않고 묵묵히 홀로 갔다.

훌륭한 인격보다
빛나는 리더십은 없다

徒以口舌辯利 相勝者 如厠屋 塗丹雘
도 이 구 설 변 리 　 상 승 자 　 여 측 옥 　 도 단 화

말재주로만 이기려 하나 화장실에 단청칠과 같다.

말은 재주가 아니다. 말은 인격이다. 인격이 뒷받침된 말은 조금 어눌해도 보석처럼 빛난다. 인격이 텅 빈 말은 화려할수록 공감을 사지 못하고 반감을 일으킨다.

붓다는 말도 잘했지만 그가 한 말보다 훨씬 더 인격적으로 완성된 삶을 살았다. 붓다와 제자가 똑같이 발우를 들고 탁발했다. 스승이라 하여 비단옷을 입고 상좌에 앉아 가르치기만 하고, 허드렛일이나 노동은 제자들만 하게 하지 않았다. 직접 자기 옷을 꿰맸고 텃밭을 일구었으며 탁발하러 다녔다. 탁발에는 걸식해 음식을 담는 그릇인 발우에 목숨을 의탁한다는 뜻도 있으며, 그만큼 생명을 초월한 수행에 정진한다는 뜻도 함께 담겨 있다.

왜 오늘날 우리는 탁발 수행을 하지 않는가?

탁발 수행이야말로 가장 인간다운 모습으로 자신을 돌아보고 자신을 찾게 된다. 자아에 덧씌워진 온갖 허위의식을 벗어내는 데 탁발 수행보다 더 좋은 수행법은 없다. 불가의 알파와 오메가는 보시이다. 붓다와 제자들은 탁발하지 않고 공양을 받아도 충분했다. 그러나 승단의 최고 어른이 자청해 탁발의 모범을 보였다. 대중의 보시를 자극하고 존경받는다는 이유로 부를 축적하지 못하게 모범을 보인 것이다.

남을 위한
경영

探竿影草
탐 간 영 초
자신의 수행을 측정해 보라.

불교에서는 수행의 정도를 측정하기 위해 엉뚱한 질문을 던져본다. 여기 속지 않고 잘 되받아치는 사람은 어느 정도 수행이 된 사람이다. 이는 수행의 지식이고, 이 지식이 삶으로 구체화될 때 득도한 사람이 된다.

일본에서는 불가에 입문하면 탁발 수행을 한다.

이나모리 가즈오 명예회장도 1997년 불가에 귀의한 다음 탁발 수행을 했다. 그 체험을 《카르마 경영》에 적어놓았다. 위암 수술을 받은 지 얼마 되지 않은 차가운 초겨울에 무명옷 차림과 밀짚모자를 쓰고 가가호호 다니며 불경을 외우고 시주를 받았다.

해가 저물자 지친 몸으로 돌아오는 길이었다. 공원에서 청소하던 아주머니가 한 손에 빗자루를 든 채 아무렇지도 않게 그가 메고 다니는 자루에 500엔짜리를 집어넣었다. 그때 가즈오 회장은 평생 느껴보지 못한 짜릿한 감동을 전신으로 느꼈다. 부유하지도 않은 여인이 생색을 내지도 않고 주저 없이 자비를 실천했다.

그 후 가즈오 회장은 경영의 키워드를 '이타'로 정했다. 우리 기업인들도 교세라 회장같이 탁발 수행을 해본다면 세상에 이타의 행위가 더 많아질 것이다.

12월 7일

부와 가난을
차별하지 말라

名利衲子 不如草衣野人
명 리 납 자 불 여 초 의 야 인
명예와 재물만 따르는 자는 시골에 묻혀 사는 야인만 못하다.

오늘날은 문자적 탁발은 현실적으로 어렵다. 붓다가 정해놓은 탁발의 정신을 되살리면 된다. 탁발 수행에 네 가지 원칙이 있다.

첫 번째, 걸식하러 어느 마을에 들어갈 때 그 마을에는 아무도 살지 않는 빈들이라는 생각으로 들어가야 한다. 그래야 수행자가 마을에 들어가서 보고, 듣고, 느끼는 것들을 초월해 마을에서 일어나는 온갖 일이 부질없는 일임을 분별할 수 있다.

두 번째, 부잣집과 가난한 집을 구별해서는 안 된다. 가난한 집의 나물 반찬은 싫어하고, 부잣집의 기름진 음식만을 골라 가는 수행자는 아직도 아만我慢을 버리지 못한 것이다. 그래서 영양가 있고 맛난 음식만 골라먹지 않도록 색미식계索美食戒를 정했다.

건강이 안 좋아 영양으로 미식이 필요한 경우를 제외하고 구걸하는 사람이 맛난 음식에 대한 탐욕에 끌려서는 안 된다. 또한 식사공양을 충분히 받은 그날은 더 이상 음식을 입에 넣지 않는다. 이것이 족식계足食戒이다. 거적으로 대문을 삼고 흙을 반찬으로 삼을 만큼 어려운 집에 가서 불경을 외우고 그들의 음식을 아무렇지 않게 걸식해 먹을 수 있어야 집착과 번뇌 속에서도 깨달음에 들어갈 수 있다.

12월 8일

절제가
삶을 빛나게 한다

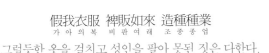

假我衣服 裨販如來 造種種業
가 아 의 복   비 판 여 래   조 종 종 업
그럴듯한 옷을 걸치고 성인을 팔아 못된 짓은 다한다.

    탁발의 원칙 세 번째는 탁발칠가식托鉢七家食이다. 붓다는 물론 그 제자들도 하루에 일곱 집만 탁발하였다. 잘사는 동네를 가도 일곱 집, 못사는 동네를 들어가서도 일곱 집 이상은 탁발하지 않았다. 왜 일곱 집이었을까? 부처 당시에는 출가 수행자를 공경하고 대접하는 것이 당연한 일로 여겨지는 풍토여서 다른 수행자가 미리 탁발했던 집이라면 물러나 다른 집으로 갔다. 또 다른 이유는 일곱 집이나 탁발했음에도 음식이 부족하다면 그만큼 중생이 살기가 어렵다는 것이다. 그럴 때 수행자는 억지로 걸식하지 말고 중생과 함께 배고픔을 느끼는 것이 올바르다. 붓다도 일곱 집을 걸식해도 먹을 것이 변변치 않으면 그날은 굶었다.

    네 번째는 오후불식午後不食 원칙이다. 탁발은 이른 아침에 숙사를 나와 맨발로 시작해 오전 중에 마친다. 얻어온 음식은 비시식계非時食戒라 하여 정오까지 식사를 마쳐야 한다. 이후에 식사해서 안 되며 오후에는 나무 아래에 앉아 선정수행을 한다. 오후 이후라도 과일주스 등 씹지 않는 음료는 마실 수 있다. 붓다도 이 계율을 지켜 하루 한 끼만 먹었다.

    이와 같은 탁발 수행 원칙은 탐욕 중의 가장 본능적 탐욕인 식탐을 이기게 한다. 식탐을 이긴 사람이 교만과 아집에 얽매일 리 없다. 그만큼 탁발 수행의 힘은 강하다.

부자가 되는 비결과
나눔의 원칙

一瓢一衲 旅泊無累
일 표 일 납   여 박 무 루
표주박 하나, 옷 한 벌이면 세상 어디가도 족하다.

한 제자가 붓다에게 돈을 많이 버는 방법을 물었다.

"붓다여, 어떻게 해야 부자가 될 수 있습니까?"

"먼저 잘하는 일을 더 잘하도록 익혀라. 재물을 모으되 먼저 작은 것부터 시작하라. 여러 꽃에서 꿀을 모으는 꿀벌에게서 배우라. 그리하면 재물이 점점 늘어나리라. 불어난 재산을 사치하는 데 쓰지 말고 마땅히 줄 사람을 가려서 주어라. 남을 속이고 함부로 사는 사람은 아무리 간청해도 주지 말라. 억만금의 재산을 모아서 나누지 않고 독식하면 파멸의 문에 이른다." 그리고 계속 말을 이었다.

"세상 욕심에 즐거워 쫓아가다가 빚에 결박당한다. 따라서 쾌락을 위한 빚은 지지 마라."

여기에 부자 되는 원칙과 나눔의 원칙이 들어 있다. 부자가 되려면 자신이 잘하는 일을 더 잘하도록 하고, 작은 돈부터 꿀벌처럼 알뜰살뜰 모아간다.

부자가 되는 목적은 자비행을 위해서인데, 이때 무조건 나눈다고 좋은 것은 아니다. 나눔을 실천하는 데도 지혜가 필요하다. 나눔의 원칙 중 재물이 독이 되는 사람에게는 자제해야 한다. 올바른 나눔의 실천이 또 다른 복으로 돌아온다.

진정한
부자

卽照而遮 卽遮而照 圓明一貫
즉 조 이 차   즉 차 이 조   원 명 일 관
비추어 막고 막아 비추니 둥글게 밝아 일관되도다.

'호랑이 기름'으로 거부가 된 싱가포르의 후이후胡一虎와 그의 부인 아키코曉子의 일화이다.

그들은 유럽의 최고 부호인 로스차일드가와 사우디아라비아 왕족 등과도 친분이 깊었다. 이들의 집에 세계 최고의 부호들과 권력자들의 발길이 끊이지 않았다. 이처럼 엄청난 권력과 부를 누리면서도 이들은 봉사활동에 전력을 기울였다. 아키코는 적십자사 부총재를 맡아 자기 돈으로 아프가니스탄 등의 난민을 도왔다. 그녀의 부에 대한 철학은 다음과 같다.

"진정한 부자는 나눌 줄 아는 사람이다. 먼저 자비롭게 돕는 방법을 배워야 부자 소리를 들을 자격이 있다."

돈이 많다고 부자가 아니라 그 많은 돈으로 자비를 베풀 때에 비로소 부자라 할 만한다. 이렇게만 된다면 부자라는 타이틀만으로도 대단한 명예이다.

자비를 베풀 때 어떤 조건이 붙은 자비가 아니라 자비 그 자체로 머물러야 한다. 이것이 자비의 진여성眞如性으로, 자비에 어떤 조건이나 편견을 초월한 무한 절대의 완성이며 진리 본연의 완성이다.

나누는 마음은
전염된다

烈火茫茫 寶劍當門
열 화 망 망 보 검 당 문
세찬 불이 펄펄 타고 보배로운 검이 번뜩인다.

코살라국에 수닷타Sudatta라는 대부호가 살고 있었다. 그는 갠지스 강을 오르내리며 무역을 하였다. 유달리 자선심慈善心이 많아 외롭고 늙은 사람들을 많이 도와주어 급고독장자給孤獨長者라는 말을 들었다. 그가 마가다국 라자가하의 친척집에 갔다가 붓다의 설법을 들었다. 그러고는 돌아와 수행할 장소를 찾다가 제타 숲을 발견했다. 그 숲의 주인은 코살라국의 태자인 기타祇陀 왕자였다.

수닷타는 왕자를 찾아가 동산에 붓다를 위해 정사를 지으려 하니 팔라고 부탁했다. 그 숲을 애지중지하던 왕자는 "저 동산 가득히 황금을 채워주면 팔지 모르겠다"며 거절했다. 수닷타는 자기 전 재산을 팔아 황금을 사서 수십 수레에 가득 실었다. 그리고 동산에 황금을 가득 깔았으나 워낙 넓은 동산이라 덮지 못한 부분도 있었다.

이를 본 왕자가 감동하여 황금으로 덮지 못한 숲을 바쳤으며 정사를 짓는 데 필요한 목재도 바쳤다. 이래서 그 유명한 기원정사祇園精舍가 탄생했다.

수닷타는 의지할 곳 없는 사람들에게 이 정사를 자비희사했고, 붓다와 제자들을 자주 초대하여 공양하기에 힘썼다. 이 자비희사가 사무량심四無量心이다.

첫째, 자慈무량심으로 모든 이에게 어질고 따뜻하게 대하고,

둘째, 비悲무량심으로 이웃의 아픔을 내 아픔으로 여긴다.

셋째, 희喜무량심으로 이웃의 성공을 같이 축하하며,

넷째, 사捨무량심으로 편애 없이 일체 평등하다.

사무량심 가운데 처음과 두 번째가 자비이고, 세 번째와 네 번째가 희사이다. 이웃과 나를 일체로 보는 것이 자비이며, 아무 보상도 구하지 않고 어디에도 무엇에도 얽매이지 않으며 공정한 것이 희사이다.

사회생활의 첫발은
가정에서 시작된다

知恩方解報恩
지 은 방 해 보 은
마음 깊이 고마움을 알아야 은혜를 갚는다.

미국 벤틀리대 라스 시소디아 교수팀은 현장연구를 통해 '사랑받는 기업'을 밝혀냈다. 구글, 할리데이비슨, 혼다, 사우스웨스트항공, 도요타, BMW, 아마존닷컴 등이 선정되었다. 이들 기업은 고객이나 주주는 물론 종업원, 협력업체 등 모두의 만족도를 중시했다. 기업도 더불어 만족을 추구하는데 가족이야 더더욱 그렇다.

"부모를 섬기고 아내를 사랑하고 자녀를 보호하라. 그래야 혼란 없이 질서 있게 꾸준한 행복을 누리게 되느니라."

붓다 시대는 가족이 곧 기업이었다. 부모는 자녀를 양육하고 자녀는 부모를 믿고 따랐다. 부모는 5가지 원칙으로 자녀를 돌보아야 한다.

첫째, 자녀가 악을 제어하도록 자기 관리의 힘을 기르게 한다.

둘째, 선한 행위를 보여주어 따르게 한다.

셋째, 부모의 자애로움이 자녀의 골수에 박히도록 한다.

넷째, 선한 배필을 만나게 보살핀다.

다섯째, 시대에 맞는 재주를 기르도록 한다.

진흙탕에서도
꽃을 피우라

起時當卽起 莫如愚覆淵
기 시 당 즉 기 막 여 우 복 연
일어날 때는 힘차게 일어나라 연못에 빠져 허우적대듯 하지 말고.

모든 일은 다 업業을 쌓는 일이다. 유명한 직급이라 하여 그 자체가 선업善業을 쌓아주지 않는다. 왕이라 하여 왕의 자리가 거기 앉은 사람을 위대하게 만들지 않고, 왕으로서 어떤 행동을 하느냐에 따라 업의 모양이 달라진다. 남의 집 문지기나 일꾼으로 살아도 그 자리로 비천한 업이 아니라, 어떻게 그 일을 하느냐에 따라 왕보다도 더 선업을 쌓아갈 수 있다.

붓다는 비록 자신이 왕궁을 버리고 속세를 떠났으나 속세에 사는 사람들까지 굳이 세상을 배척할 필요가 없다고 가르쳤다.

"도道에는 두 가지가 있느니라. 성문聲聞과 보살이다. 성문은 세상을 싫어하나 보살은 세상을 싫어하지 않느니라."

성문도 수행자이지만, 보살이 이타利他가 있어 세상을 위해 자리이타自利利他를 추구하나 성문은 자리自利, 즉 자신의 깨달음만을 추구한다. 붓다는 이 두 부류를 동시에 소중하게 여겼지만 보살이 되어 고뇌의 강이 흐르는 죄 많은 세상 속에서 연꽃을 피우길 원했다.

"보살은 좋은 방편을 구비하여 삼계에 들어가되 더럽혀지지 않느니라."

여기 삼계는 속세이다.

귀천은
세속이 만든 잣대

孤輪獨照江山靜 自笑一聲天地驚
고 윤 독 조 강 산 정   자 소 일 성 천 지 경
외로운 달이 강산에 비치어 고요한데 홀로 웃음소리로 천지가 놀라는구나.

쉬라바스티 성에서 붓다가 탁발할 때였다. 똥 푸는 사람 니이다이가 똥통을 메고 밭으로 가다가 붓다를 보고는 길모퉁이 담벼락 아래로 숨었다. 평소 붓다를 뵙고는 싶었으나 똥 냄새 풍기는 자신의 모습이 붓다에게 누가 될까봐 나서지 못했다. 그 마음을 읽은 붓다가 다가오자 니이다이가 몰래 도망가다가 돌부리에 걸려 똥통이 깨지고 말았다.

"니이다이여, 내 손을 잡고 일어서라."

더 놀란 니이다이가 엉거주춤한 자세로 뒷걸음치자 부처가 온화하게 권했다.

"니이다이여, 나와 함께 강물로 가서 씻자."

"저 같은 사람이 어떻게……."

"아무 염려 마라. 이 세상의 귀하고 천한 것은 시대가 빚어낸 꿈이니라. 진리의 단 이슬은 슬기로운 자가 받느니 종족과 무슨 관계가 있으리. 나의 법은 청정한 강물과 같다. 일체를 받아들여 더러움에서 청정함으로 해탈하게 하느니라."

붓다는 성문 밖 강으로 니이다이를 데려가 깨끗이 씻기고 기원정사로 돌아왔다.

진심의
등불

心爲出世之門戶 心是解脫之關津
심 위 출 세 지 문 호   심 시 해 탈 지 관 진
자기 마음이 출세간의 문턱이요 해탈의 나루터라.

　붓다가 사밧티 성에 머물 때 난다라는 여인이 있었다. 워낙 가난해 하루하루 연명하던 어느 날 사람들이 웅성거리는 것을 보고 물었다.

　"무슨 일이 일어났어요?"

　"붓다가 이 성에 오셨답니다. 오늘 밤 왕과 성민들이 수만 개의 등불을 밝혀 연등회를 열어 맞이한답니다."

　가난한 여인은 자신도 등을 켜 붓다를 기쁘게 맞이하고 싶었다. 아무것도 가진 것 없는 자신의 처지가 너무 괴로워 지나가는 사람에게 동전 몇 닢을 구하여 기름집으로 갔다. 기름집 주인은 가난한 여인을 이상히 여기며 "어디에 쓸 거냐"고 물었다.

　"살면서 붓다 한 번 만나기가 얼마나 어렵습니까. 마침 이곳까지 오신다니 아무것도 가진 것 없지만 등불이라도 하나 밝혀서 맞이하려 합니다."

　이 여인은 작고 초라한 등불 하나를 들고 길모퉁이에 서서 부처께 발원하였다. '보잘것없는 이 등불 하나를 밝히오니 저 같은 사람도 다음 세상에서는 성불하기를 기원합니다.'

　밤이 깊어가고 거리를 환하게 밝혔던 수만 개의 등불이 다 꺼져갔다. 오직 여인이 밝혀 놓은 등불만은 꺼지지 않고 더 밝게 빛나고 있었다.

베푼 공덕은
잊어버려도 되돌아온다

識關津者 何憂不達
식 관 진 자 허 우 부 달
문턱을 알고 나루터를 알거늘 어찌 이르지 못할 것을 근심하리요.

밤이 깊도록 가난한 여인의 등불만이 길모퉁이에서 홀로 꺼지지 않고 타오르고 있었다. 아난다는 스승 붓다가 등불이 다 꺼져야 주무신다는 것을 잘 알고 여인의 등불에 다가가 가사자락으로 불을 끄려 했으나 꺼지지 않자 손으로 불을 끄려고 했다. 그래도 도무지 꺼지지를 않았다. 고요히 누워 있던 붓다가 일렀다.

"아난다여, 부질없는 짓이다. 그 등불은 가난하고 외로운 여인의 정성이 어린 불이다. 결코 그 불은 꺼지지 않는다. 그 여인은 오는 세상에 성불하게 될 것이니라."

붓다는 연등회의 수많은 불이 켜져 있을 때 수많은 인파 사이를 지나다가 가난한 여인 앞에서 머물러 간절한 발원을 경청하였다. 그때 붓다의 눈빛이 여인에게 이렇게 비쳤다.

'그대가 무엇을 소원하려는지 내가 깨닫고자 하노라.'

이미 크게 각성한 붓다는 일상에서 허우적대는 한 여인의 소소한 아픔을 아는 것도 일종의 깨달음이라고 보았다.

"덕을 베풀 때 과보를 원하지 마라. 그래야 불손한 생각을 품지 않고 더 어려운 이에게 덕을 베풀 수 있다. 베푼 공덕은 헌신처럼 잊어 버려라."

공과 색은
순환한다

不怒如地 不動如山
불 노 여 지 부 동 여 산
광활한 대지처럼 성내지 말고 산악처럼 굳건하다.

　현실의 물질적 존재는 모두 인연에 따라 만들어졌다. 이로써 불변하는 고유의 존재성이 없어 색즉시공色卽是空이라 한다. 그럼 공즉시색空卽是色은 무엇인가? 만물의 본성인 공空이 연속적 인연에 의해 임시 다양한 만물로 존재하는 것이다. 그래서 색즉시공과 공즉시색은 순환관계이다. 어떤 물질이든 이루어지고成, 어느 기간 머물다가住, 반드시 파괴되어壞, 공空으로 돌아간다.

　한 기업체 사장이 통화 중에 갑자기 "선생님, 모든 것이 공空합니다"라고 내게 말했다. 무엇이 공할까? 소유물이 넘치는데 공하다니 왜일까? 물질이 전부라 여기고 살아가면 정신이 공하다. 물질은 아무리 많이 가져도 모두 사라진다. 그 물질을 소유한 사람조차도 사라진다. 그에게 이렇게 말했다. "소유의식을 떠나 존재의식에 거하십시오. 이것이 참선參禪이며 세속을 넘어 아라한阿羅漢의 경지에 머물게 됩니다."

　아라한을 번뇌의 도적이 사라졌다 하여 무적無賊이라고도 한다. 세상만사, '無一物中無盡藏무일물중무진장'이다. 아무것도 없는 그 가운데 꽃도 피고 달도 뜨고 누각도 있고 아무리 사용해도 다함이 없을 만큼 무한한 보배가 들어있다.

역사의
궁극적 승자

阿那面正
<small>아 나 면 정</small>
어느 얼굴이 진짜 얼굴인가.

통치술의 대가 마키아벨리는 "대중에게는 기만과 술책이 우선이다"라고 가르쳤다.

마키아벨리는 역사적 사례를 들어 교활한 지도자의 승리를 보여준다. 리더가 기만책을 쓰지 않고 자신의 약속을 지키며 정직하게 살면 언젠가는 칭송받을 수 있다. 그러나 당대에는 대부분 패배자가 되고 만다. 따라서 역사의 영웅들로 불리는 자들은 약속을 쉽게 버리고 대중을 혼돈 속에 빠트리며 성공했다. 인간은 이성적이거나 항상적恒常的이지 못하고 타락한 본성을 지녀서 인간적으로 다스리는 것이 불가능하다. 사람은 사랑보다는 두려움에 의해 순응한다. 현대의 카리스마형 리더들은 마키아벨리의 방식으로 조직을 움직이고 있다.

그러나 2500년 전 붓다는 전혀 다르게 대중과 개인을 한결같이 대했다. 오늘날 붓다가 도시 한복판을 거닌다면 수행원이나 비서 없이 누구와도 편하게 만나고 어떤 이의 전화도 직접 받을 것이다. 그가 인류의 보편적 양식으로 사무량심四無量心—대자, 대비, 대희, 대사—을 가르쳤다. 이 양식이 곧 불성이다.

일시적으로 마키아벨리즘이 승리할 수 있다. 그러나 역사의 승자는 붓다이즘이다. 붓다, 간디, 마더 테레사 등 수많은 사람이 이를 입증하고 있다.

역사는
거둔 대로 뿌리는 과정

不行芳草路 難至落花村
불 행 방 초 로   난 지 낙 화 촌
우거진 풀밭 길을 걸어야 꽃마을에 이른다.

　권력을 쟁취하고 유지하는 데 수단 방법을 가리지 않는 마키아벨리즘은 권력의 기능마저 왜곡한다. 권력 기능이 광명정대한 '봉사'가 아니라 착취와 압박이 된다.

　물론 15세기 이탈리아의 여러 작은 나라들 중의 하나에 불과한 피렌체의 시민인 마키아벨리로서는 대의명분보다 더 시급한 것이 공화정의 유지였다. 이 목적을 달성하기 위해 어떤 수단도 정당화하기에 이르렀다. 이때 권력의 무기는 공포이다. 이런 두려움은 시간이 지나며 퇴색하고 무감각해지기 마련이다. 유무형의 겁박으로 인간의 존엄성을 상실한 인간들은 여러 형태로 자율성의 회복을 시도하게 되어 있다. 중국 최초의 통일 왕조인 진나라가 철권통치를 했던 진시황제가 죽자 바로 무너졌다.

　마키아벨리적 리더십은 색色이 그 자체로 전부라고 본다. 색으로 통칭되는 국가, 사물, 현상이 영원히 지속될 수 있으면 마키아벨리 방식이 타당하다. 그러나 색이 공이 되는 원리에 비추어 볼 때 마키아벨리 방식은 권력 현상과 통치 방식 등이 공으로 돌아가기 그 이전에, 먼저 각자 인간성에 대한 공허함이 찾아오고, 이는 결국 더불어 웃고 울고 기뻐하고 섬기는 무의식적 불성이 일어나 부당한 수단으로 권력을 추구하는 세력을 몰아낸다.

12월 20일

가장 큰 사랑은
자타불이

觀風知浪起 翫水野帆飄
관 풍 지 랑 기　완 수 야 범 표
바람을 보아 풍랑이 어찌 일지 알고, 물을 보아 배에 돛을 올린다.

   평화로운 세상은 함께 만드는 것이다. 보살이란 이를 위해 중생이 스스로 붓다의 깨우침에 다가가도록 북돋우는 사람들이다. 대중을 교화하고 대중과 교감하는 붓다의 방식이 사섭사四攝事이다.
   "사람을 이끌 때 네 가지로 하느니라. 첫째 보시섭布施攝, 둘째 애어섭愛語攝, 셋째 이행섭利行攝, 넷째 동사섭同事攝이니라. 이를 행하여 대중을 편안히 머물게 함이니라."
   섭攝은 끌어안는다는 뜻이다. 보살은 중생을 부모가 외동딸을, 또는 외아들을 한없는 애정으로 품에 안듯 보살은 대중을 섭수攝受해야 한다. 그래서 물질이든 정신적 위로이든 보시가 필요하고 부드럽고 온화한 애어愛語가 필요하다. 인자한 말뿐 아니라 실제 중생에게 이익이 되는 행동인 이행利行과 중생과 고락을 같이하는 동사同事도 필요하다.
   특히 동사는 동체대비심同體大悲心에서 비롯되어 사섭법 가운데 가장 지고지순한 행위이다. 무애행無碍行의 원효 같은 분이 동사섭을 행했다. 눈 내리는 차가운 날 외투를 입혀주어 홀로 보내기보다 함께 눈을 맞고 같이 걸어가는 공감행이다. 이런 동병상련의 마음이 곧 보살행이다.

우리를 심판하는 자는
누구인가?

海月澄無影 游魚獨自迷
해 월 징 무 영 유 어 독 자 미
바다에 비친 달이 그림자도 없이 맑아 노니는 고기가 스스로 미혹되는구나.

밤중에 반짝이는 반딧불은 일시 일어났다가 사라진다. 손뼉 소리도 실체가 아니라 두 손이 마주쳐 일어나는 소리의 현상이다. 바다에 비치는 달도 실체가 아니듯, 냄새, 빛깔, 울고 웃는 것, 관념 등 모두가 실재하지 않는 일시적 현상이다.

그런데도 여기에 얽매여 사는 것이 어리석음이다. 해탈은 이 미혹에서 벗어나는 것이다. 미혹에서 벗어나고자 할 때 필수적으로 현상의 생기다. 그동안 미혹되어 따라다녔던 대상을 단절할 때 오는 금단 현상이다.

담배나 술을 끊을 때 금단 현상을 넘어서야 한다. 끊임없이 미혹의 대상으로부터 추상적인 비전을 듣고 의존해왔는데 이를 끊는다는 것은 종교적 회심보다 더 큰 충격이다.

종교적 회심은 한 종교에서 다른 종교로 변경하면 되지만, 붓다가 말하는 깨달음은 의타적 신앙 자체를 버린 홀로서기이다.

붓다는 "捨者求者사자구자 皆是染汚也개시염오야"라 했다. 중생심을 버리거나 밖에서 무엇을 구하는 것이 다 더럽히는 일이다. 내 모습 이대로가 버릴 게 없다. 그런데도 정법正法을 구하는 그 자체가 '삿된 짓'이다.

삶의 순항을 위한
계율

比丘芦船 中虛則輕
비 구 호 선 중 허 즉 경
비구여 배 안의 물을 퍼내야 배가 가벼이 순항하리라.

경영 환경의 변화에 따라 이전과는 다른 리더십이 필요한 때다. 이제는 붓다가 매사를 수행하는 자세로 하는 리더십 스타일이 필요하다. 배 안에 들어 있는 물을 퍼내야 배가 가벼워져 앞으로 나아갈 수 있듯 조직이나 개인도 성냄, 탐욕, 어리석음을 버리고 덕을 갖추어야 전진할 수 있다.

붓다는 수행자들에게 현상을 덕스럽게 만드는 '여섯 가지 기준'을 마련해주었다.

첫째, 몸으로 어떤 일을 할 때 거울에 자기 얼굴을 비쳐보듯 늘 자비롭게 행동하라.

둘째, 입으로 어떤 말을 할 때 거울에 자기 얼굴을 비쳐보듯 늘 자비롭게 말하라.

셋째, 머리로 어떤 생각을 할 때도 거울에 얼굴을 비쳐보듯 늘 자비롭게 생각하라.

넷째, 이익을 얻거든 인색하지 말고 수행자들과 함께 나누라.

다섯째, 모든 계율을 어그러지지 않게 잘 지켜라.

여섯째, 번뇌를 벗어나는 자비심을 늘 가지고 수행자들과 함께 마음을 닦아라.

인간의 삶은 위의 여섯 가지처럼 행동, 말, 생각, 직업, 가치관, 여가활동으로 구성되어 있다.

여섯째의 번뇌를 닦는 활동은 종교생활 내지 취미활동으로 볼 수 있다. 일상의 머리 아픈 일에서 잠시 벗어나 영혼을 충전하는 일을 말한다.

12월 23일

진정한 자신을
발견하고 믿으라

任將三寸輝天地　一句臨機試道看
임 장 삼 촌 휘 천 지　일 구 임 기 시 도 간
세 치 혀로 세상을 비추고 싶으냐, 도에 맞는 진짜 내 소리를 내놓아라.

삼라만상의 본질은 공空이며, 이 공이 바로 삼라만상의 현상色이다. 지혜로운 사람은 실체를 공으로 보고 색은 공으로 꿰뚫어보면서 만상을 활용한다. 어리석은 사람은 만물이 공하니 아무것도 하지 않겠다고 한다. 붓다의 무상無常개념을 평계로 자신들의 나태함을 변호한다. 이에 비해 완고한 사람들은 끝까지 사물에 매달려 산다. 소위 시대가 변했는데도 한 우물만 파는 식이다. 이들은 현생에서도 실패하고, 혹 일시적으로 큰 성공을 거두더라도 인연의 줄이 꼬여 험난한 윤회 속에 빠진다.

천하의 어떤 잡념도 아상我相이니 유용한 아이디어인지 참조한 후 없앤다. 이것原因이 있어서 저것結果이 있고, 이것原因이 일어나므로 저것結果이 일어난다. 이러한 연기緣起의 과정에서도 경쟁은 일어난다.

붓다의 열반행涅槃行은 이 경쟁이 개체의 성과에 머물지 않고 삼라만상 전체와 긍정적으로 연결되도록 한다. 열반행은 그 무엇에도 매달리지 않고, 흉내내지도 않고, 평상심을 유지하는 것이다. 그래야 진짜 자신의 소리가 나온다.

"그대가 어떤 틀린 생각을 진리라 끝까지 고집한다면 진리가 네게 다가와 네 문을 두드릴 때 그 문을 열 수 없으리라."

마음을 비우면
비로소 가득 채울 수 있다

路逢劍客須呈劍 不是詩人莫獻詩
로봉검객수정검 부시시인막헌시

길에서 검객을 만나면 칼만 주고, 시인이 아니거든 시를 나누지는 마라.

한 수행자가 니르바나가 어디에 있는지 궁금해하자 붓다가 말했다.

"바람이 어디에 머무느냐?"

"어느 곳에도 머물지 않습니다."

"그렇다고 바람이 없느냐?"

"아닙니다."

"니르바나는 머무는 곳이 없느니라. 분리되어 집착하는 자아가 없다는 것을 알고 진리와 선속에 사는 사람들 속에 있느니라."

고정된 자아가 없다는 것이 무심無心이지 생각도 없고 대책도 없다는 것이 아니다. 무심은 진화의 최첨단에 서 있으면서도 다시 진화의 친정인 원점으로 되돌아간다. 무심의 경지야말로 모든 책략을 하늘의 기회로 만들어준다.

일본의 최고 검객인 미야모토 무사시는 최고의 검법을 공空의 경지라 말한다. 검법을 익히되 얽매이지 않고, 싸움의 상대를 알되 미워하지 않고 마음을 비울 때 그의 손에 든 칼은 천하무적이 되었다.

12월 25일

화를 다스리지 못하면
화를 부른다

心淸淨是佛 心光明是法 淨光無碍是僧
심청정시불 심광명시법 정광무애시승
청정한 마음이 부처요, 밝은 마음이 진리요, 거리낌 없음이 수행이다.

시골 한적한 일방통행도로에서 규정 속도를 지키며 운전을 하는데, 뒤에서 쏜살같이 달려오던 차가 헤드라이트를 깜빡이며 과속하라고 재촉했다. 그래도 규정 속도로 달리자 갓길로 추월하더니 내 차 앞에서 급브레이크를 밟고 다시 쏜살같이 앞으로 달려갔다. 순간 화가 치밀어 끝까지 추격하고 싶었다.

이 상태가 상심上心이다. 화가나 머리가 뜨겁거나, 죄책감이나 두려움으로 생각에 생각이 꼬리를 물고, 교만하여 목에 힘을 주는 상태가 머리에 무게 중심을 잃어서이다. 이런 상심이 오래가면 자기 절제가 안 된다. 갑자기 추월하고 앞에서 급정거한 차 때문에 화가 치밀었으나 곧 내 안에 일어난 화를 지켜보며 서서히 내려놓으며 평안을 되찾았다.

이것이 하심下心이며, 마음의 무게 중심이 아래로 내려간다. 마음을 내려놓고 바라보는 단계에서 제3자로 내 마음을 바라보며 인생을 여유롭게 경영할 수 있다.

하심하면서부터 사람 속의 불성인 온갖 좋은 인간의 미덕들, 즉 겸손, 박애, 절제, 존중, 신뢰 등이 나온다. 만남과 이별에서도 하심하고, 즐거우나 괴로우나 하심하고, 무슨 일을 만나도 관조하는 하심을 한다. 이 하심이 곧 방하착放下着으로 이어지고 방하착이 곧 성불로 이어진다.

무언가 얻고 싶으면
그것에서 자유로워지라

不道不道 恐上紙墨
부 도 부 도　공 상 지 묵
도라, 도라 말 말아라. 자칫 붓끝에만 올라 있을라.

중국 당나라 때 탁발승 엄양이 머나먼 곳의 조주 선사를 찾아와 지혜를 구했다.

"방하착放下着하거라."

엄양은 염주를 내려놓으며 물었다.

"이제 더 내려놓을 것이 없는데 어찌해야 합니까?"

"착득거着得去하거라."

아직 내 의식이 개입된 상태가 하심이다. 절제하고 자아를 통제하는 하심이 반복되어 정착되면 방하착에 이른다. 방하착이 바로 무심의 경지이다. 의식도 의지도 개입되지 않고 몰입하는 상태이다. 이처럼 완전 집중할 때 내 안의 전혀 다른 나가 찾아온다.

의사가 환자를 돈으로 계산하고 진료할 때는 상심上心, 환자를 고객으로 정성을 다해 진료할 때는 하심河心, 환자의 아픔을 내 아픔처럼 혼연일체가 되어 치료하면 방하착이다. 이때 온갖 번뇌, 스트레스, 원망, 갈등으로 얽힌 집착을 내려놓아 마음이 비게 되고, 이 홀가분한 자유자재로운 마음으로 다시금 생산적이고 효율적인 일에 착득거한다. 낙과落果는 쓸모없이 버려진 과일 같지만 그 안에 씨앗이 있어 새로운 싹을 틔운다.

12월 27일

존재의
시작과 끝

若能悟我本空 生死怖畏 都息
약 능 오 아 본 공 생 사 포 외 도 식
만일 내가 능히 공함을 알면 모든 두려움이 그친다.

우리는 어떻게 지금의 모습일까. 태초의 극미한 점으로부터 수많은 별과 은하계가 터져나왔으며 지금도 우주는 팽창 중이다. 당시 지구는 지금과 전혀 달랐다. 뜨거운 액체에 뒤덮여 있었고, 그 위로 여러 화산 봉우리들이 유독가스를 내뿜고 있었다.

최초로 생명 형태가 출현한 시기는 약 35억 년 전, 지각의 깊은 곳에서 물질이 미생물로 전환한 다음 유인원類人猿으로까지 진화한다. 드디어 인식의 진화가 4만 년 전에 시작되어 지혜로운 자라는 뜻의 호모사피엔스는 우주의 암호인 자연의 원리들을 해석하며 자연 진화를 끝내고 인위적인 돌발진화를 시도할 시점에 와 있다.

자연은 진화 과정에서 원소들을 결합해 새로운 물체를 만들어냈다. 그 와중에 관계망을 깨트릴 정도의 탐욕을 부리며 공룡과 그 밖의 거대 초식동물들, 육식동물들이 임계점을 넘어서며 종적을 감추게 되었다.

진화의 시작 직전이 불가의 무화無化이다. 바로 그 지점에서 모든 존재가 원점회귀原點回歸한다. 온전한 텅빔, 무화는 방하착으로 재경험이 된다.

12월 28일

최초의 생성은
텅빔에서 시작되었다

好向此時明自己 百年光影轉頭非
호 향 차 시 명 자 기   백 년 광 영 전 두 비
이 좋은 시절에 뒤돌아보니 백년 자취도 순간이라.

모든 개체는 종족과 계통의 역사를 반복한다. 개체 발생 속에 우주의 역사가 담겨 있고, 개인의 자취가 담겨져 있다. 너와 나, 우리 모두는 저 시원始原의 빅뱅부터 시작해 원소들이 결합과 분리를 무한히 반복하며 나온 흔적들이다.

서구의 형이상학에서는 존재의 근원에 '그 무엇'이 있다고 본다. 무에서는 무엇도 창출될 수 없기에 '그 무엇'은 곧 절대지존의 존재자, 곧 하나님과 같은 존재이다.

이처럼 무와 유를 이원론으로 보는 시각이 틀렸다. 붓다의 가르침에 심취한 서양의 철학자 하이데거는 무는 부정否定보다 더 근본적이라고 본다. 따라서 유를 제고해 무가 나오는 것이 아니다. 무는 현존재의 번뇌 속에 언뜻 나타나 현존재가 자신의 존재 그 자체와 거리감을 느끼면서 경험된다. 이런 실존적 경험은 생경한 것으로 개체에만 매몰되었던 존재가 드디어 존재자들 모두에게로 포괄하는 무화적 회귀를 이룬다.

무화가 허무주의와 완전히 다른 까닭은 허무주의는 텅빔으로 머물지만, 무화는 공진을 위한 상호 돌봄의 과정이다. 무화회귀는 존재의 소멸이 아니라 모든 존재가 원래 텅빔에서 출발했다는 반성적 사유이다.

세상의 관점이 아닌
자신의 세상을 만들어가라

箭穿江月影 須是射鵰人
전 천 강 월 영 수 시 사 조 인
화살이 꿰뚫었네 강물에 뜬 저 달을. 필시 독수리 잡는 이로세.

세상에 자기가 하고 싶은 일만 하고 사는 사람은 거의 없다. 어쩌다 보니, 먹고살려다 보니, 특별히 할 일이 없어서 등등의 이유로 일하는 사람이 대부분이다.

이렇게 일할 수 있는 것만으로도 우선 감사하자. 그렇지 않고 왜 이 일을 해야 하는지, 단지 돈 때문에 이 일을 해야 한다고 원망한다면 일의 능률도 오르지 않고 정신과 신체 건강에도 해롭다.

우리는 매일 집과 회사를, 일과 휴식을 오가며 많은 일을 경험한다. 이럴 때 일어난 일은 일이고, 나는 나이다. 일어난 일을 회피하고 무시하라는 말이 아니다.

부정적 경험이든 긍정적 경험이든 모든 경험은 마음을 활짝 열고 바라보되 가치평가하지 말고 그대로 본다. 사람들은 자기만의 성안에 갇혀 창문으로만 세상을 내다보려고 한다. 대가가 형성해 놓은 관점으로만 선택적으로 수용하고 의도적으로 세상을 해석하려 한다.

자기를 객관화하고 세상을 의도적으로 조망하는 나만의 메커니즘을 내려놓고, 이별했으면 이별한 그대로만 보고, 좋아했으면 좋아한 그대로만 보라. 이런 능력이 길러지면 세상과 자기 삶을 전체적으로 조망할 수 있다.

12월 30일

높은 자리일수록
평상심을 잃지 않아야 추락하지 않는다

逆境界易打 順境界難打
역 경 계 이 타 　 순 경 계 난 타
역경은 극복하기 쉬우나 순경을 이겨내기가 더 어렵다.

"출세하더니 사람이 달라졌다"는 말을 흔히 들을 수 있다. 부와 권력을 갖게 되면 그 사람의 본성이 나온다. 어려워서 망가지는 경우보다 잘되고 망가지는 경우가 더 많다. 그래서 붓다는 불가의 어른이 된 장로들에게 이렇게 말했다.

"수염과 머리를 깎았다고 장로는 아니다. 더럽고 악한 행동을 버려야 장로이다. 남보다 먼저 출가했다고 장로가 아니다. 선업을 닦고 바름을 분별할 줄 알아야 비로소 장로이다."

이 말은 불가의 어른뿐 아니라 사회의 리더들도 새겨들어야 한다. 직위와 격식을 갖췄다고 리더가 아니다. 남의 모범이 되어야 비로소 리더이다.

붓다가 본 장로 자격은 '거짓'과 '바름'을 분별하는 것이다. '거짓'은 모든 존재가 연결되어 있음을 부인하는 자들이요, '바름'은 삼라만상이 연결되어 함께 선한 방향으로 가야만 한다는 것을 긍정하는 자들이다.

이들이 복 짓는 자들이다. 이를 진리로 말하면 심청정시불心淸淨是佛이며, 심광명시법心光明是法이다. 여기저기 붓다가 있다 해도 다 거짓이고 마음 청정한 그 자리가 붓다요, 밝은 마음 그자리가 곧 진리이다.

다스리지 않는 다스림이
최고의 다스림

常憶江南三月裡 鷓鴣啼處百花香
상억강남삼월리 자고제처백화향
언제나 저 강남 삼월이 그리워, 새들 지저귀고 온갖 꽃향기 날리는구나.

만卍자는 인도어로 '스바스티카'이다.

중생 속의 본마음인 불성과 붓다의 대자대비를 표시하는 기호이며, 사방을 향해 합장하고 머리를 숙인 모습이다. 머리를 뻣뻣이 들지 말고, 아집을 버리고, 모든 것에 깨달음을 추구하며 겸손히 살라는 뜻이다. 고개를 숙이면 조용하나 뻣뻣이 쳐들면 싸움이 일어난다. 붓다가 숲 속에서 사밧티로 돌아가자 고산비 승려들이 찾아와 무릎을 꿇었다.

"서로 의사가 통하는 사람과 어울리며 사는 것이 좋다. 그렇지 않을 바에는 숲에 사는 코끼리처럼 혼자 사는 것이 좋다."

이베이를 세계 최대 온라인 사이트로 만든 맥 휘트먼은 강한 결단력을 가졌으면서도 타인을 지배하려 하지 않는 붓다 스타일 경영자이다.

취임 이후 10년이 채 안 되어 30여 명의 직원이 1만여 명으로 늘었다. 휘트먼은 커뮤니티 사용자들을 최대한 파트너십으로 존중했다. 자기 역할은 직원들이 일을 잘할 수 있는 환경을 조성하는 일로 보았다.

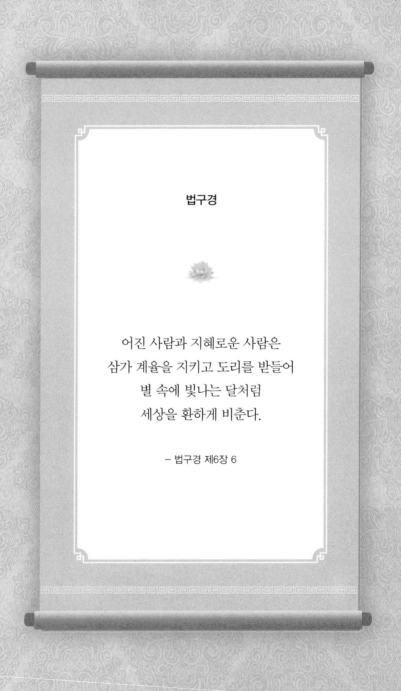

법구경

어진 사람과 지혜로운 사람은
삼가 계율을 지키고 도리를 받들어
별 속에 빛나는 달처럼
세상을 환하게 비춘다.

– 법구경 제6장 6

더럽혀지지 않는 연꽃처럼 사는 지혜

하루 1장 365일 붓다와 마음공부

지은이 | 이동연
발행처 | 도서출판 평단
발행인 | 최석두

등록번호 | 제2015-000132호
등록연월일 | 1988년 7월 6일

초판 1쇄 발행 | 2021년 5월 20일
초판 3쇄 발행 | 2023년 7월 3일

주소 | (10594) 경기도 고양시 덕양구 통일로 140 삼송테크노밸리 A동 351호
전화번호 | (02)325-8144(代)
팩스번호 | (02)325-8143
이메일 | pyongdan@daum.net

ISBN 978-89-7343-532-6 (03220)